PH**E**17

Patrocinadores
Sponsors

Entidad Amiga y Proveedor / *Friend Entity and Supplier*

Turespaña

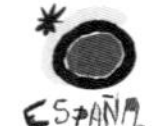

Brizzolis

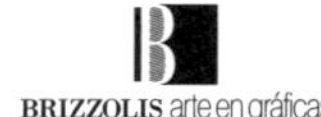

Medios Asociados / *Associated Media*

Notodo.com

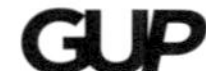

Clavoardiendo

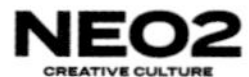

Aesthetica

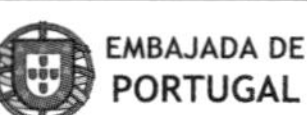

Descubrir
el Arte

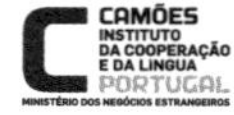

GUP

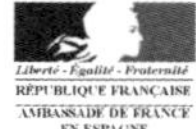

Neo2

Instituciones Internacionales / *International Institutions*

Embajada
de Portugal

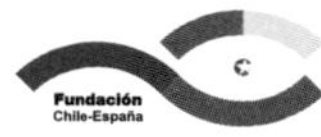

Camões
Instituto
de Cooperação
e da Lingua

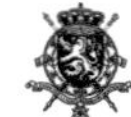

Casa
de Velázquez

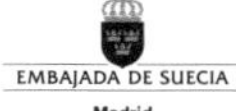

Embajada
de Francia

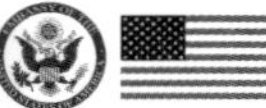

Centro
Cultural
Coreano

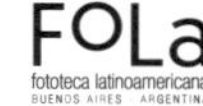

Fundación
Chile-España

Embajada
de Bélgica

Embajada
de Suecia

Embajada
de los Estados
Unidos de América

FOLA. Fototeca
Latinoamericana

Sedes / *Venues*

Círculo
de Bellas Artes

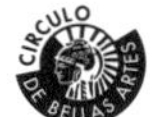

Real Jardín Botánico

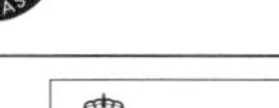 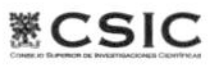 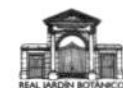

Museo ICO

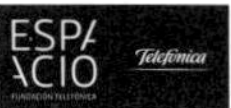

Espacio
Fundación
Telefónica

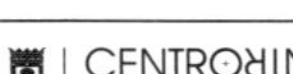

CentroCentro
Cibeles

 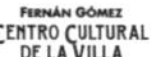

Fernán Gómez
Centro Cultural
de la Villa

Museo Nacional
del Prado

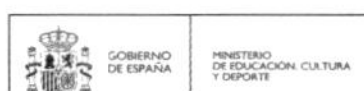

Museo Nacional
Centro de Arte Reina Sofía

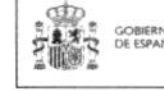 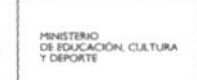

Museo
Thyssen-Bornemisza

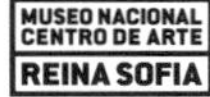

Fundación
Lázaro Galdiano

Tabacalera
Promoción del Arte

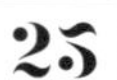 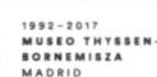

Museo Nacional
del Traje

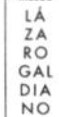

Museo Nacional
del Romanticismo

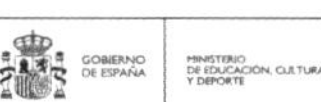

Museo Cerralbo

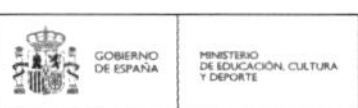 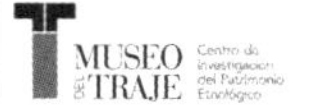

Museo Sorolla

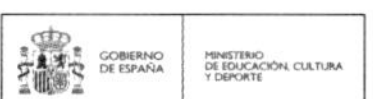 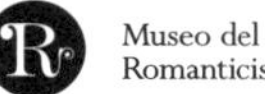

Patrocinadores
Sponsors

Sedes / *Venues*

Sala Canal de Isabel II	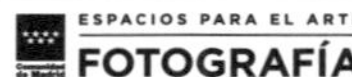		
Sala El Águila	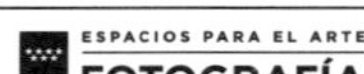		
Real Academia de Bellas Artes de San Fernando. Calcografía Nacional	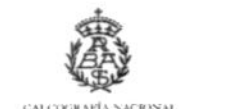	Instituto Cervantes	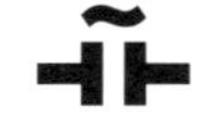
Biblioteca Nacional de España	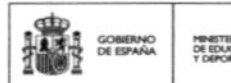 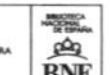	Casa de América	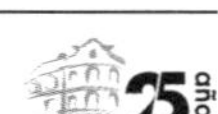
Filmoteca Española	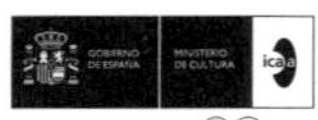	Fnac	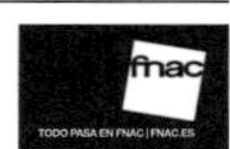
Centro Cultural Coreano	 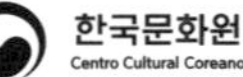	B the travel brand	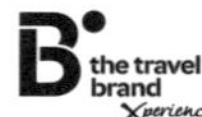
Real Sociedad Fotográfica	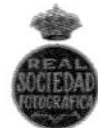	Casa Árabe	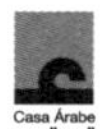 
PIC.A	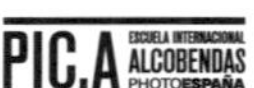	Centro de Arte Alcobendas	
El Paracaidista	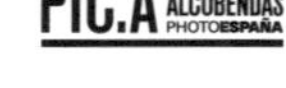	MINIhub	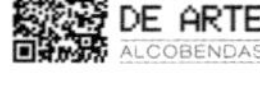
La Cárcel. Segovia Centro de Creación	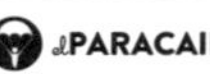	Centro Párraga	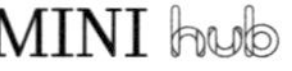

MACBA. Museu d'Art Contemporani de Barcelona 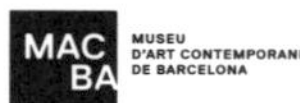	Museo Guggenheim Bilbao GUGGENHEIM BILBAO XX
Es Baluard Museu d'Art Modern i Contemporani de Palma 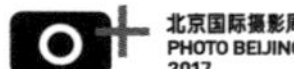	
TEA – Tenerife Espacio de las Artes 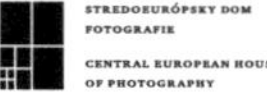	IVAM. Institut Valencia d'Art Modern
Photo Beijing	Helmut Newton Foundation HELMUT NEWTON FOUNDATION
Central European House of Photography 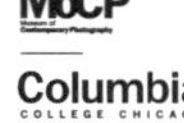	Musée Nicéphore Niépce 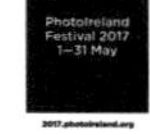
Museum of Contemporary Photography. Columbia College Chicago 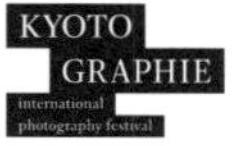	PhotoIreland 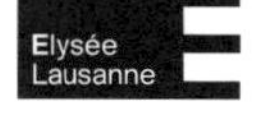
Kyotographie 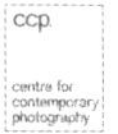	Musée de L'Elysée 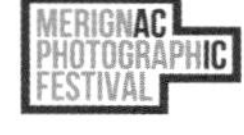
Centre for Contemporary Photography	Mérignac Photographic Festival
Fundacja Bęc Zmiana 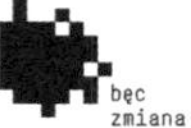	

Protectores
Protectors

PHotoESPAÑA es un proyecto realizado desde y para la sociedad, y solamente es posible con el respaldo de muchas entidades y personas. Por ello, el Festival invita a la sociedad civil y empresarial a que forme parte del Programa de Protectores de PHotoESPAÑA.

Queremos expresar nuestro agradecimiento a quienes se han sumado a esta iniciativa, sin cuya generosidad y apoyo el Festival no sería posible:

PHotoESPAÑA is a project made from and for the society, and it is possible thanks to the support of many entities and individuals. Therefore, the Festival invites the civil and business society to be part of Protectors of PHotoESPAÑA Programme.

We would like to express our gratitude to those who have joined this initiative, whose generosity and support make the Festival possible:

Protectores de Honor / *Protectors of Honour*
Círculo de Bellas Artes
Fundación M.ª Cristina Masaveu Peterson
D.ª Pilar Citoler Carilla
D.ª Elena Ochoa Foster

Protectores / *Protectors*
D. Juan Barja de Quiroga Losada
D. José Cabezudo Urrutia (Photogune Lab. S.L.)
D. Arturo Calvo Gómez
D. Juan Cano Cano
D. Francisco Cantos Baquedano
D. Alberto Cortina Koplowitz
D.ª María Entrecanales Franco
D.ª Betty Guereta Pardo (Galería Betty Guereta)
D. Álvaro Hachuel Collet
D. Michael Hoppen (Michael Hoppen Gallery)
D. Frederic Horta y Almaraz
D.ª Alicia Koplowitz Romero de Juseu
D. Carlos Lachiondo Levison (Follow Up)
D. Carlos Manzano Rodríguez
D.ª Blanca Marín Argüelles
D. Antonio Montes Pérez del Real

XX Festival internacional de
fotografía y artes visuales

31 mayo – 27 agosto 2017

PHoto**ESPAÑA**

Our First 20 PHotoESPAÑAS

On June 3 of 1998 was the inauguration of the first edition of PHotoESPAÑA. It was a blissful day. In Madrid the the sun of festive days had come out and a yellow bus filled with journalists, guests and photographers visited the festival's principal venues, inaugurating the exhibitions. Everything had an aroma of being new, adventurous, daring. On this day in Madrid seventy photography exhibits opened simultaneously. Ten times more than in the entire year before.

Twenty PHotoESPAÑAS have past and what was initially a gamble has converted into one of the most respected and important festivals in the world. And it has a unique model, in which each year the will, talent and efforts of hundreds of photographers, exhibition curators, dozens of administrations, institutions, foundations and companies come together, convicted of the need to pledge for culture, for artists, for art, and that photography is deserving; to enhance our society.

To turn twenty, to reach in 2017 the 20th anniversary of a festival the carries the mark of our country is not banal topic. It has not been easy. All this time PHotoESPAÑA has made deeper roots, presenting works of celebrated creators and of new artists, revealing to the world our photography and presenting to our country works by artists from all over the world, incorporating new publics and turning the exceptional into something standard: that once a year, for twenty consecutive years, Madrid and many other cities in Spain are the focus of international attention. With seriousness, diversity and quality. If you think about it, it's something that does not happen so often. And this is precisely wherein lays the satisfaction.

Twenty editions of PHotoESPAÑA, 1.500 exhibitions, more than 6.000 artists from countries all across the globe, hundreds of Spanish photographers participating alongside colleagues coming from a greater photographic tradition than our own, showing work to journalists from around the world, and almost a million people each year visiting, enjoying and learning from the exhibitions. This is PHotoESPAÑA. An authentic party for photography, constructed each edition, that we want to celebrate this year with you: the protagonists, the supporters and the visitors that enjoy it.

Twenty steps. A whole world and almost like nothing. This is the spirt of with which La Fábrica, the directors, the general curators, the head of each and everyone of the exhibitions that have made our story have worked. Twenty years, twenty editions, it is a long way, and it prepares us for the next twenty years, and the next, and the next...

The 20th edition of PHotoESPAÑA gives reason for pride and responsibility. For what has been accomplished and for what we still have to do. Spanish photography, the museums, the galleries, the collections... have all made gigantic steps since that spring day in 1998. The role that photography plays today in our society is incomparable with what it did when we started. All of us that work to make the festival feel proud of it and are committed to a future that is going to be even better. Because we are starting from a much more elevated position than in 1998 and because we are going to build it other, like always.

Alberto Anaut
CHAIRMAN, PHOTOESPAÑA

Nuestros primeros 20 *PHotoESPAÑAS*

El 3 de junio de 1998 se inauguró la primera edición de PHotoESPAÑA. Fue un día feliz. En Madrid, había salido el sol de los días de fiesta y un autobús amarillo, repleto de periodistas, invitados y fotógrafos, recorría las principales salas del festival, inaugurando las exposiciones. Todo tenía un aroma de nuevo, de aventura, de atrevimiento. En Madrid se abrían ese día simultáneamente setenta muestras de fotografía. Diez veces más que en todo el año anterior.

Han pasado veinte *PHotoESPAÑAS* y lo que era una apuesta se ha convertido en uno de los festivales más respetados e importantes del mundo. Y en un modelo único, que cada año une la voluntad, el talento y los esfuerzos de cientos de fotógrafos, comisarios de exposiciones, decenas de administraciones, instituciones, fundaciones y empresas, convencidas de que apostar por la cultura, los creadores, el arte y la fotografía merece la pena; hace mejor a nuestra sociedad.

Cumplir veinte años, alcanzar en 2017 el XX aniversario de un festival que lleva la marca de nuestro país, no es un asunto banal. No ha sido fácil. A lo largo de este tiempo, PHotoESPAÑA ha ido haciendo más profundas sus raíces, presentando el trabajo de grandes nombres y de nuevos artistas, descubriendo al mundo nuestra fotografía y mostrando en nuestro país las obras de artistas de todo el mundo, incorporando nuevos públicos y convirtiendo en normal lo excepcional: que una vez al año, durante veinte años seguidos, Madrid y muchas otras ciudades de España sean el punto de atención internacional. Con seriedad, con diversidad, con calidad. Si lo piensan bien, es algo que no ocurre tantas veces. Y ese es precisamente el motivo de satisfacción.

Veinte ediciones de PHotoESPAÑA, 1.500 exposiciones, más de 6.000 autores de países de todos los rincones, cientos de fotógrafos españoles participando en condiciones de igualdad con sus colegas de mayor tradición fotográfica que la nuestra, mostrando el trabajo a periodistas venidos de medio mundo, y casi un millón de personas cada año visitando, disfrutando y aprendiendo en las exposiciones. Eso es PHotoESPAÑA. Una auténtica fiesta de la fotografía, construida edición tras edición, que este año queremos celebrar con todos ustedes: los que la protagonizan, los que la apoyan y los que la disfrutan.

Veinte escalones. Todo un mundo y casi nada. Ese es el espíritu con el que La Fábrica, los directores, los comisarios generales, los responsables de todas y cada una de las exposiciones que han hecho nuestra historia, han trabajado. Veinte años, veinte ediciones, es un largo camino que nos prepara para los veinte años siguientes, y los siguientes, y los siguientes...

La XX edición de PHotoESPAÑA es un motivo de orgullo y una responsabilidad. Por lo hecho y por lo que tenemos que hacer. La fotografía española, los museos, las galerías, los coleccionistas... han dado un paso de gigante desde aquella primavera de 1998. El papel que juega hoy la fotografía en nuestra sociedad es incomparable con el que ocupaba cuando empezamos. Todos los que hacemos el festival nos sentimos orgullosos por ello y comprometidos con un futuro que va a ser todavía mejor. Porque partimos de mucho más arriba que en 1998 y porque lo vamos a construir todos juntos, como siempre.

Alberto Anaut
PRESIDENTE DE PHOTOESPAÑA

Exploring New Territories

PHotoESPAÑA, as a festival that impulses exhibitions and professional programs in photography, has consolidated in its past twenty years a series of collaborations with foreign institutions and continues still to broaden its international relationships. Beyond the dates of the festival, PHotoESPAÑA organises events in other countries with the objective of strengthening the exchange, mobility and visibility of photography, as well as the orientation among photographers and professionals in culture. It is about rounding off their own exhibitions or seeking new values in photography.

In that sense, the work of Alberto García-Alix will travel to the other side of the Atlantic in a retrospective exhibition that will begin in the month of August its American tour at FoLa-Fototeca Latinoamericana in Buenos Aires. The exhibition of Louise Dahl-Wolfe is soon to open at the Fashion and Textile Museum of London, and will later continue to the NRW Forum Düsseldorf. While the project The Non-Conformists by British photographer Martin Parr will arrive in the month of October to the Corporación Cultural Las Condes in Santiago de Chile.

PHotoESPAÑA, furthermore, aims to serve as a platform for less recognised artists. Trasatlántica celebrates in 2017 its tenth anniversary and will take another step hand and hand with the Spanish Agency for International Development Cooperation - AECID to arrive for the second consecutive year to the African continent. After Dakar, it will be the Moroccan city of Casablanca that will host a new professional meeting along with photographers from the region. Moreover, Trasatlántica will organise a portfolio review in Asia, with the Philippines being the chosen venue for the celebration.

The launching this year of TransEurope, a project financed by the program Creative Europe by the European Commission that will be developed in collaboration with The Finnish Museum of Photography and EuroMare in Greece, denotes for the festival a new opportunity to internationalise. The photography workshops, portfolio reviews, professional activities and exhibitions that are to be organised will involve photographers and professionals from the areas of Scandinavia, Oriental and Occidental Mediterranean, and the Balkans.

PHotoESPAÑA celebrates in 2017 its 20th anniversary and it wants to do so by exploring new formal and geographic territories, with the vocation of promoting photography and contributing to a global reflection on the image in the contemporary world. Institutions in Pekin, Berlin, Bratislava, Chalon-sur-Saône, Chicago, Dublin, Kyoto, Lausanne, Melbourne, Mérignac and Warsaw have all chosen to contribute to this celebration. A grand occasion to demonstrate that photography is a universal language.

Happy PHotoESPAÑA 2017!

Claude Bussac
FESTIVAL AND EXHIBITIONS GENERAL DIRECTOR

Explorando nuevos territorios

PHotoESPAÑA, como festival impulsor de exposiciones y programas profesionales de fotografía, ha consolidado a lo largo de sus veinte años una serie de colaboraciones con instituciones extranjeras y sigue queriendo ampliar sus relaciones internacionales. Fuera de las fechas del festival, PHotoESPAÑA organiza acciones en distintos países con el objetivo de favorecer el intercambio, la movilidad y la visibilidad, así como el aprendizaje entre fotógrafos y profesionales de la cultura. Se trata de hacer circular sus propias exposiciones o ir al encuentro de nuevos valores.

En este sentido, la obra de Alberto García-Alix viaja al otro lado del Atlántico en una exposición retrospectiva que comenzará en el mes de agosto su andadura americana en FoLa-Fototeca Latinoamericana de Buenos Aires, y la exposición de Louise Dahl-Wolfe se inaugurará próximamente en el Fashion and Textile Museum de Londres, para continuar después su itinerancia en el NRW Forum Düsseldorf. Por su parte, el proyecto *Los incorformistas*, del fotógrafo británico Martin Parr, llegará en el mes de octubre a la Corporación Cultural Las Condes de Santiago de Chile.

PHotoESPAÑA, además, pretende actuar como plataforma para los autores menos conocidos. Trasatlántica celebra en 2017 su décimo aniversario y dará un nuevo paso de la mano de la Agencia Española de Cooperación Internacional-AECID para llegar por segundo año consecutivo al continente africano. Después de Dakar, será la ciudad marroquí de Casablanca la que acoja un nuevo encuentro profesional junto a los fotógrafos de la región. Además, por primera vez, Trasatlántica organizará un visionado de porfolios en Asia, siendo Filipinas la sede elegida para su celebración.

La puesta en marcha este año de TransEurope, un proyecto financiado por el programa Europa Creativa de la Comisión Europea y que se desarrollará en colaboración con el Finnish Museum of Photography de Finlandia y el EuroMare de Grecia, supone para el festival una nueva oportunidad de internacionalizarse. Los talleres de fotografía, visionados de porfolios, actividades profesionales y exposiciones que se organizarán implicarán a fotógrafos y profesionales en las áreas de Escandinavia, el Mediterráneo Oriental y Occidental y los Balcanes.

PHotoESPAÑA celebra en 2017 su vigésimo aniversario y lo quiere hacer explorando nuevos territorios formales y geográficos, con la vocación de difundir la fotografía y de contribuir a una reflexión global sobre la imagen en el mundo contemporáneo. A esta celebración se han querido sumar instituciones en Pekín, Berlín, Bratislava, Chalon-Sur-Saône, Chicago, Dublín, Kyoto, Lausana, Melbourne, Mérignac o Varsovia. Una gran ocasión para demostrar que la fotografía es un lenguaje universal.

¡Feliz PHotoESPAÑA 2017!

Claude Bussac
DIRECTORA GENERAL DE FESTIVALES Y EXPOSICIONES

PHotoESPAÑA Time

There are very divergent, even contradictory, definitions of time: scientific, philosophical, literary, and also visual, the latter of which there are few, but very brilliant. Twenty editions of PHotoESPAÑA, that is what the calendar says; however, if one thinks about it and thinks about in terms of the Festival, it may feel like very few or surprise us for being so many. It seems as though PHotoESPAÑA has always been there, and yet it almost catches us by surprise each time it comes around. Corroborating through familiarity, perhaps the most poetic of the versions is the most precise: time is elastic, it as a subjective measurement, it attends to reasons that reason does not understand, and it is undoubtedly a capricious and astute calculation that one does not know if it is to be trusted.

It produces as much admiration as delight that a project constructed thanks to hundreds of pieces, big and small, contributed by artists, specialists, institutions, companies, as well as a growing and faithful following takes shape, always similar, but always distinct.

And so arrives the twentieth edition of the Festival, with a hundred exhibitions and more than twenty activities hosted at the principal cultural venues of the country. Well, the country and beyond, because the celebration breaks out and reaches other continents.

One highlight that is particularly compelling is the carte blanche (or "grey card" in photographic terms) that the Festival has given to Alberto García-Alix. There will be projects by Anders Petersen, Teresa Margo-lles, Antoine d'Agata, Paulo Nozolino, Pierre Molinier, Karlheinz Wein-berger, Adam Broomberg and Oliver Chanarin. We will see these throu-gh the eyes of García-Alix and we will "read" them through the work of the invited artists. A privilege and a pleasure developed over time. We will be able to enjoy contemporary classics such as Elliott Erwitt, Minor White and Gabriele Basilico, the vigour of Cristina García Rodero, the sensitivity of Farideh Lashai, the unclassifiable Peter Fraser, the versatile Carlos Saura, and the fresh and brave Yolanda Domínguez... We will also see one hundred years of photography through the historic Leica and enjoy the twenty years of the collection PHotoBolsillo. We will look at what will be in the Reds tomorrow, what was done yesterday in Dakar, the day before yesterday in Latin America and Europe, and some decades back in the Middle East. We will understand more by seeing how Sorolla saw and we will smile at the assemblage of individuals on one foot, carefully collected by Eduardo Arroyo.

We will see, recognise and discover. We will be told many stories and we will generate together at the portfolio reviews and seminars, at the workshops for children, nocturnal projects, film screenings, while having our portraits taken in the Plaza Mayor and while exchanging ideas in the Forum.

Just because it has been said, it is still pleasurable to write: photography goes out to party. It is time for PHotoESPAÑA. The clocks set. We begin.

María García Yelo
PHOTOESPAÑA DIRECTOR

El tiempo PHotoESPAÑA

Existen definiciones muy variadas, incluso contradictorias, del tiempo: científicas, filosóficas, literarias y, también, visuales –de estas últimas se encuentran menos, pero las hay muy brillantes–. Veinte ediciones de PHotoESPAÑA, eso dice el calendario; sin embargo, si uno lo piensa y se piensa en la medida del Festival, resultan muy pocas o extrañan por demasiadas. Parece que PHotoESPAÑA siempre hubiera estado allí y también pilla casi por sorpresa cada vez que se presenta. En esta comprobación de andar por casa, quizás la más poética de las versiones sea la más certera: el tiempo es elástico, tiene una medida subjetiva, atiende a razones que la razón no entiende y es, en definitiva, un elemento de cálculo caprichoso y escurridizo, del que uno no sabe si fiarse.

Produce también tanto asombro como alegría que un proyecto construido gracias a cientos de pedacitos, grandes y pequeños, aportados por autores, especialistas, instituciones, empresas y un público creciente y fiel tome cada año forma, siempre similar pero siempre distinta.

Y así llega la vigésima edición del Festival, con un centenar de exposiciones y más de veinte actividades en las principales sedes culturales del país. Bueno, del país y más allá, porque la celebración se escapa y llega a otros continentes.

Un hito especialmente emocionante será la carta blanca (o "carta gris", en lenguaje fotográfico) que el Festival ha otorgado a Alberto García-Alix. Habrá proyectos de Anders Petersen, Teresa Margolles, Antoine d'Agata, Paulo Nozolino, Pierre Molinier, Karlheinz Weinberger, Adam Broomberg y Oliver Chanarin. Los veremos a través de los ojos de García-Alix y le "leeremos" a través de la obra de sus invitados. Un privilegio y un placer, a fuego lento. Gozaremos de clásicos contemporáneos como Elliott Erwitt, Minor White o Gabriele Basilico, de la fortaleza de Cristina García Rodero, de la sensibilidad de Farideh Lashai, de un inclasificable como Peter Fraser, del polifacético Carlos Saura, de la frescura y valentía de Yolanda Domínguez... También veremos cien años de fotografía a través de la histórica Leica y disfrutaremos de la veinteañera colección de PHotoBolsillo. Miraremos lo que se hará mañana en la Red, lo que se hizo ayer mismo en Dakar, anteayer en Latinoamérica y Europa y desde hace unas cuantas décadas en Oriente Medio. Entenderemos más cosas viendo cómo se veía a Sorolla y nos sonreiremos ante un montón de individuos a la pata coja, cuidadosamente coleccionados por Eduardo Arroyo.

Veremos, reconoceremos y descubriremos. Nos contarán muchas historias y también las generaremos juntos en los visionados de porfolios y seminarios, en los talleres infantiles, en las proyecciones nocturnas, en los ciclos de cine, retratándonos en la Plaza Mayor o intercambiando pareceres en el Foro.

No por muy dicho deja de ser agradable escribirlo: la fotografía sale de fiesta. Es el tiempo de PHotoESPAÑA. Relojes en hora. Empezamos.

María García Yelo
DIRECTORA DE PHOTOESPAÑA

PHoto**ESPAÑA** 2017

Exposiciones, Programas y Premios
Exhibitions, Programmes & Awards

THE EXALTATION OF BEING.
A HETERODOX GAZE
Alberto García-Alix

CARTA BLANCA

LA EXALTACIÓN DEL SER. UNA MIRADA HETERODOXA
Alberto García-Alix

The Exaltation of Being. A Heterodox Gaze

Paraphrasing Lorca and to explain myself here, I would say that the sublime does not have an angel, it has a spirit. Detached from the reason, nested in the guts and nourished by the soul. The feeling for the unique. The emotion like a blow.

We see also here heterodoxy, not as a heresy or inconformity, but a work of art that exist beyond the norms because it is nourished by the most intimate and passionate side of its creator. The being. The creation of the one and only. It is along this horizon that the work of these photographers, which we present for the 20th anniversary of PHotoESPAÑA, takes shape.

In Paulo Nozolino, the passionate idea of the presence and its spectre are seen always along a vertical plane. The space where the line frustrates the horizon. He makes it dense and puts it before our eyes, darkening the detail. In his images there is an everything which is destructed that speaks to us, that interrogates us. Like a slow fire. The abstraction gains substance.

The work of Antoine d'Agata disrupts and agitates us. Images and texts come to us like iron beatings. They strike our flesh, provoking us. We feel vertigo. The abandonment is vital and the fear is constant. Cold or hot. The failed connection as the future and the wounded presence of the body. Antoine tortures it, destroys it.

Café Lehmitz, the debut of Anders Petersen, possesses magic. It captivates us as soon as we walk through the door. It hypnotises us. The atmosphere is sovereign. Anders seizes the air. We are submerged in life. He doesn't judge. Nor does he put in his gaze pretentiousness, nor artifice.

Pierre Molinier and his work are nourished by Eros. Constantly seduced by his double or by himself, he cross dresses. He makes love. He possesses himself. He appears like a doll with the skin of other bodies. It is Pierre. Dark tights. Painted paper. Shoes. Fetichism.

The photographs by Karlheinz Weinberger were the key to libration from a forlorn life. A heterodoxy. I sense a great timid. Self-taught, photography brings him to a world that bewitches him: the rebel youth. The new barbarians. Rockers, motorcyclists, lovers and male prostitutes, his naif gaze captures them.

Teresa Margolles knows well the knit of trauma and poison from the system, and its presence in death. As an artist she uses photography, installation, performance and video to explore and conceptualise its irrevocable and violent presence. From there the sublimity, the disturbing, and solemn of her work.

To finish elevating the idea of the sublime/heterodox, we set up a laboratory for creation. A space lead by Adam Broomberg and Oliver Chanarin where there are no rules or marked paths: they are moved by the desire to contribute action and reflection to new proposals in photographic edition.

Each one of the artists engenders a body of work outside of orthodoxies where emotion is everything. They gain great force from their capacity for transmission and empathy. Like a spark. An intense current of excitation. We are shaken up. We are filled with resonances. The understanding of the universe as the ultimate act. This is the grand subliminal power of art. The exaltation of being.

Alberto García-Alix

La exaltación del ser. Una mirada heterodoxa

Parafraseando a Lorca y por explicarme diré que lo sublime no tiene ángel, tiene duende. Desligado de la razón, anida en las tripas y el alma se alimenta. El ser. El sentido de lo único. La emoción como golpe.

Miramos aquí también lo heterodoxo, no visto como herejía o disconformidad, sino como obra que habita fuera de normas porque se nutre de lo más íntimo y pasional del autor. El ser. La creación de lo único. En ese horizonte, el trabajo de estos fotógrafos que presentamos en este 20 aniversario de PHotoESPAÑA toma cuerpo.

En Paulo Nozolino, la idea pasional de la presencia y su espectro son vistos siempre desde el plano vertical. Un espacio donde la línea frustra el horizonte. Lo adensa y lo pone ante nuestros ojos oscureciendo el detalle. Hay en sus imágenes un todo destruido que nos habla, que nos interroga. Como a fuego lento. La abstracción gana sustancia.

La obra de Antoine d'Agata nos convulsiona y agita. Imágenes y textos nos llegan como embates de hierro. Dan sobre nuestra carne y nos provocan. Sentimos vértigo. El desamparo es vital y el miedo constante. Frío o calor. El desencuentro como futuro y el presente lacerando el cuerpo. Antoine lo tortura, lo deconstruye.

Café Lehmitz, la ópera prima de Anders Petersen, posee magia. Nos atrapa desde que traspasamos la puerta. Nos hipnotiza. La atmósfera es soberana. Anders se adueña del aire. Nos sumerge en vida. No juzga. Ni pone a su mirada pretenciosidad ni artificio.

A Pierre Molinier y a su obra los alimenta Eros. Seducido constantemente por el doble o por sí mismo, se trasviste. Se hace el amor. Se posee. Parece una muñeca con la piel de otros cuerpos. Es Pierre. Medias oscuras. Papel pintado. Zapatos. Fetichismo.

La fotografía para Karlheinz Weinberger fue la llave de liberación a una vida opaca. Un heterodoxo. Le siento un gran tímido. Autodidacta, la fotografía le acerca a un mundo que le hechiza: los jóvenes rebeldes. Los nuevos bárbaros. Rockeros, motoristas, amantes o chaperos, su mirada naíf los atrapa.

Teresa Margolles conoce bien el tejido de lacras y venenos del sistema y su presencia en la muerte. Como artista utiliza la fotografía, la instalación, la performance y el vídeo para explorar y conceptualizar su irrevocable y violenta presencia. De ahí la sublimidad y lo inquietante y solemne de su trabajo.

Por terminar de elevar la idea en torno a lo sublime/heterodoxo, ponemos en pie un laboratorio de creación. Un espacio liderado por Adam Broomberg y Oliver Chanarin donde no se ponen reglas ni se marcan caminos; les mueve el deseo de aportar acción y reflexión a nuevas propuestas de edición fotográfica.

Cada uno de ellos engendra una obra fuera de ortodoxias donde la emoción lo es todo. De su capacidad de transmisión y empatía toman su gran fuerza. Como un chispazo. Una corriente intensa de excitación. Convulsionamos. Nos llenamos de resonancias. La comprensión del universo como último acto. Es ese el gran poder subliminal que tiene el arte. La exaltación del ser.

Alberto García-Alix

Anders Petersen
Café Lehmitz

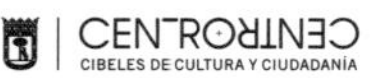

31.05 - 17.09.2017

Plaza de Cibeles, 1
28014 Madrid

Mar-dom / *Tue-Sun*:
10.00 – 20.00 h
Entrada: gratuita /
Admission free

Ⓜ Banco de España
Ⓢ Recoletos
T. +34 914 800 008
centrocentro@
centrocentro.org
Facebook / Instagram:
@centrocentrocibeles
Twitter: @centrocentro
www.centrocentro.org

Existe catálogo /
Catalogue available

Comisario / *Curator*
Nicolás Combarro

Anders Petersen es uno de los fotógrafos más reconocidos por su forma personal, directa y sincera de acercarse a los sujetos y a las situaciones que retrata.

En 1967 descubrió en Hamburgo un bar llamado Café Lehmitz, que se convertiría en la base de su primer trabajo de autor. Un lugar de encuentro de personajes singulares que poco a poco fueron adquiriendo nombre junto al suyo.

Petersen nos ha permitido acercarnos a la totalidad del trabajo sobre Café Lehmitz: los contactos, las historias, las relaciones. Hemos podido entender así la dimensión de su aventura: la experiencia única de un fotógrafo que descubre un universo extraordinario.

Con esta exposición nos brinda la oportunidad de vivir desde dentro una noche en el Café Lehmitz acompañado por sus amigos, las situaciones y las emociones que les envuelven, ampliando así la visión del libro que apareció en 1978 y que desde entonces se ha convertido en un icono fotográfico.

Anders Petersen is one of the most celebrated photographers in the world, renowned for his sincere, personal and direct approach to the subjects and situations he depicts.

In 1967 he discovered in Hamburg a bar called Café Lehmitz, which would become the subject of his first signature book. A meeting place for singular characters who little by little forged a name next to his own.

Petersen has allowed us access the full extent of his Café Lehmitz archive: the negatives, the tales, the relationships. Thus we have been able to grasp the magnitude of his adventure, the remarkable experience of a photographer coming into contact with an extraordinary world.

This exhibition affords us the opportunity to live first-hand one night at the Café Lehmitz, in the company of his friends, confronted with the situations and emotions they faced, thus enhancing our conception of the book he published in 1978, which has since earned iconic status.

Organizan / *Organized by*
Ayuntamiento de Madrid,
CentroCentro Cibeles
y PHotoESPAÑA

Colabora /
In collaboration with
Embajada de Suecia

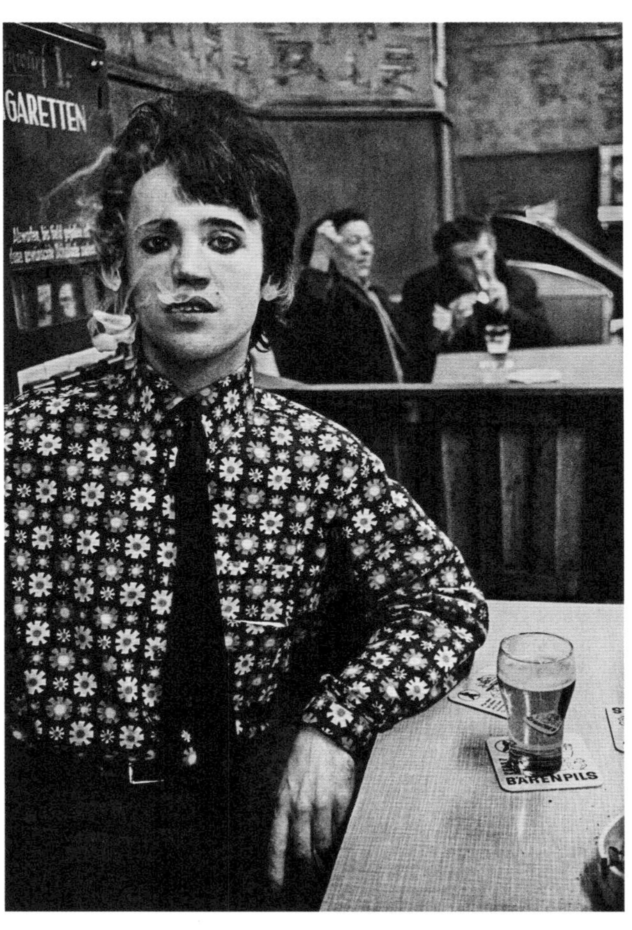

Anders Petersen
Café Lehmitz

Teresa Margolles

Pistas de baile (Ciudad Juárez, Chihuahua, México)
Dance Floors (Ciudad Juárez, Chihuahua, Mexico)

31.05 – 17.09.2017

Plaza de Cibeles, 1
28014 Madrid

Mar-dom / *Tue-Sun*:
10.00 – 20.00 h
Entrada: gratuita /
Admission: free

Ⓜ Banco de España
🚌 Recoletos
T. +34 914 800 008
centrocentro@
centrocentro.org
Facebook / Instagram:
@centrocentrocibeles
Twitter: @centrocentro
www.centrocentro.org

En la última década, Teresa Margolles ha centrado su práctica artística en Ciudad Juárez (México), trágicamente conocida por las guerras entre cárteles de la droga, desapariciones y los brutales asesinatos de cientos de mujeres.

Esta serie muestra a trabajadoras sexuales transgénero ocupando los restos de lo que antes fueron pistas de baile de clubes nocturnos, hoy demolidos. Teresa Margolles ha trabajado en estrecha colaboración con ellas, lo que le ha permitido ahondar en las complejidades y dificultades que estas mujeres experimentan en su día a día: exclusión, discriminación y un alto índice de muertes por crímenes de odio.

Para estas fotografías, Teresa Margolles señalizó las pistas de baile con agua, remarcando su ubicación exacta. Las figuras se vuelven parte de un paisaje en el que las ruinas y la devastación son protagonistas. No obstante, ellas muestran su mejor cara, como reafirmándose a sí mismas en medio de la violencia y la destrucción.

Over the past decade Teresa Margolles has focused her practice on Ciudad Juárez (Mexico), a city sadly notorious for being the main stage of a bloody drug war between competing cartels, and for the hundreds of women who have been murdered or gone missing there.

This series depicts transgender sex workers on the remnants of what once were nightclubs, now in ruins. Margolles has worked in close collaboration with them, which has enabled her to gain an insight into the complexities and difficulties experienced by these workers on a daily basis: exclusion, discrimination, and an alarming rate of hate crimes.

For these photographs Teresa Margolles highlighted the dance floors of the onetime clubs, using water to indicate the exact perimeter of where they used to be. The human shapes blend into a landscape dominated by ruin and devastation. Nevertheless, they put on their best faces, almost as if reasserting themselves amidst all this violence and destruction.

Organizan / **Organized by**
Ayuntamiento de Madrid,
CentroCentro Cibeles
y PHotoESPAÑA

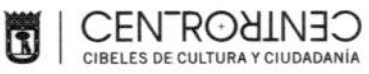

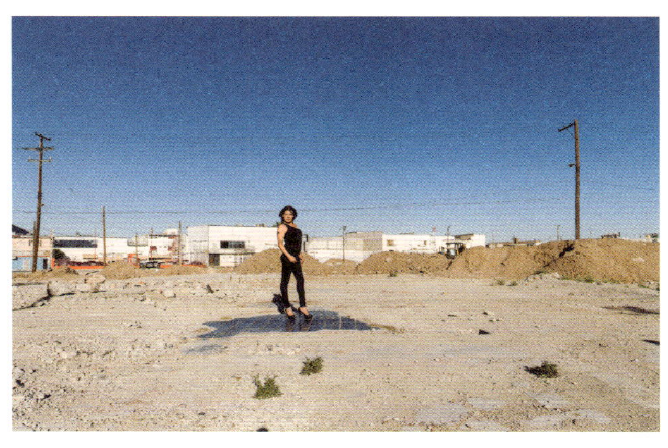

Teresa Margolles
Andrea sobre la Discoteca "La Madelon" /
Andrea on the dance floor of 'La Madelon' night club, 2016

Paulo Nozolino
Loaded Shine

31.05 - 17.09.2017

Alcalá, 42
28014 Madrid

Mar-dom; fest /
Tue-Sun; Hol:
11.00 – 14.00 h /
17.00 – 21.00 h
Entrada / *Admission*: 4€

Ⓜ Banco de España /
Sevilla
T. +34 913 604 500
info@circulobellasartes.com
www.circulobellasartes.com

Esta serie de 20 fotografías en blanco y negro, realizada entre 2008 y 2013 en Nueva York, Lisboa, París y Berlín, y también en la campiña francesa y portuguesa, muestran la sintaxis simbólico-oscura propia de Nozolino. Imágenes verticales que nos muestra una vez más su eterna preocupación por el estado del mundo y la búsqueda de la imagen analógica pura, verdadera, no manipulada.

Paulo Nozolino es una de las figuras centrales de la fotografía contemporánea. Su trayectoria pasa por Londres en los años 70, París en los 80 y sus series sobre el mundo árabe en los 90. Nozolino es un artista que entiende la fotografía como entiende la vida, de manera frontal, sin engaños. La usa para comprender el mundo y a sí mismo, llevándola al límite de su búsqueda, sus respuestas y sus experiencias. No hay lugar para la complacencia en su trabajo. Destrucción significa destrucción, muerte significa muerte.

This series of 20 black and white photographs, produced between 2008 and 2013 in New York, Lisbon, Paris and Berlin, as well as in the countryside in France and Portugal, partakes in Nozolino's usual dark-symbolist syntax. Vertical images that yet again confront us with his perpetual preoccupation for the state of the world and with his quest for a pure, true, untouched, analogue image.

Paulo Nozolino is one of the central figures of contemporary photography. His career has seen him document London in the 1970s, Paris in the '80s and the Arab world in a number of series from the 1990s. He approaches photography the same way he approaches life, full on, with no deception. He uses photography as a means to understand the world and himself, pushing it to the limit in his quest, his responses, and his experiences. There is no room for complacency in his work. Destruction means destruction, death means death.

Organizan / *Organized by*
Círculo de Bellas Artes
y PHotoESPAÑA

Colabora /
In collaboration with
Embajada de Portugal
y Camões Instituto de
Cooperação e da Lingua

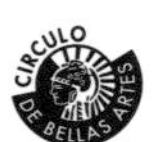

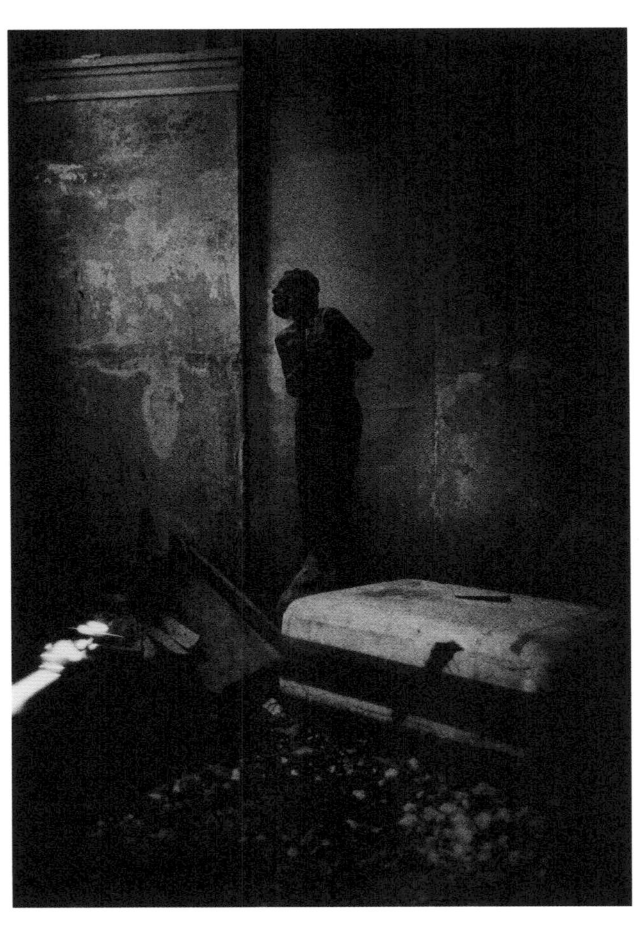

Paulo Nozolino
Arles, 2013. De la serie "Loaded Shine" /
Arles, 2013. *From the series* Loaded Shine, 2013

Pierre Molinier
Ce fut un homme sans moralité
Fue un hombre sin moralidad / *He was a man without morality*

31.05 – 24.09.2017

Alcalá, 42
28014 Madrid

Mar-dom; fest /
Tue-Sun; Hol:
11.00 – 14.00 h /
17.00 – 21.00 h
Entrada / *Admission*: 4€

Ⓜ Banco de España /
Sevilla
T. +34 913 604 500
info@circulobellasartes.com
www.circulobellasartes.com

La obra de Pierre Molinier nos muestra un universo cargado de sexualidad. Pintor de profesión y proveniente de una familia modesta, tuvo una vida transgresora que convirtió en objeto de su expresión artística. El inconformismo hacia su cuerpo y el desdoblamiento de su personalidad fueron otras de las características de su obra. Fue amigo de Breton, expuso en múltiples muestras, y sin embargo, su obra es prácticamente desconocida para el público.

La muestra reúne alrededor de 40 fotografías procedentes de la galería Kamel Mennour y dos colecciones particulares que desvelan un halo heterodoxo respecto a una sexualidad en la que el fetichismo y el travestismo son los protagonistas. Esta selección, fechada en torno a los años 60, muestra la ambigüedad sexual en la que Molinier, siempre travestido y a veces acompañado, alejado de la hipocresía moral, despliega una visión onanista de la sexualidad a través del uso de objetos.

Pierre Molinier's work unveils a universe charged with sexuality. A painter by trade and stemming from a working-class family, Molinier lived a life of transgression which he turned into the object of his artistic expression. His dissatisfaction towards his body and the fragmentation of his personality also featured prominently in his art. He was a friend of André Breton, and held several exhibitions in his time yet his work is practically unknown to the public.

The exhibition brings together approximately 40 photographs arrived from the Kamel Mennour gallery and two private collections, which reveal a heterodox aspect of sexuality governed by fetishism and cross-dressing. This selection of photographs and photomontages, dating back to the 1960s, sheds light on the ambiguity of sexual pleasure, with Molinier himself often engaging in transvestite behaviour. Far distanced from the hypocritical moral code of their time, these images unravel an onanistic vision of sex through the use of various objects.

Organizan / *Organized by*
Círculo de Bellas Artes
y PHotoESPAÑA

Colabora /
In collaboration with
Galerie Kamel Mennour, París

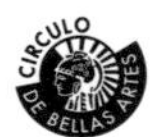

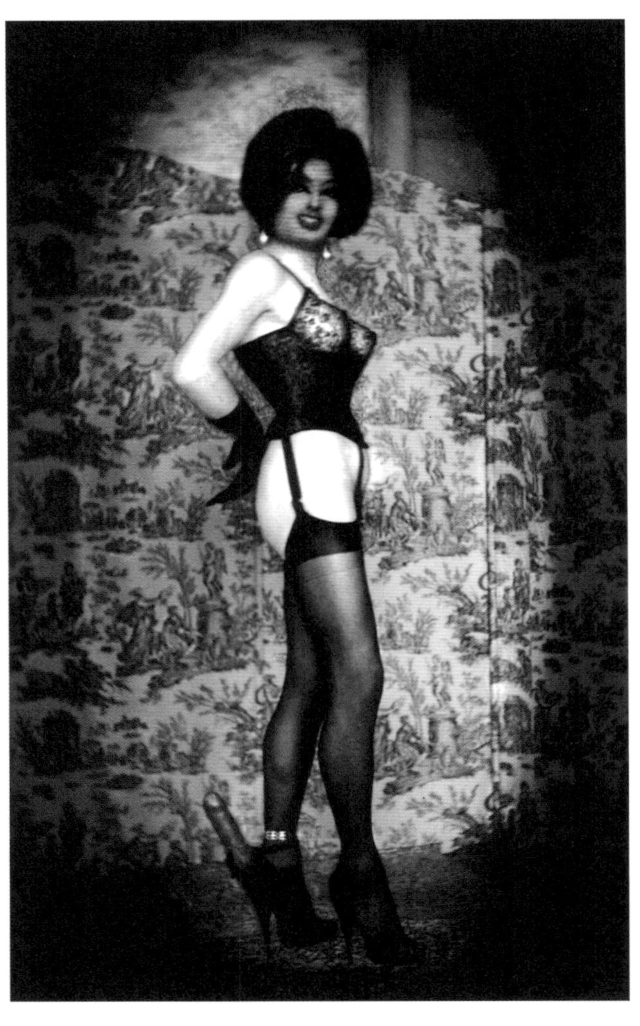

Pierre Molinier
Hanel

Antoine d'Agata
Corpus

31.05 - 24.09.2017

Alcalá, 42
28014 Madrid

Mar-dom; fest /
Tue-Sun; Hol:
11.00 – 14.00 h /
17.00 – 21.00 h
Entrada / *Admission*: 4 €

Ⓜ Banco de España /
Sevilla
T. +34 913 604 500
info@circulobellasartes.com
www.circulobellasartes.com

Comisario / *Curator*
Fannie Escoulen

Existe catálogo /
Catalogue available

Corpus, instalación de Antoine d'Agata compuesta de textos, imágenes y varios audiovisuales, reconsidera la trayectoria de un hombre que escribe incansablemente el mismo guión de vida excesivo al que ha decidido ceñirse como protagonista de sus propias imágenes, haciendo un esfuerzo por pensar, sentir y actuar a la altura de sus propias palabras.

En ese acto de vida, que es un acto de resistencia y de comunión con sus temas, deja que el deseo y el miedo lo conduzcan a través de los rituales paganos del instinto y la violencia irracional del mundo.

Mediante la relectura de una obra con bases teóricas y políticas, abordada desde el ángulo del testimonio biográfico y el relato de los hechos y gestos de una figura "encarnada" del artista, la exposición intenta enunciar la experiencia de una realidad vivida de manera cada vez más intensa.

Corpus, *Antoine d'Agata's installation comprising texts and images, reassesses the journey of a man who incessantly writes the same script of a life of excess in which he is determined to feature as the protagonist of his own images, attempting to think, feel and act in accordance with his own words.*

In this performance of life, a performance which is both an act of resistance and consonance with its themes, he allows fear and desire to guide him through the pagan rituals of instinct and the irrational violence of the world.

Through the reinterpretation of a work with deep theoretical and political roots, looking at it from the perspective of biographical testimony and relating the actions and gestures of a figure 'embodied' in the artist, this exhibition aims to recount the experience of an ever more intense reality.

Organizan / *Organized by*
Círculo de Bellas Artes
y PHotoESPAÑA

Colabora /
In collaboration with
Embajada de Francia

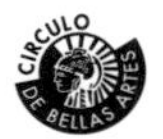

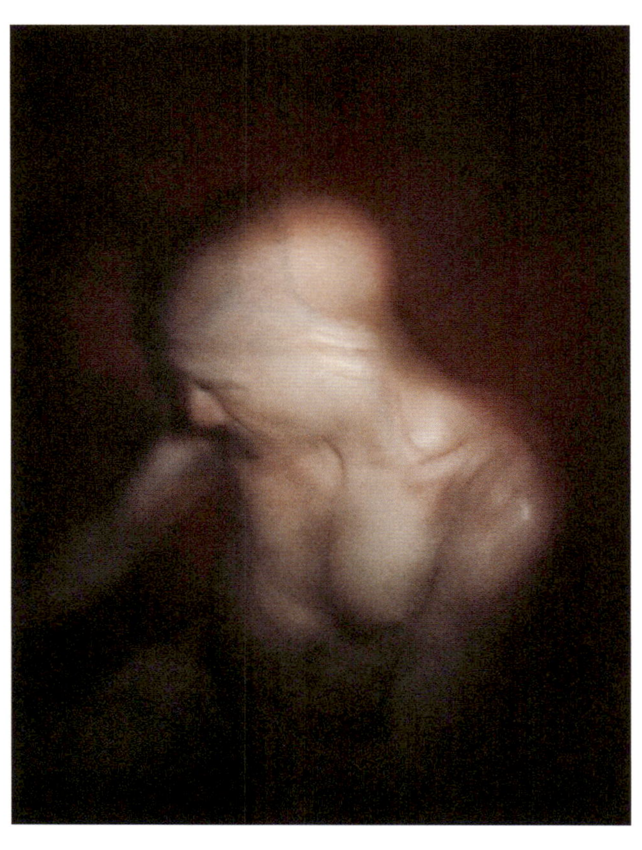

Antoine d'Agata
Phnom Penh, 2008

Karlheinz Weinberger

En un círculo de rebeldes
Circle of Rebels

01.07 – 17.09.2017

San Mateo, 13
8004 Madrid

Mar-sáb / *Tue-Sat*:
9.30 – 20.30 h
Dom, fest / *Sun, Hol*:
10.00 – 15.00 h
Entrada: gratuita /
Admission: free

Ⓜ Alonso Martínez /
Tribunal
Ⓑ Recoletos
T. +34 914 48 10 45
informacion.romanticismo
@mecd.es
museoromanticismo.mcu.es

Organizan / *Organized by*
Ministerio de Educación,
Cultura y Deporte, Museo
Nacional del Romanticismo
y PHotoESPAÑA

Colabora /
In collaboration with
Galerie Esther Woerdehoff,
París

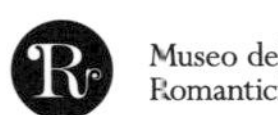
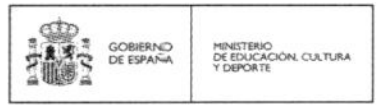

Karlheinz Weinberger (Zúrich, 1921) empezó a realizar fotografías de adolescente tras entrar a formar parte del club de fotografía Bund der Naturfreunde. En los años 40 se unió al famoso club gay underground "Der Kreis" y comenzó a publicar sus fotos en con el seudónimo de Jim. A finales de los 50 conoció a jóvenes inadaptados de las calles y los hizo posar en un espejo ustorio improvisado en el apartamento de su madre o durante sus excursiones por el campo suizo.

Durante más de 20 años retrató a aquellos jóvenes que reciclaban los símbolos de *Rebelde sin causa* y creaban e inventaban los suyos propios a través de la *customización* de su vestuario. Chaquetas vaqueras con adornos rudimentarios, grandes cinturones y medallones hechos a mano eran las señas de identidad grupales de la juventud de Zúrich tras la II Guerra Mundial, decididos a romper con la corrección suiza. Weinberger se acerca aquí a todos aquellos adolescentes y sus símbolos, que buscaban desafiar los roles tradicionales de masculinidad y feminidad.

Karlheinz Weinberger (Zurich 1921) began taking photos as an adolescent, when he signed up to the photography club Bund der Naturfreunde. In the '40s he joined the famous underground gay club 'Der Kreis' and started publishing his photographs under the pseudonym 'Jim'. Towards the end of the '50s he came across the young misfits roaming the streets, and he made them pose for him in an improvised stage he set up in his mother's apartment, or during his excursions to the Swiss countryside.

For over 20 years Weinberger photographed those youngsters from his country who recycled the symbols of Rebel without a Cause and created their own imagery through the customization of their outfits. Leather jackets with rudimentary adornments, thick belts and handmade buckles were the collective signs of identity of Zurich's youth after World War II, bent on breaking with Swiss correctness. Weinberger here approaches all those adolescents who with their symbols dressed to challenge the traditional roles of masculinity and femininity.

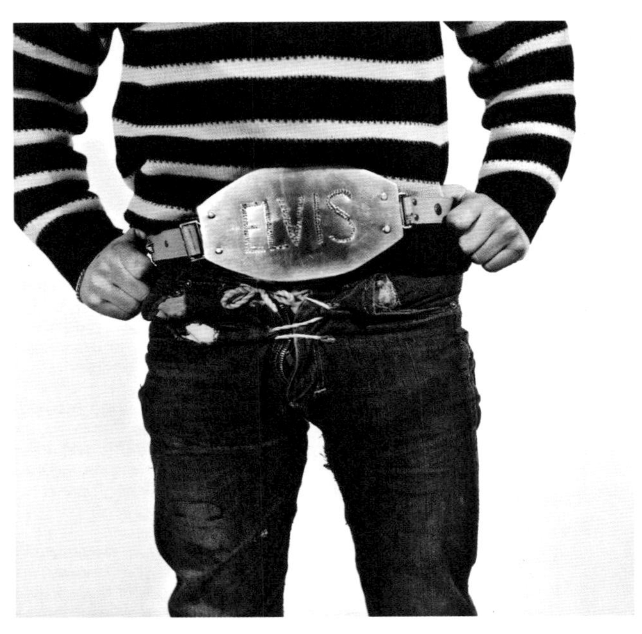

Karlheinz Weinberger
Sin título / Untitled, ca. 1962

Laboratorio de Creación Editorial "De lo sublime y heterodoxo"
Publishing Laboratory 'The Heterodox Sublime'

Adam Broomberg / Oliver Chanarin

05.06 – 09.06.2017

Embajadores, 51
28012 Madrid

Mar-vie / *Tue-Fri*:
12.00 – 20.00 h
Sáb-dom fest / *Sat-Sun;
Hol*:
11.00 – 20.00 h
Entrada: gratuita /
Admission: free

Ⓜ Embajadores
T. +34 917 017 045
promociondelarte.
tabacalera@mecd.es
www.promociondelarte.
com

Este proyecto, dirigido por Adam Broomberg y Oliver Chanarin y desarrollado por los editores independientes Verónica Fieiras y Gonzalo Golpe, tiene como objetivo generar un espacio de reflexión y acción colectivas en torno al mundo de la edición fotográfica y del proceso editorial.

Bego Antón, Lourdes Basoli, José Luis Cuevas, Vincent Delbrouk, David Fathi, Roger Guaus, Musuk Nolte y Juan Valbuena, ocho destacados fotógrafos de diferentes nacionalidades, han sido invitados a participar de esta experiencia de creación conjunta que tendrá lugar en un espacio habilitado especialmente para tal fin, y se podrá seguir diariamente a través de la web y redes sociales de PHotoESPAÑA.

Al término de la experiencia se presentarán los resultados al público a través de un *site-specific* que tratará de materializar el flujo de pensamiento colectivo, con la intención de compartir la evolución del laboratorio.

This project, chaired by Adam Broomberg and Oliver Chanarin and developed by the independent publishers Verónica Fieiras and Gonzalo Golpe, seeks to generate a space for collective reflection and action revolving around the publishing process in the context of photography.

Bego Antón, Lourdes Basoli, José Luis Cuevas, Vincent Delbrouk, David Fathi, Roger Guaus, Musuk Nolte y Juan Valbuena, eight distinguished photographers from different countries, have been invited to participate in this collective creation experience which will take place in an area deliberately conditioned for these purposes and which can be followed directly on a daily basis through PHotoESPAÑA's web and social media.

At the end of the experience the results will be presented to the public in the form of a site-specific exhibition that will seek to bring to life the stream of collective thought as a means to express the progress of the laboratory.

Organizan / *Organized by*
Subdirección General de Promoción de las Bellas Artes. Ministerio de Educación, Cultura y Deporte y PHotoESPAÑA

**Colabora /
*In collaboration with***
Embajada de Bélgica

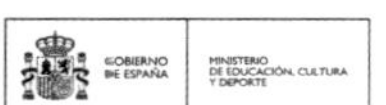

MADRID
Official Section

PHotoESPAÑA 2017, in its 20th anniversary, offers an ample panorama of the photographic medium on a national and international level. The artistic programme of the Festival presents an array of exhibitions, individual as well as collective, in which we may enjoy different perspectives, themes, ways of producing, feeling, expressing and analysing through photography and its creators.

Works will be seen by renowned artists, contemporary artists, young creators and valuable selections from collections that offer an overview of the force and acknowledgment of this fantastic medium: photography.

MADRID
Sección oficial

PHotoESPAÑA 2017, en su XX Aniversario, propone una amplia panorámica sobre el medio fotográfico a nivel nacional e internacional. El programa artístico del Festival presenta todo un abanico de exposiciones, tanto individuales como colectivas, en las que disfrutaremos de las diferentes visiones, temáticas, formas de trabajar, de sentir, de expresar, de analizar a través de la fotografía y de sus autores.

Se verán trabajos de reconocidos artistas, autores contemporáneos, jóvenes creadores y selecciones de valiosas colecciones que ofrecerán una idea global de la fuerza y reconocimiento del que disfruta este fantástico medio, la fotografía.

Los mejores libros de fotografía del año
The best photography books of the year

13.06 – 27.08.2017

Paseo de Recoletos, 20-22
28071 Madrid

Mar-sáb / *Tue-Sat*:
10.00 – 20.00 h
Dom, fest / *Sun, Hol*:
10.00 – 14.00 h
Lunes cerrado /
Closed Monday
Entrada gratuita /
Admission: free

Ⓜ Colón / Serrano
Ⓢ Recoletos
T. +34 915 807 759 / 800
museo@bne.es
www.bne.es

En los últimos años, el libro de fotografía se ha convertido en una herramienta fundamental para la difusión del trabajo del fotógrafo. Es un soporte excepcional que se adapta formal y estéticamente a la idea del autor y sus posibilidades creativas son amplísimas. Las publicaciones de este tipo han revolucionado el mercado editorial y acumulan premios y aclamaciones en la escena internacional.

Como en ediciones anteriores, PHotoESPAÑA premia los mejores libros de esta disciplina del año. Tras una convocatoria abierta, en la que se han presentado autores y editores con libros de fotografía impresos publicados entre marzo de 2016 y marzo de 2017, un comité experto ha seleccionado casi un centenar de títulos para esta exposición, que reúne los volúmenes más destacados por su concepto, diseño y calidad.

Entre ellos, un jurado especializado escogerá a los ganadores de los premios PHotoESPAÑA al Mejor Libro de Fotografía en cuatro categorías: mejor libro de fotografía nacional, internacional, editorial destacada y mejor libro autoeditado.

Over recent years, the photography book has become a fundamental tool for the diffusion of the photographer's work. It is an ideal support that formally and aesthetically adapts to the idea of the author, and its creative possibilities are extremely broad. Publications of this kind have revolutionised the editorial market and are accumulating prizes and awards on the international scene.

As in previous editions, PHotoESPAÑA is rewarding this year's best books in the discipline. After an open call, to which authors and publishers applied with printed photography books published between March 2016 and March 2017, a committee of experts chose almost a hundred titles for this exhibition, which brings together the most outstanding books due to their concept, design and quality.

From among these, a specialised jury will choose the winners of the PHotoESPAÑA Best Photography Book of the Year Award in four categories: best National photography publication, International, Outstanding Publishing House and Best Self-Published Photography Book.

Organiza / *Organized by*
PHotoESPAÑA

Coproduce /
Co-produced by
Sago Packaging

Colabora /
In collaboration with
Biblioteca Nacional
de España

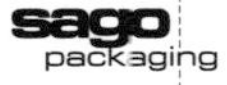

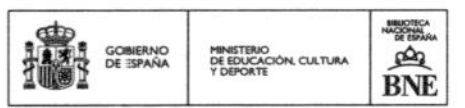

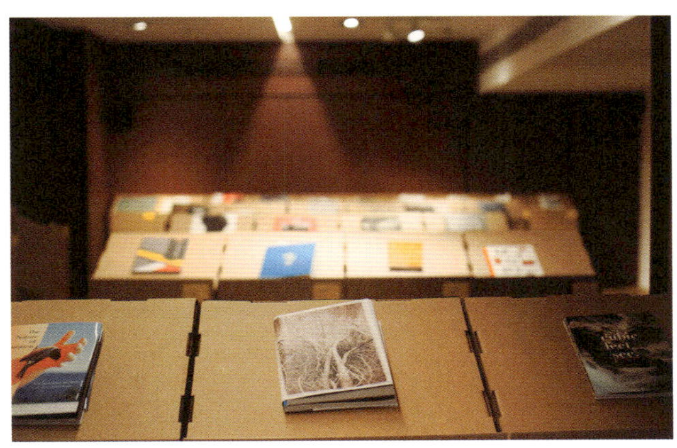

Jonas Forchini

Confluencias. Trasatlántica, 10 años
Confluences. Trasatlántica, 10 years
Colectiva / *Group*

30.05 – 27.08.2017

Marqués del Duero, 2
28014 Madrid

Lun-vie / *Mon-Fri*:
11.00 – 19.30 h
Sáb / *Sat*:
11.00 – 15.00 h
Dom cerrado / *Closed Sun*
Entrada: gratuita /
Admission: free

Ⓜ Banco de España
Ⓞ Recoletos
T. +34 915 954 800
web@casamerica.es
www.casamerica.es

Comisaria / *Curator*
Oliva María Rubio

Organizan / *Organized by*
Casa de América
y PHotoESPAÑA

**Coproduce /
Co-produced by**
Canon

**Colabora /
*In collaboration with***
Agencia Española de
Cooperación Internacional
para el Desarrollo – AECID
y su Red de Centros
Culturales

Esta exposición conmemora el 10º aniversario de Trasatlántica, foro de fotografía y artes visuales creado en 2008 por PHotoESPAÑA, en colaboración con AECID, en Iberoamérica. Para ello, se ha seleccionado a 18 autores de ocho países entre todos los que han participado durante estos diez años, mostrando la gran multiplicidad de temas, aproximaciones e intereses que mueven a los artistas y en los que se desenvuelve la creación fotográfica contemporánea. Si algo caracteriza la fotografía actual es esa amalgama de miradas, temáticas y técnicas, donde pasado, presente y futuro se dan la mano. Y esta exposición es una prueba de ello: la fotografía documental convive con la fotografía escenificada y la fotografía de archivo con la denominada postfotografía. La fotografía se sigue manifestando como una herramienta poderosa de denuncia (política, económica, social...), pero también como un medio de proyección de deseos y fantasías, de mundos posibles, de cuestionamiento del estatus e indagación en la memoria y el olvido.

This exhibition celebrates the tenth anniversary of Trasatlántica, a photography and visual arts forum established in Latin America by PHotoESPAÑA, in collaboration with AECID, in 2008. To this end eighteen creators from eight countries have been selected among those who have taken part through the ten years, evidencing the great multiplicity of subjects, approaches and interests that provide inspiration for all artists and professionals involved in contemporary photographic creation. If one thing characterises photography today it is precisely that mixture of perspectives, themes and techniques in which past, present and future go hand in hand. This exhibition is testament to it: documentary photography coexists with staged photography and the sort of archival photography known as post-photography. Photography remains a powerful tool of denunciation (political, economic, social) but it also continues to develop as a means to express longings and fantasies, to give life to possible worlds, to challenge the establishment, and to explore memory and oblivion.

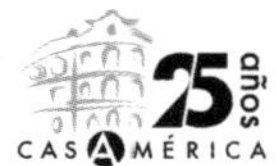

Canon

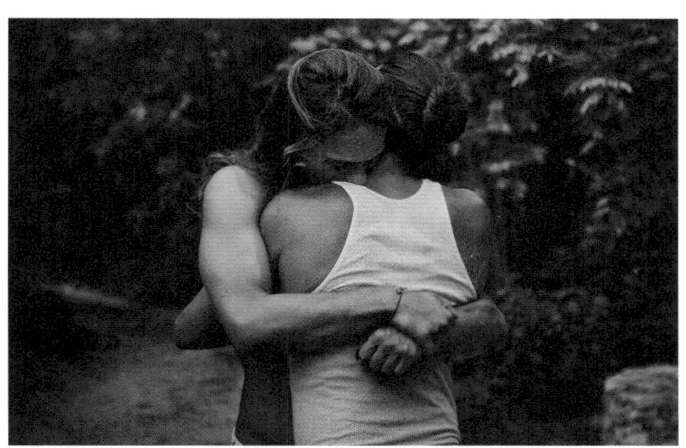

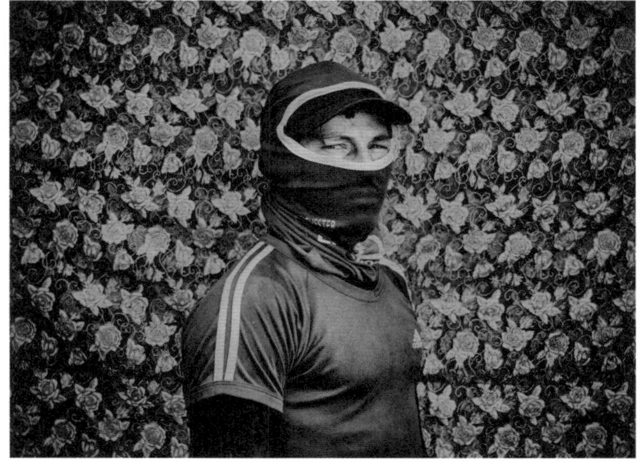

Dolores Medel
Serie "El fondo de la sombra" / *"The background of the sadow" serie*, 2013
© DOLORES MEDEL

Jorge Panchoaga
Serie "Dulce y salada" / *"Sweet and Salad" serie*, 2010-2017
© JORGE PANCHOAGA

Rafael Milani
Cuentos amazónicos
Amazonian Tales

30.05 – 27.08.2017

Marqués del Duero, 2
28014 Madrid

Lun-vie / *Mon-Fri*:
11.00 – 19.30 h
Sáb / *Sat*:
11.00 – 15.00 h
Dom cerrado / *Closed Sun*
Entrada: gratuita /
Admission: free

Ⓜ Banco de España
Ⓢ Recoletos
T. +34 915 954 800
web@casamerica.es
www.casamerica.es

Esta exposición fue inspirada por las historias del libro *Cuentos amazónicos* (1893), del autor brasileño Inglês de Sousa. Siguiendo la temática del libro, que mezcla historias de contenido fantástico con otras de observación y crítica social, las fotos presentan la Amazonía como una cuna fértil de leyendas, mitos y supersticiones, pero también como un lugar donde los seres humanos y animales viven por igual en opresión y sufrimiento: un lugar donde la tensión entre el hombre y la naturaleza está en eterna ebullición.

Rafael Milani (São Paulo, 1989) estudió fotografía en la Escuela Panamericana y en el Museo de Arte Moderno de São Paulo. Participó en exposiciones y publicaciones en Brasil y en el extranjero. En 2013 fue seleccionado para el Programa Nueva Fotografía del Museo de Imagen y Sonido de São Paulo, donde realizó su primera exposición individual.

This exhibition was inspired by the stories included in the book Contos Amazónicos *(1893) by Brazilian author Inglês de Sousa. Following the themes explored in the book, which combines works of fantasy with observation pieces and social critique, these photographs present the Amazonia as a fertile ground for legends, myths and superstition, but also as a place where human beings and animals alike live in the midst of suffering and oppression: a place where the tension between man and nature is perpetually on the boil.*

Rafael Milani (São Paulo, 1989) studied photography at Escola Panamericana and in the Museum of Modern Art of São Paulo. He has taken part in exhibitions and been included in publications both in Brazil and abroad. In 2013 he was selected for the new photography programme of the Museum of Sound and Image of São Paulo, where he held his first solo exhibition.

Organizan / Organized by
Casa de América
y PHotoESPAÑA

Coproduce /
Co-produced by
Canon

Colabora /
In collaboration with
Canon

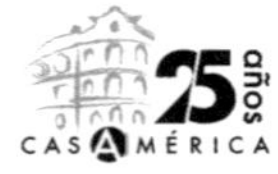

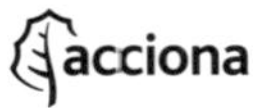

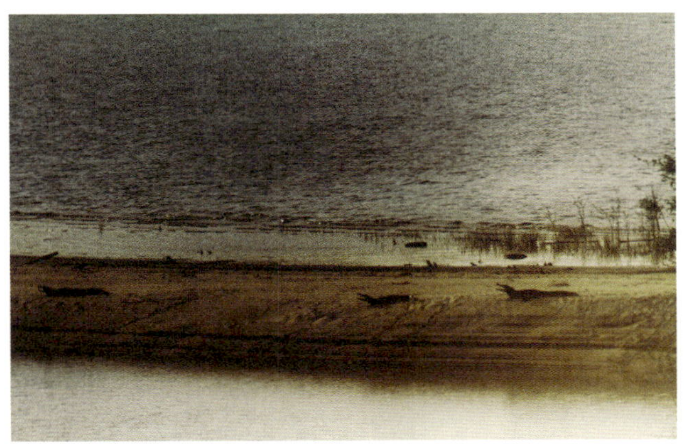

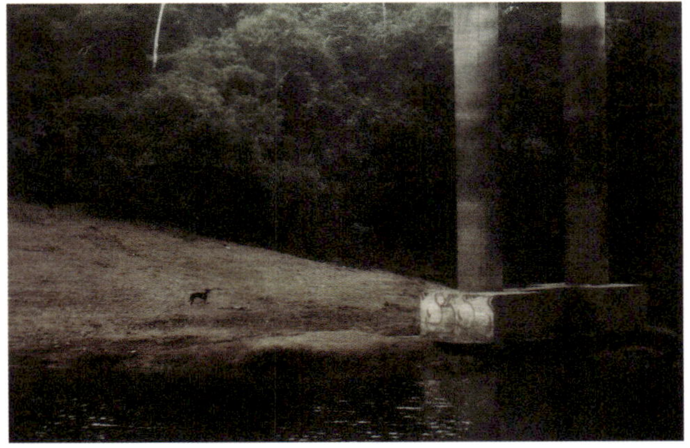

Rafael Milani
Serie "Cuentos amazónicos" / *Amazonian Tales*, 2016

Carleton Watkins

Watkins, el paisaje de Estados Unidos en la colección fotográfica de Sorolla
Watkins, the Landscape of the United States in Sorolla's Photography Collection

26.04 – 20.06.2017

Marqués del Duero, 2
28014 Madrid

Lun-vie / *Mon-Fri*:
11.00 – 19.30 h
Sáb / *Sat*:
11.00 – 15.00 h
Dom cerrado / *Closed Sun*
Entrada: gratuita /
Admission: free

Ⓜ Banco de España
🅜 Recoletos
T. +34 915 954 800
web@casamerica.es
www.casamerica.es

Comisario / *Curator*
Mario Fernández Albarés

La Casa de América presenta las fotografías del Museo Sorolla que Carleton Watkins, uno de los grandes maestros norteamericanos del siglo XIX, hizo para Collis Huntington, y que su hijo, Archer Milton Huntington, fundador de la Hispanic Society, regaló al pintor Joaquín Sorolla.

Este conjunto de obras constituye una de las mejores colecciones de fotografía histórica estadounidense en una institución pública española. Hasta ahora no se había expuesto al público. La muestra es posible gracias a la colaboración del Museo Sorolla y al apoyo de la Fundación-Consejo España-EE.UU.

Casa de América is honoured to present the exhibition Watkins, the Landscape of the United States in Sorolla's Photography Collection, *which encompasses the photography collection that Carleton Watkins, one of the great American photographers of the nineteenth century, put together for Collis Huntinton, and which his son Archer Milton Huntinton, founder of the Hispanic Society, gave to the painter Joaquín Sorolla.*

This group of works constitutes one of the most remarkable collections of historical photography from the United States in any public institution in Spain. Moreover, up to now the collection had never been presented to the public. The exhibition will only be possible thanks to the collaboration between the Museo Sorolla and the Spain-USA Foundation Council.

Organiza / *Organized by*
Casa de América

Colabora /
In collaboration with
Museo Sorolla y Fundación
Consejo España-EE.UU.

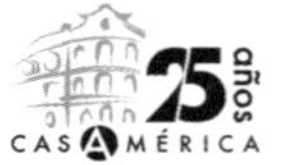

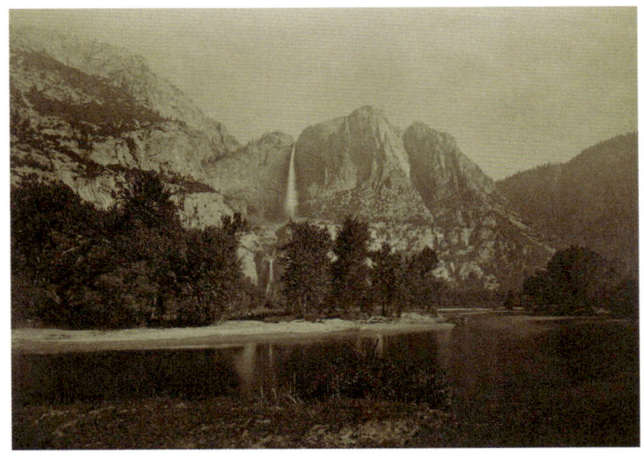

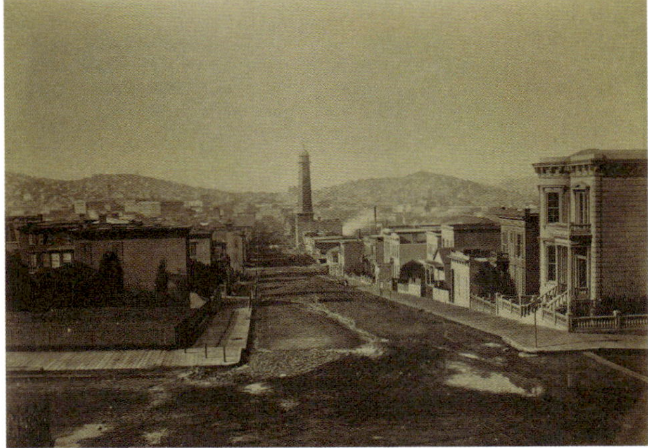

Carleton Watkins
Cascada Yosemite, 2634 pies / Yosemite falls, 2634 f.t., 1829-1916

Carleton Watkins
La ciudad desde el nº 1 de la calle Rincon Hill. San Francisco /
The city from 1st. Rincon Hill. San Francisco, 1829-1916

Un cierto panorama
–reciente fotografía de autor en España–
A Certain Landscape – Recent Signature Photography in Spain
Colectiva / *Group*

12.05 – 23.07.2017

Santa Engracia, 125
28003 Madrid

Mar-sáb / *Tue-Sat*:
11.00 – 20.30 h
Dom, fest / *Sun, Hol*:
11.00 – 14.00 h
Entrada: gratuita /
Admission: free

Ⓜ Ríos Rosas /
Alonso Cano
T. +34 915 451 000
Ext. 2505
museosexposiciones
@madrid.org
www.madrid.org

Comisario / *Curator*
Jesús Micó

Organiza / *Organized by*
Oficina de Cultura y
Turismo. Dirección General
de Promoción Cultural
de la Comunidad de Madrid

Colabora /
In collaboration with
Agencia Española de
Cooperación Internacional
al Desarrollo – AECID

Los cincuenta y cuatro artistas presentes en este espacio nos ofrecen una visión panorámica de las principales líneas de trabajo que presenta la creación fotográfica novel realizada en nuestro país. La muestra ahonda en las estrategias, estilos y lenguajes que ha adoptado esta reciente generación de fotógrafos, entre los que se encuentra la creación de colectivos de edición y promoción, el internacionalismo en la temática y el gran protagonismo del fotolibro, muy presente en la exposición a través de casi una treintena de ellos.

Bego Antón, Elisa González Miralles, Teo Barba, Jon Cazenave, Bernardita Morello y Jesús Monterde destacan con unos magníficos proyectos integrales confrontados en cada una de las plantas de la sala, mientras que otros cuarenta y ocho presentan su obra en formato fotolibro y audiovisual, complementado con un sugerente *background* sonoro que unifica todo el espacio de la Sala Canal de Isabel II.

The fifty-four artists included in this display provide us with a broad view of the main lines of work evident in recent photographic creation in Spain. The exhibition looks into the strategies, styles, and languages adopted by the latest generation of photographers, which include the creation of collectives for the purposes of editing and promoting their work, increased interest in international subjects, and the predominant role played by the photo book, which has a major presence in the show with almost thirty of them in display.

Bego Antón, Elisa González, Teo Barba, Jon Cazenave, Bernardita Morello and Jesús Monterde stand out with wonderful full projects displayed opposite each other in the rooms of the exhibition hall, while another forty-eight artists present their work in the form of photo books and audiovisual material. Added to this a suggestive background track complements the setting, unifying the perimeter of the Sala Canal de Isabel II.

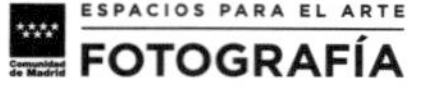

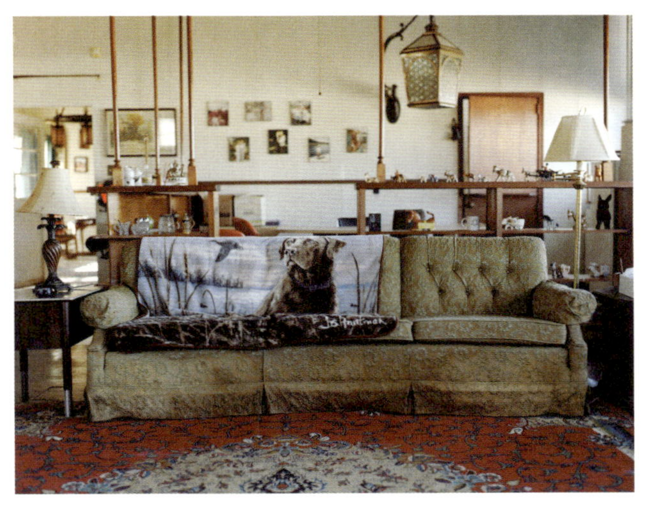

Bego Antón
Serie "Everybody loves to Cha-Cha-Cha" /
Everybody loves to Cha-Cha-Cha *series*, 2015

Con los ojos bien abiertos.
Cien años de fotografía Leica
With Eyes Wide Open. 100 Years of Leica Photography
Colectiva / *Group*

11.05 – 10.09.2017

Fuencarral, 3
28004 Madrid

Mar-dom / *Tue-Sun*:
10.00 – 20.00 h
Entrada: gratuita /
Admission: free

Ⓜ Gran Vía / Sol / Callao
T. +34 915 807 700
espacio@
fundaciontelefonica.com
www.espacio.
fundaciontelefonica.com

Comisario / *Curator*
Hans-Michael Koetzle

La aparición de la cámara Leica cambió de un modo radical la manera en que registramos la realidad. Su lanzamiento, en 1925, supuso mucho más que la mera comercialización de una nueva cámara. Ligera, pequeña, fácil de manejar y sencilla de transportar, la Leica posibilitó tomas de una espontaneidad y un dinamismo imposible hasta entonces.

Esta exposición (dividida en varios apartados, tales como la Nueva Visión, el fotoperiodismo de los años 30 a los 50 y la imagen a color de los 60 a los 90) pretende ser un homenaje a una tecnología que cambió el modo en que vemos el mundo.

The invention of the Leica camera radically changed the way in which we record reality. Its launch, in 1925, entailed far more than merely the commercialisation of a new camera. Light, small, easy to handle and convenient to carry from place to place, the Leica brought a level of spontaneity and dynamism to shots that up to that point was simply out of reach.

This exhibition (split into several sections, such as New Vision, photojournalism from the 1930s to the 1950s, and colour photography from the 1960s to the 1990s) aims to pay tribute to a technological advancement that changed the way we look at the world.

Organiza / *Organized by*
Fundación Telefónica y Leica

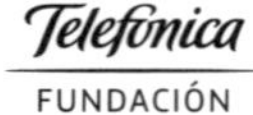

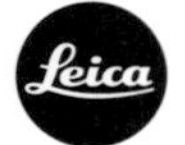

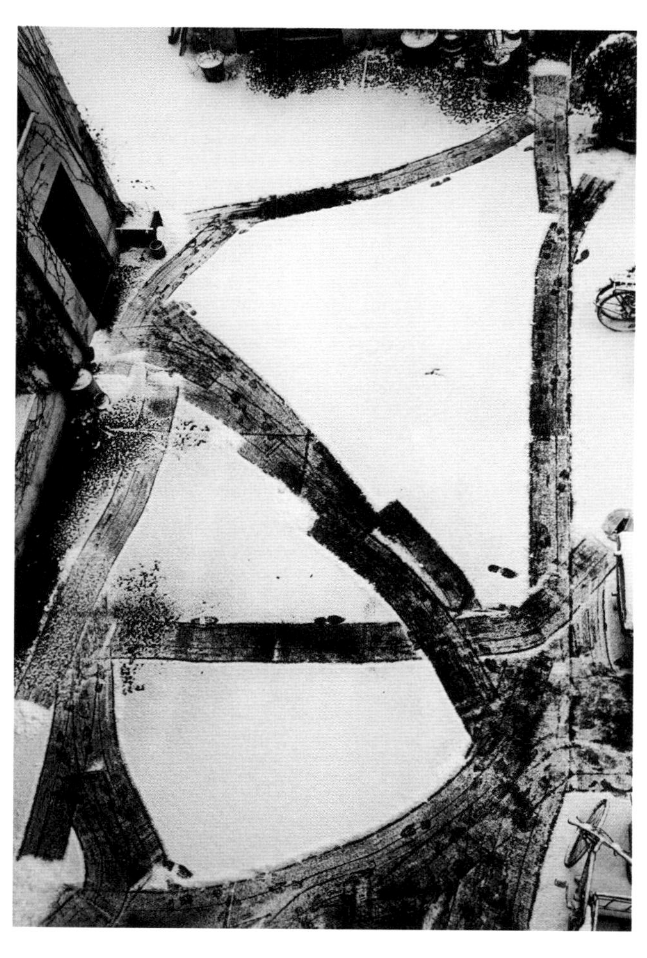

Julia Baier
Sin título, ciclo Geschwebe. De la serie "Desde el aire" /
Untitled, cycle Geschwebe. *From the Series* Desde el aire, 2014
©JULIA BAIER

Cristina García Rodero

Lalibela, cerca del cielo
Lalibela, Near Heaven

01.06 – 30.07.2017

Plaza de Colón, 4
28001 Madrid

Mar-dom / *Tue-Sun*:
10.00 – 21.00 h

Ⓜ Colón / Serrano
T. +34 914 362 540
infotg@teatro
fernangomez.es
www.teatro
fernangomez.es

Librería oficial PHE /
Official Bookshop PHE

Existe catálogo /
Catalogue available

Comisario / *Curator*
Oliva María Rubio

Cristina García Rodero hizo varios viajes a Etiopía entre el año 2000 y 2009, y quedó especialmente fascinada con la ciudad de Lalibela. Situada en el corazón de las montañas de Etiopía, es un lugar sagrado y centro de devoción para la cristiandad etíope, único país del África negra donde el cristianismo se extendió directamente desde Tierra Santa. Sus impresionantes once iglesias medievales, excavadas y esculpidas en la roca, fueron declaradas Patrimonio Cultural de la Humanidad por la Unesco en 1978.

En las imágenes podemos observar tanto la belleza y peculiaridad de sus iglesias medievales, el paisaje y las rocas como la riqueza de las ceremonias y los ritos que allí se celebran. Sus fotografías nos introducen en un viaje simbólico por esa tierra santa, esa ciudad bíblica, a miles de kilómetros de Jerusalén, y nos transportan a un lugar en que el tiempo parece haberse detenido para sumergirnos con sus ritos y ceremonias en una época que creíamos perdida.

Between 2000 and 2009 Cristina García Rodero travelled several times to Ethiopia, where she was particularly struck by the city of Lalibela. Located near the heart of Ethiopia's mountain range, Lalibela is a sacred place and the object of devotion of the Christian community in this, the only country in sub-Saharan Africa where Christian faith spread directly from the Holy Land. Its eleven impressive medieval churches, dug into the hewn rocks, were declared Cultural Heritage of Humanity by Unesco in 1978.

These images depict both the beauty and peculiarity of these medieval churches, the landscape and the rocks, as well as the wealth of rituals and ceremonies held there. Her photographs present us with a symbolic journey through this holy land, this Biblical city, thousands of miles away from Jerusalem, transporting us to a place where time seems to have stood still, introducing us into an era of rituals and ceremonies we thought long lost.

Organizan / *Organized by*
Ayuntamiento de Madrid,
Fernán Gómez,
Centro Cultural de la Villa
y PHotoESPAÑA

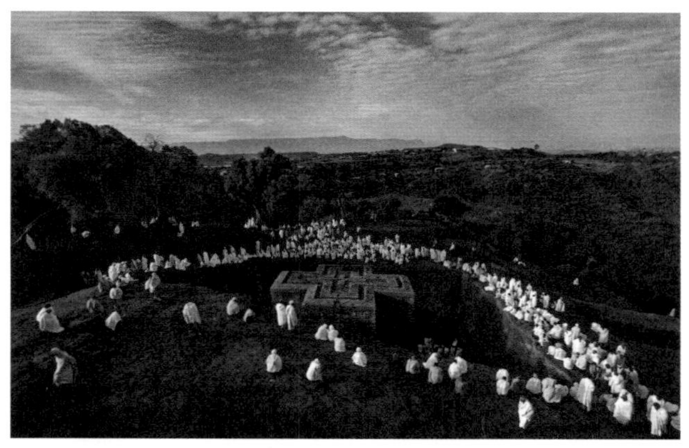

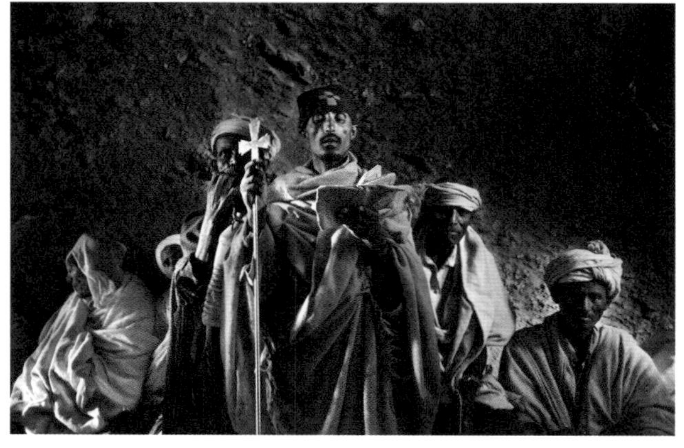

Cristina García Rodero
Lalibela

Gil Antonio Munuera

Carbono
Carbon

01.06 – 30.07.2017

Plaza de Colón, 4
28001 Madrid
Mar-dom / *Tue-Sun*:
10.00 – 21.00 h

Ⓜ Colón / Serrano
T. +34 914 362 540
infotg@teatro
fernangomez.es
www.teatro
fernangomez.es

Librería oficial PHE /
Official Bookshop PHE

Comisario / *Curator*
Juan Bautista Peiró

Organizan / Organized by
Región de Murcia, ICA.
Instituto de las Industrias
Culturales y las Artes
y PHotoESPAÑA

El carbono es un elemento fundamental de los compuestos orgánicos, la base de la vida. Se presenta bajo tres formas en la naturaleza: diamante (luz), grafito (dibujo) y carbón (sombra).

Las obras de Gil Antonio Munuera giran en torno a esa profunda, compleja y contradictoria relación que el hombre ha mantenido con la Naturaleza. Lo hace con instrumentos y medios gráficos ligados con la fotografía y el dibujo. En ambos casos, la importancia fundamental del binomio luz/sombra funciona como un correlato visual del par energía/materia. Lo visible y lo invisible, lo evidente y lo oculto, se entrecruzan activando nuestra imaginación y operan sobre nuestra memoria llena de información, como adormecida.

Sus trabajos, en ese camino de exploración interior, buscan posibles intersecciones entre mente y materia. Mediante un amplio abanico de recursos plásticos en función del punto de vista elegido, lo micro y lo macro nos muestran distintas relaciones de parentesco tan directas en la forma como evocadoras en el fondo.

Carbon is a fundamental element of organic compounds, the basis for life. In nature, it appears in three forms: diamond (light), graphite (drawing) and carbon (shade).

The works by Gil Antonio Munuera explore this deep, complex and contradictory relationship that man has with nature, using graphic instruments and media related to photography and drawing. In both cases, the fundamental importance of the light/shade binomial serves as a visual correlative to energy/matter. The visible and the invisible, the evident and the hidden intertwine to activate our imagination and operate on our memory, so full of information as it is dazed.

Along this course of interior exploration, his works seek possible intersections between mind and matter. By using a wide array of visual resources in function with specific points a view, the micro and the macro reveal distinctive relationships of similarity that are as direct in their form as evocative in their depth.

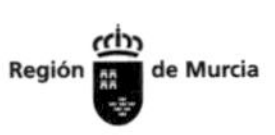
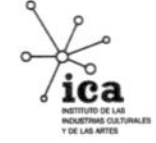

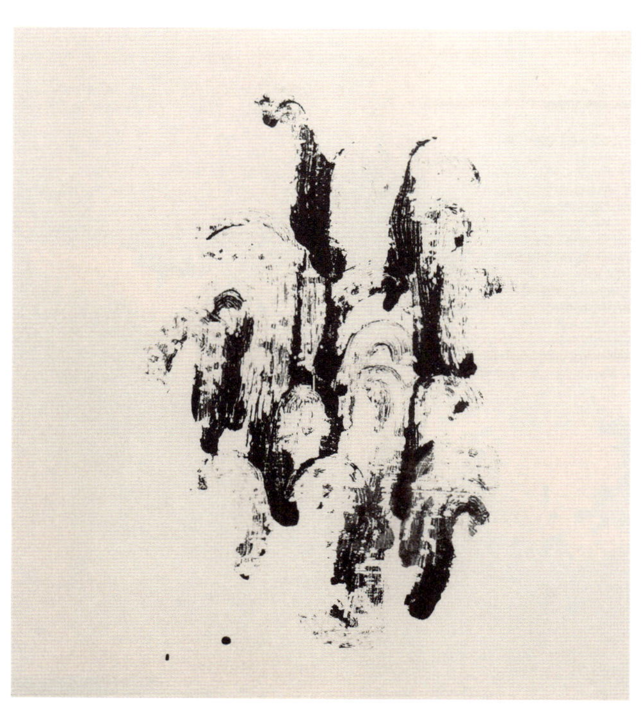

Gil Munuera
La lente de diamante / The Diamond Lens

Pensar en futuro. Nuevos relatos fotográficos en Dakar

Thinking about the Future:
New Photographic Narratives in Dakar

Colectiva / *Group*

01.06 – 30.07.2017

Plaza de Colón, 4
28001 Madrid

Mar-dom / *Tue-Sun*:
10.00 – 21.00 h

Ⓜ Colón / Serrano
T. +34 914 362 540
infotg@teatro
fernangomez.es
www.teatro
fernangomez.es

Librería oficial PHE /
Official Bookshop PHE

La exposición *Pensar en futuro. Nuevos relatos fotográficos en Dakar* es el resultado de los visionados de porfolios de Trasatlántica, organizados por PHotoESPAÑA junto a la Sección Cultural de la Embajada de España en Senegal. El trabajo de los fotógrafos seleccionados está muy ligado a la vida cotidiana de la ciudad, Dakar, y del país en general, Senegal.

El interés de todos ellos es retratar su cultura, sus costumbres y su día a día: la infancia, la presencia del mar, los paisajes, las mujeres, la familia, el deporte, los ritos religiosos y culturales, la música, la danza, las carencias o dificultades. También nos muestran los acontecimientos políticos, las festividades y las problemáticas de barrios o comunidades, siendo aún más crítica y observadora la mirada de los fotógrafos europeos residentes en el país.

Se trata, en definitiva, de una exploración de la plasticidad y de las paradojas del territorio a través de la fotografía.

The exhibition Thinking of the Future: New Photographic Narratives in Dakar *is the result of the Trasatlántica portfolio reviews, Organized by PHotoESPAÑA together with the cultural department of the Spanish Embassy in Senegal. The work of the selected photographers is closely related to ordinary life in the city, Dakar, and the country in general, Senegal.*

They are all interested in depicting their culture, their customs, and their day-to-day routine: infancy, the presence of the sea, the landscapes, the women, family, sport, religious and cultural traditions, music, dance, the shortcomings and difficulties they face. They also put us in contact with the political developments, festivities and conflicts encountered by their neighbourhoods or communities, with European photographers residing in the country offering a particularly critical and poignant perspective.

Ultimately, it is an exploration of the plasticity and the paradoxes of the territory through the means of photography.

Organiza / *Organized by*
Agencia Española de
Cooperación Internacional
para el Desarrollo – AECID
y PHotoESPAÑA

Colabora /
In collaboration with
Canon

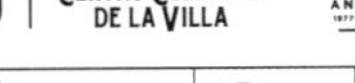

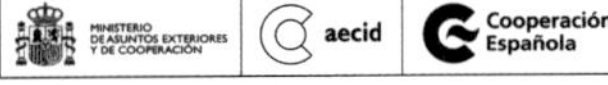

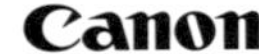

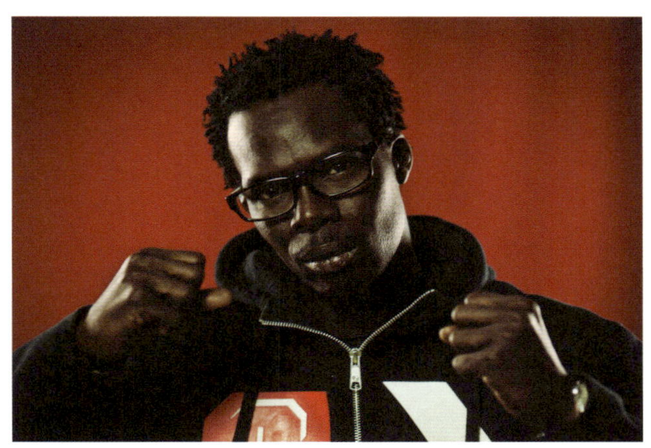

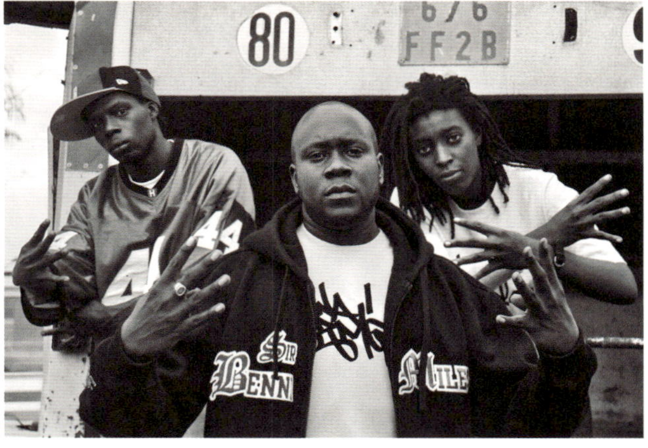

Sandy Haessner
Goldschool

Infinito interior

X Edición del Premio Fundación ENAIRE de Fotografía
Infinite Interior / 10th Edition of the Fundación ENAIRE Photography Award

01.06 – 03.09.2017

Calle Alcalá, 49
28014 Madrid

Mar-vie / *Tue-Fri*:
16.00 – 21.00 h
Sáb / *Sat*:
11.00 – 21.00 h
Dom, fes / *Sun, Hol*:
11.00 – 16.00 h
Entrada: gratuita /
Admission: free

Ⓜ Banco de España
T. +34 91 436 76 00
informa@cervantes.es
www.cervantes.es

Comisaria / *Curator*
Ángeles Imaña Marcos

Organizan / *Organized by*
Fundación ENAIRE
e Instituto Cervantes

Patrocina / *Sponsored by*
Fundación ENAIRE

**Colabora /
*In collaboration with***
PhotoESPAÑA

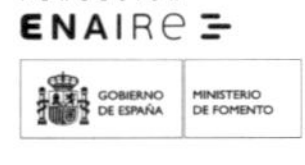

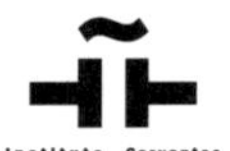

La Fundación ENAIRE es la institución cultural que gestiona la Colección ENAIRE de Arte Contemporáneo, colección de carácter público con más de 1.100 obras de distintas disciplinas: pintura, escultura, fotografía y arte multimedia. A su vez es la empresa pública del Ministerio de Fomento que administra el control del tránsito en el espacio aéreo español.

Infinito Interior incluirá, además de las tres obras premiadas en la X Edición del Premio de Fotografía Fundación ENAIRE, las siete seleccionadas por el jurado y un repertorio de la Colección ENAIRE de fotografía contemporánea, con obras de prestigiosos fotógrafos.

La exposición plantea una reflexión sobre la fotografía tomada como si de un relato breve se tratara, marcando así la diferencia entre una captura casual y una fotografía artística y mostrando la aportación que el artista hace a su imagen dotándola de su lenguaje personal, de su imaginería. Ese "algo" que hace que podamos intuir que una obra es de un autor porque revela su *Infinito interior*.

The Fundación ENAIRE is a cultural institution that oversees the ENAIRE Contemporary Art Collection, a public collection with more than 1.100 artworks covering distinct artistic disciplines: painting, sculpture, photography and multimedia pieces. It is also the public enterprise of The Ministry of Public Works and Transport that manages the traffic control of Spanish airspace.

Infinite Interior *includes the three artworks that were recognised by the 10th Edition of the Fundación ENAIRE Photography Award and seven additional works selected by the jury, as well as a sample from the ENAIRE Collection featuring artworks by prestigious photographers.*

This exhibition proposes a reflection on photography as if it were a short story. It therefore differentiates the casual shot from an artistic photograph, highlighting the contribution an artist makes to an image by affording it with a personal language drawn from the imagination. This "something" enables us to sense that a given artwork is by a specific artist because it reveals his or her Infinite Interior.

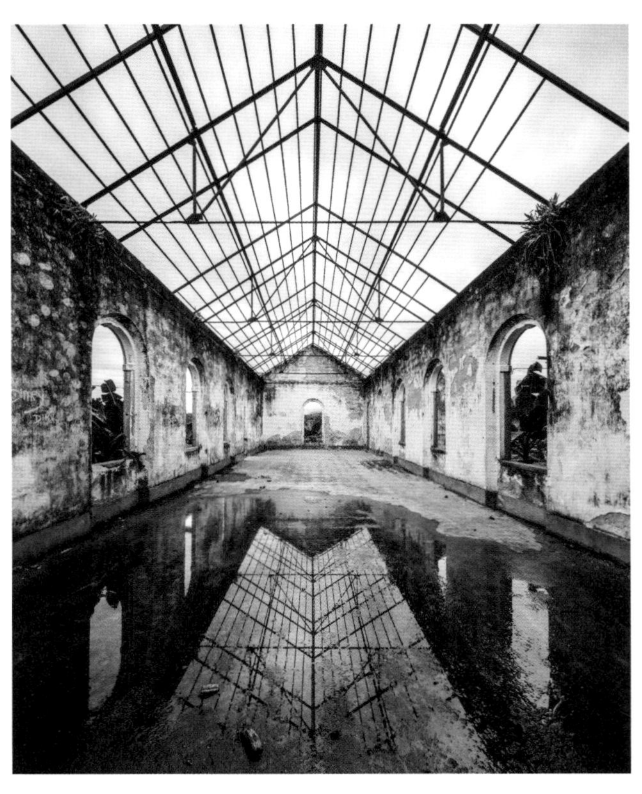

Filippo Poli
Roça Agua Izé, 2016

Minor White
Metáforas
Metaphors

31.05 – 27.08.2017

Gran Vía, 8
28013 Madrid

Lun-sáb / *Mon-Sat*:
10.00 – 20.30 h
Dom / *Sun*:
11.00 – 20.00 h
Entrada: gratuita /
Admission: free

T. +34 915 226 815
pressinternational
@loewe.es
www.loewe.com/eu_es/
fundacion-loewe-fotografia

Comisaria / *Curator*
María Millán

Minor White es uno de los fotógrafos norteamericanos más importantes del siglo XX, pues contribuyó a dar forma a la estética de la fotografía de posguerra en Estados Unidos y fue además un influyente profesor, crítico y editor. La Fundación Loewe presenta por primera vez en España una selección de 42 imágenes evocadoras, impecablemente impresas en blanco y negro, que abarcan el desarrollo de su carrera durante cuatro décadas.

La exposición nos lleva desde los primeros paisajes urbanos a simbólicos, aunque precisos, estudios del cuerpo masculino y a imágenes abstractas de la naturaleza. A través del uso de la luz y de la composición, busca ante todo reflejar sus propias emociones en el momento de fotografiar e invita al espectador a conectar con los sentimientos que le provoque la contemplación de la obra. White estaba más interesado en el potencial metafórico de la fotografía que en su capacidad de representar la realidad. La imagen, más que su contenido literal, es un estado emocional abierto a la indeterminación.

Minor White is one of the most important American photographers of the 20th century, who contributed to shape postwar photographic aesthetic in the United States, and was also an influential professor, critic and editor. Fundación Loewe presents for the first time in Spain a selection of 42 evocative images, impeccably printed in black and white, that cover the development of his career during four decades.

The exhibition takes us from his first citiscapes to symbolic, though precise, studies of the male body, and abstract images of nature. By way of his use of light and composition he seeks to reflect above all his own emotions in the moment of photographing and invites the viewer to connect with those feelings provoked by the contemplation of the artwork. White was more interested in the metaphorical potential of photography than its capacity to represent reality. The image, beyond its literal content, is an emotional state open to indetermination.

Organiza / *Organized by*
Fundación Loewe
y PHotoESPAÑA

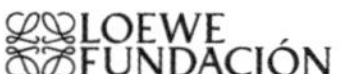

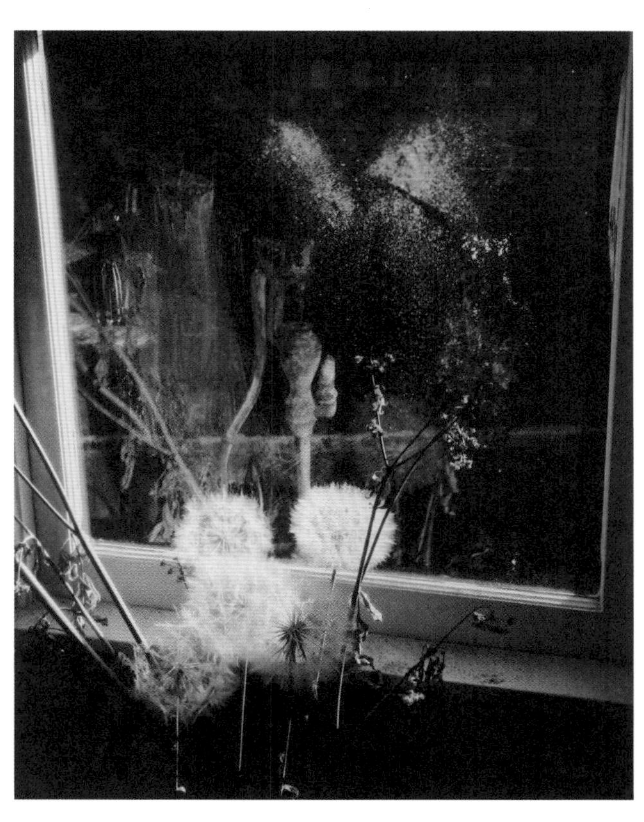

Minor White
72 N. Union Street, Rochester, 1958

Carlos Saura

España. Años 50
Vanished Spain

02.06 – 03.09.17

Ventura Rodríguez, 17
28008 Madrid

Mar-sáb / *Tue-Sat*:
9.30 – 15.00 h
Jue / *Thu*: 17.00 – 20.00 h
Dom, fest / *Sun, Hol*:
10.00 – 15.00 h
Entrada: gratuita /
Admission: free

Ⓜ Noviciado / Plaza
de España / Príncipe Pío /
Ventura Rodríguez
T. +34 915 473 646
museo.cerralbo@mecd.es
www.museocerralbo.mcu.es

Existe catálogo /
Catalogue available

Comisaria / *Curator*
Oliva María Rubio

Reconocido internacionalmente por sus películas, Carlos Saura (Huesca, 1932) ha compaginado su labor de director de cine con la de fotógrafo.

Esta muestra reúne una selección de fotografías que realizó en la España de 1950 (Cuenca con sus paisajes y sus gentes; la matanza del cerdo en Cañete; las novilladas en la Zarzuela; Sanabria; Madrid y sus salas de baile; Castilla–La Mancha; Valencia con sus fiestas y el Mediterráneo y Andalucía con sus olivares y sus casas encaladas) y constituye un verdadero álbum fotográfico de los pueblos y gentes que descubrió en sus viajes por el país. Sus imágenes nos retrotraen a un tiempo que parece lejano y a unos lugares que ya apenas se reconocen, presentando una España mísera, triste, reprimida y sumida en la pobreza; pero también un país con una gran riqueza cultural, de gentes abiertas, sencillas y trabajadoras que son el reflejo de la vida y las costumbres de una nación, de sus fiestas y sus ritos.

Internationally renowned for his films, Carlos Saura (Huesca, 1932) has combined his work as a cinema director with his activity as a photographer.

This exhibition brings together a selection of photographs he shot in Spain in the 1950s, and it constitutes a true photo album of the people and places he discovered during his travels through the country (Cuenca with its landscapes and its people; pig slaughtering in Cañete; young bull bullfights in La Zarzuela; Sanabria; Madrid and its dance halls; Castilla–La Mancha; Valencia with its feasts and the Mediterranean; and Andalusia with its olive groves and whitewashed houses). His images transport us to a seemingly distant past and practically unrecognisable places, depicting the poorest, saddest and most repressed face of Spain; but depicting too a country rich in culture, inhabited by open, simple and hard-working people who are a reflection of the life and customs of the nation, of its festivities and its rites.

Organizan / *Organized by*
Ministerio de Educación,
Cultura y Deporte, Museo
Cerralbo y PHotoESPAÑA

Colabora /
In collaboration with
Steidl

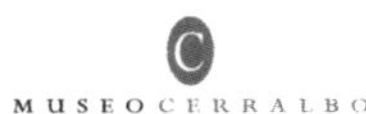

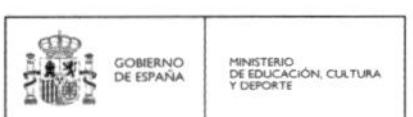

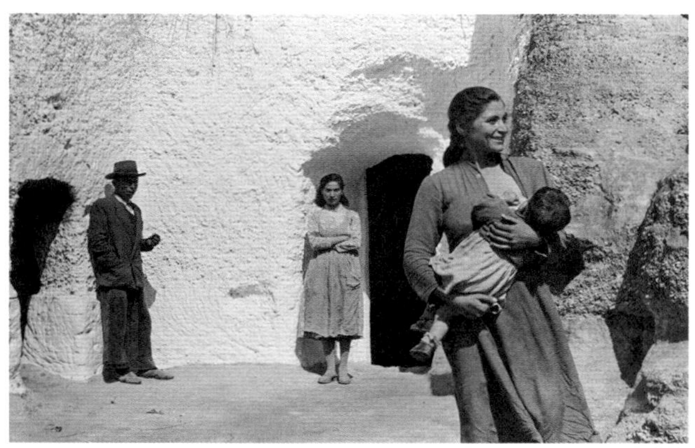

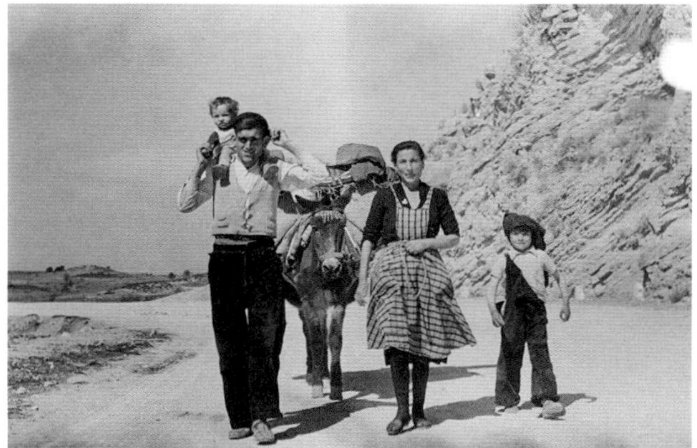

Carlos Saura
De la serie "Andalucía, años 1950" / *From the series* Andalucía, 1950s

Carlos Saura
De la serie "Cuenca, años 1950" / *From the series* Cuenca, 1950s

Yolanda Domínguez
Little Black Dress

08.06 – 17.09.2017

Avda. Juan de Herrera, 2
28040 Madrid

Mar-sáb / *Tue-Sat*:
09.30 - 19.00 h
Dom, fest / *Sun, Hol*:
10.00 – 15.00 h
Entrada / *Admission*:
General / *Standard*: 3 €
Sáb (tarde), dom: gratuita /
Sat (afternoon), Sun: free

Ⓜ Moncloa /
Ciudad Universitaria
T. +34 915 504 700
difusion.mt@mecd.es
http://museodeltraje.
mcu.es/

El término *fashionista* "Little Black Dress" se refiere a un vestido negro, corto y versátil que cualquier mujer debería tener en su fondo de armario. Para este proyecto, Yolanda Domínguez ha escogido un *Little Black Dress* de la talla 38, con el cual fotografía a mujeres de todas las tallas, razas y edades. El objetivo es generar un imaginario que muestre la diversidad de los cuerpos en contraposición al modelo limitante. A algunas mujeres el vestido les queda pequeño, a otras grande, pero todas posan en actitud de poder y orgullosas de su cuerpo.

La propuesta, nunca antes expuesta, consiste en una muestra de estas imágenes, accesibles tras pasar por una instalación de probadores, esos espacios simbólicos en los que las personas nos enfrentamos al conflicto entre nuestra propia imagen y la que nos dicta la moda. Los visitantes tendrán que dialogar con sentimientos tan diferentes como los complejos, los deseos, la culpa, la aceptación... Para, finalmente, celebrar la diversidad.

"Little Black Dress" is a fashionista term that refers to a black, short and versatile dress that every woman should have in the back of her closet. For this project, Yolanda Domínguez has selected a Little Black Dress size 38. With this dress she photographed women of all sizes, races and ages in order to generate an imagery that reveals the diversity of the bodies in contrast with the limitations of the dress model. For some women the dress was too small, for others it was too big, but all of them posed with an attitude of power and pride toward their body.

The proposal, which has never been seen before, consists of a showing of these images, accessible after having passed through an installation of fitting rooms, those symbolic spaces in which people are confronted with the conflict between our own image and that dictated to us by fashion. The visitors will have to dialogue with such different feelings as complexes, desires, guilt and acceptance ... To, finally, celebrate diversity.

Organizan /
Organized by
Ministerio de Educación, Cultura y Deporte, Museo del Traje y PHotoESPAÑA

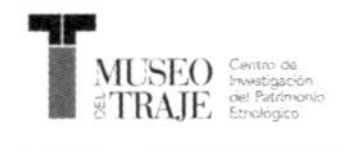

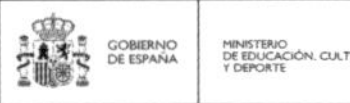

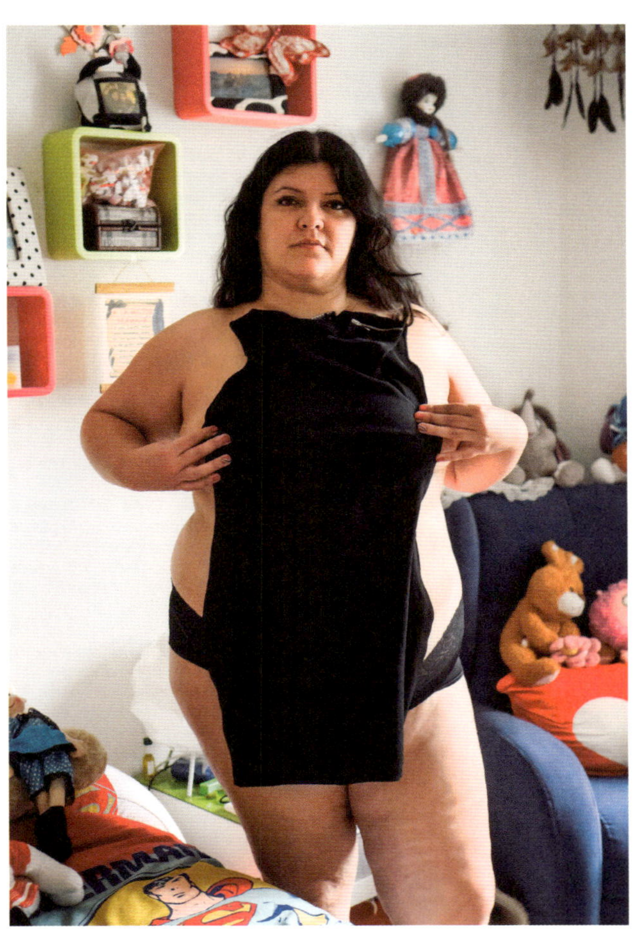

Yolanda Domínguez
De la serie "Little Black Dress" / *From "Little Black Dress" series*

Gabriele Basilico

Entropía y espacio urbano
Entropy and Urban Space

30.05 – 10.09.2017

Zorrilla, 3
28014 Madrid

Mar-sáb / *Tue-Sat*:
11.00 – 20.00 h
Dom, fest / *Sun, Hol*:
10.00 – 14.00 h

Ⓜ Sevilla /
Banco de España
T. +34 914 201 242
www.fundacionico.es

Existe catálogo /
Catalogue available

Comisario / *Curator*
Ramón Esparza

Gabriele Basilico (Milán, 1944-2013) fue uno de los renovadores de la fotografía de paisaje y arquitectura en la década de los ochenta. Durante toda su carrera mostró un profundo interés en el análisis del entorno urbano y su transformación.

En Física, la entropía es una magnitud que indica el grado de desequilibrio y caos de un sistema y hace mención a un desorden existente dentro de ese sistema y supone, además, que de ese desorden puede surgir un nuevo sistema de equilibrio u homogeneidad.

Este concepto ha llamado la atención de muchos teóricos del arte, como a Basilico, ya que habla de una cierta tendencia al equilibrio a partir del caos. La intención de la muestra es aplicar este concepto al estudio de la obra de Basilico y su evolución, desde sus primeros estudios formales de las fachadas de fábricas milanesas hasta la aceptación de la complejidad de los sistemas urbanos de las metrópolis modernas.

Gabriele Basilico (Milan, 1944–2013) was a key figure in the revitalisation of landscape and architectural photography in the 1980s. Throughout his career he displayed a profound interest in the analysis of urban environments and their transformation.

In physics, entropy is a magnitude which indicates the degree of disorder or randomness in a system and refers to the disorder that exists within that system, which additionally entails that from such disorder a new system of balance or homogeneity can emerge.

Basilico was interested in this concept, which has caught the attention of many art theorist because it speaks of a certain tendency for balance to emerge from chaos. This exhibition seeks to apply this concept to Basilico's oeuvre and its evolution, from his first formal studies of factory facades in Milan to his acknowledging of the complexity of urban systems in modern metropolises.

Organiza / *Organized by*
Fundación ICO

Colabora /
In collaboration with
Istituto Italiano di Cultura de Madrid

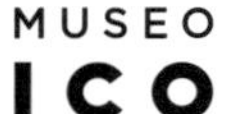

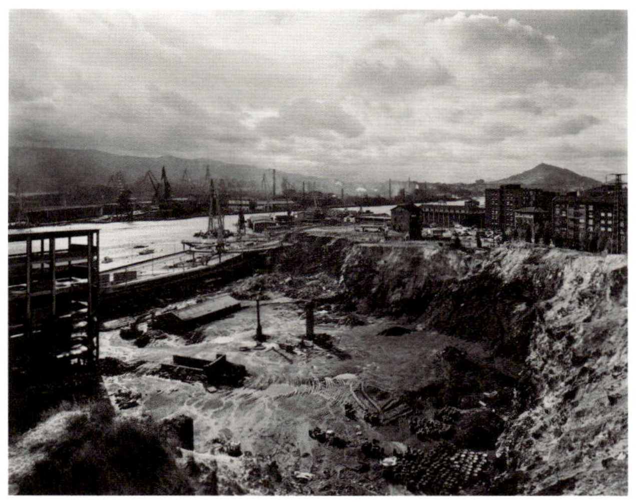

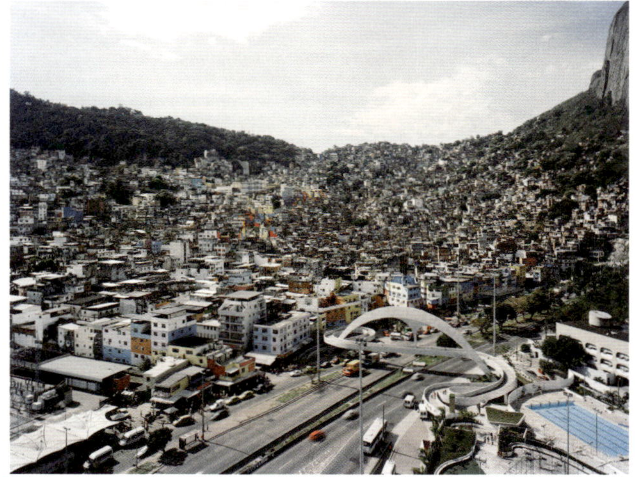

Gabriele Basilico
Bilbao, 1993
© ARCHIVIO GABRIELE BASILICO DI GIOVANNA CALVENZI

Gabriele Basilico
Río de Janeiro, 2011
© ARCHIVIO GABRIELE BASILICO DI GIOVANNA CALVENZI

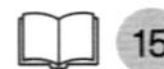

A la pata coja. Colección Eduardo Arroyo
Hop Hopping. Eduardo Arroyo Collection
Colectiva / *Group*

26.05 – 27.08.17

Serrano, 122
28006 Madrid

Mar-sáb / *Tue-Sat*:
10.00 – 16.30 h
Dom / *Sun*:
10.00 – 15.00 h

Entrada exposición
temporal: gratuita /
*Admission to the temporary
exhibition: free*

Ⓜ Gregorio Marañón /
Rubén Darío
T. +34 915 616 084
museo.lazaro@flg.es
www.flg.es

Existe catálogo /
Catalogue available

Comisarios / *Curators*
Eduardo Arroyo
y Fabienne Di Rocco

Desde siempre, la fotografía ha despertado la curiosidad de los artistas, quienes la recortan cuando viene reproducida en periódicos o revistas, la compran en los mercadillos o se las encuentran en álbumes familiares abandonados; la fotografía les llama la atención, estimula su reflexión y alimenta su imaginación, convirtiendo lo banal en algo singular y conmovedor.

Es el caso de Eduardo Arroyo, que las atesora con una clara preferencia por el blanco y negro: varios miles de imágenes de todos los géneros, de todas las épocas, realizadas por fotógrafos profesionales procedentes de agencias de prensa, de estudios fotográficos, pero también por autores desconocidos, no identificados, anónimos.

Esta selección de fotografías, estas imágenes anónimas, atraen poderosamente nuestra mirada, nos atrapan y despiertan nuestro interés. Es un salto hacia adelante, una nueva experiencia en la que la elección de la más humilde fotografía le confiere nobleza y la poetiza. Vivir es saltar a la pata coja: caer, herirse, levantarse.

Photography has always sparked the curiosity of artists, who cut them out of newspapers or magazines, buy them in street markets, or find them in long lost family albums. Photography catches their attention, stimulates their reason, and feeds their imagination, turning the ordinary into something singular and moving.

This is precisely the case with Eduardo Arroyo, who amasses them with a clear preference for black and white ones: several thousand images of all genres, from all eras, produced by professional photographers from press agencies and photo studios, but also by unknown, unidentified, anonymous authors.

This selection of photographs, these anonymous images, is tremendously eye-catching, it entices us, it piques our interest. It constitutes a leap ahead, a new experience in which choosing the simplest photograph already endows it with beauty and lyricism. Living is taking that leap of faith: falling over, getting hurt, and getting up again.

Organizan / *Organized by*
Museo Lázaro Galdiano
y PHotoESPAÑA

museo
LÁ
ZA
RO
GAL
DIA
NO

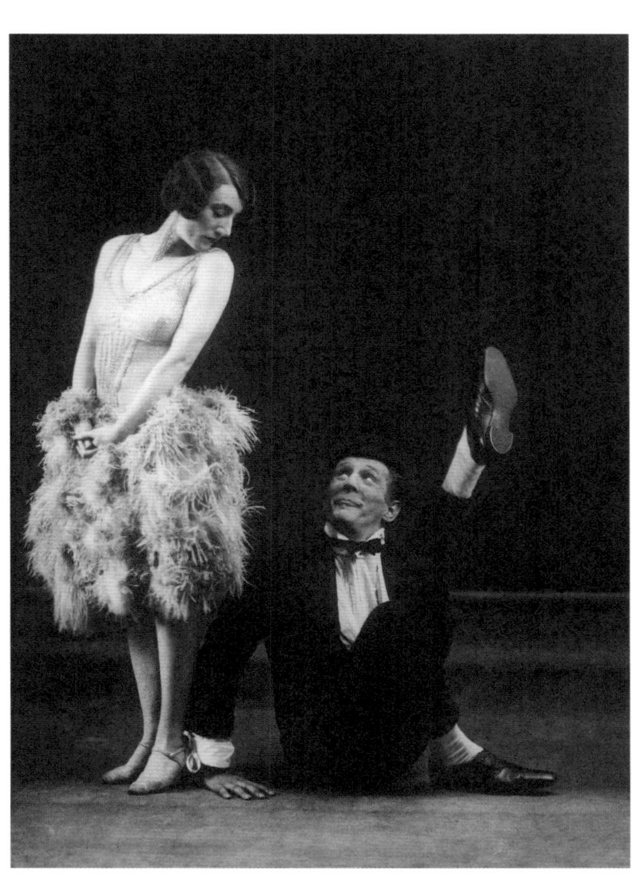

Anónimo
Sin título / Untitled

Farideh Lashai
Cuando cuento estás solo tú... Pero cuando miro, hay solo una sombra
When I Count, There Are Only You... But When I Look, There Is Only a Shadow (2012-2013)

30.05 – 10.09.2017

Ruiz de Alarcón, 23
Sala 66, Edificio Villanueva
28014 Madrid

Lun-sáb / *Mon-Sat*:
10.00 – 20.00 h
Dom, fest / *Sun, Hol*:
10.00 – 19.00 h
Entrada / *Admission*: 15 €
Horario gratuito / Free
admission
Lun-sáb / *Mon-Sat*:
18.00 – 20.00 h
Dom, fest / *Sun, Hol*:
17.00 – 19.00 h

Ⓜ Banco de España
🔵 Recoletos / Atocha
T. +34 913 302 800
museo.nacional@
museodelprado.es
www.museodelprado.es

Comisaria / *Curator*
Ana Martínez de Aguilar

Organiza / *Organized by*
Museo Nacional del Prado

Patrocina / *Sponsored by*
Fundación Amigos del Museo
del Prado

Colabora /
In collaboration with
The British Museum, Londres

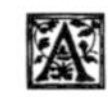

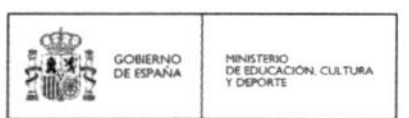

El Museo del Prado presenta la videoinstalación de la artista iraní Farideh Lashai (Rasht, 1944 – Teherán, 2013) *Cuando cuento estás solo tú... Pero cuando miro, hay solo una sombra,* inspirada en los *Desastres de la guerra* de Goya.

Farideh modifica ochenta estampas de la serie, extrae de ellas las figuras y recompone el paisaje subyacente. Dispone los nuevos fotograbados en la pared, formando un rectángulo, y pasa las figuras a película digital, animándolas. Estas imágenes se proyectan sucesivamente con un pequeño foco de luz sobre los paisajes vacíos del rectángulo. El foco, la luz, recorre los fotograbados acompasado a la música de un nocturno de Chopin. Cuando coincide con un fondo, proyecta la escena correspondiente, vuelta a la vida por unos instantes. Luego desaparece mientras el foco prosigue lentamente alumbrando nuevos *Desastres*.

Este proyecto se presenta dentro del programa "La Obra Invitada", mediante el cual el Museo del Prado exhibe piezas singulares que guardan una relación especial con obras de su colección permanente.

El Prado Museum presents the video installation by Iranian artist Farideh Lashai (Rasht, 1944 – Teheran, 2013) When I Count, There Are Only You... But When I Look, There Is Only a Shadow, *inspired in Goya's* The Disasters of War.

Farideh modifies eighty prints of the series, extracting their characters and recomposing the landscape around them. She displays the new photo-engravings on the wall in the shape of a rectangle, and using computer animation she carries the shapes onto digital format. These images are subsequently projected, with a small spotlight shining on the rectangle's empty landscapes. The spotlight travels over the photo-engravings to the tune of a nocturne by Chopin. When it lands on a background, the corresponding scene is projected, brought to life for a few moments. Then it disappears as the spotlight carries on slowly illuminating new Disasters.

This project is presented within the programme "La Obra Invitada" [guest work], which enables El Prado Museum to showcase remarkable works that feature a special connection with pieces form its permanent collection.

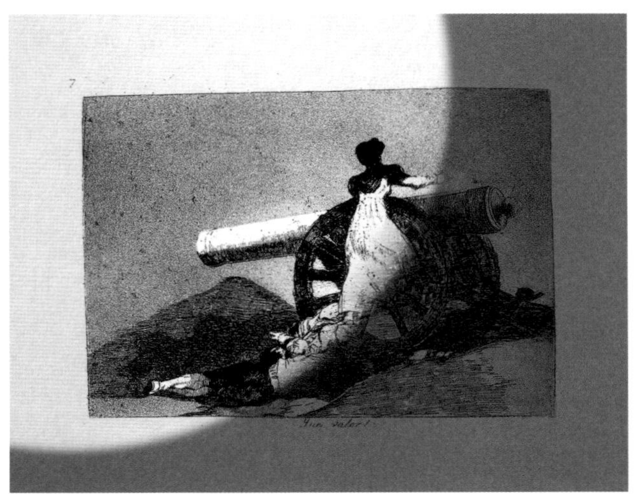

Farideh Lashai
Cuando cuento estás solo tú... pero cuando miro hay solo una sombra (detalle) /
When I Count, There Are Only You... But When I Look, There Is Only a Shadow
(detail), 2012–2013
Serie de 80 fotograbados con animación proyectada / *A suite of 80 photo intaglio prints with projection of animated figures*

Sorolla en su paraíso
Sorolla in His Paradise
Colectiva / *Group*

07.04 – 01.10.2017

Paseo General Martínez
Campos, 37
28010 Madrid

Mar-sáb / *Tue-Sat*:
9.30 – 20.00 h
Dom, fest / *Sun, Hol*:
10.00 – 15.00 h
Entrada / *Admission*
General / *Standard*: 3 €
Reducida / *Concessions*:
1,50 €
Gratis sábados a partir de
las 14.00 h y domingos /
*Free on Saturdays after
14:00 and on Sundays*

Ⓜ Iglesia / Rubén Darío /
Gregorio Marañón
T. +34 913 101 584
museo.sorolla@mecd.es
www.mecd.gob.es/
msorolla

Comisarios / *Curators*
Publio López Mondéjar
y Lucía Laín

Organiza / *Organized by*
Ministerio de Educación,
Cultura y Deporte,
Museo Sorolla y
Fundación Museo Sorolla

Patrocina / *Sponsored by*
Fundación Museo Sorolla
y Fundación Mutua Madrileña

Esta exposición pretende reconstruir el universo creativo de Joaquín Sorolla y el mundo cultural y artístico español entre la Revolución de 1868 y la Dictadura de Primo de Rivera, momentos históricos entre los que transcurrió la vida del pintor. La importancia de su figura y su condición de genial artista y gloria nacional fueron objetivo de los fotógrafos y de los más importantes profesionales de su época, que le retrataron en sus estudios, entre los miembros de su familia y en todos los lances relevantes de su vida.

La fotografía y los fotógrafos tienen en esta muestra un especial protagonismo, dada la calidad de los retratos y reportajes reunidos, que nos acercan a su figura pero también a los momentos más relevantes de la historia de la fotografía española y a la evolución del lenguaje fotográfico, marcado por el final de los llamados retratos en tarjeta, la apoteosis del retrato fotográfico y el nacimiento del reportaje gráfico, paralelo al de la prensa ilustrada.

This exhibition aims to reconstruct the creative universe of Joaquín Sorolla, and the Spanish cultural and artistic scene between the 1868 revolution and Primo de Rivera's dictatorship – the historical boundaries that frame the painter's lifetime. His prominence as an artistic figure and his condition as a genius and a national celebrity made him the subject of many photographs and linked him to the most reputed professional of his time, who captured him in his studios, with his family and in every facet of his life.

Photography and those who make it happen enjoy a special place in this display, given the high quality of the portraits and stories gathered for this occasion which bring us closer to the artist but also to the most relevant moments of the history of Spanish photography and the evolution of the photographic language evidenced in the transition from the so-called cartes de visite to the exaltation of photographic portraiture and the emergence of photojournalism in parallel with the rise of illustration in the media.

FUNDACIÓN
MUTUAMADRILEÑA

MUSEO ∫OROLLA

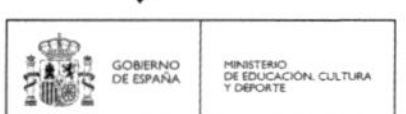

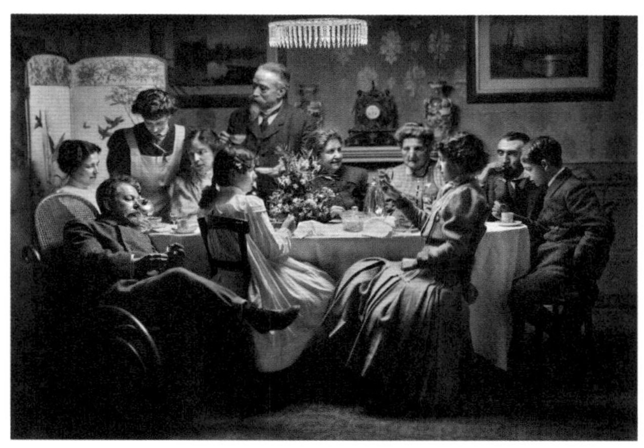

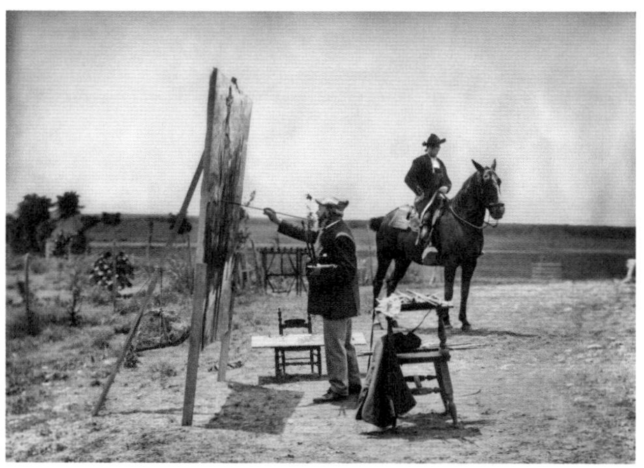

Antonio García
Autorretrato familiar del fotógrafo / Self-portrait of the photographer's family, 1907

Venancio Gomban
Pintando "Charro a caballo", en la finca Villar de los Álamos /
Painting "Charro on Horseback", at the Villa de los Álamos estate.
Provincia de Salamanca, junio / *Salamanca province, June*, 1912

#Thyssen25: una crónica fotográfica
#Thyssen25: A PHotographic Chronical
Colectiva / *Group*

12.09 – 05.11.2017

Paseo del Prado, 8
28014 Madrid

Mar-dom / *Tue-Sun*:
10.00 – 19.00 h
Entrada: gratuita /
Admission: free

Ⓜ Banco de España
Ⓒ Atocha / Recoletos
T. +34 914 203 944
www.museothyssen.org

Comisarios / *Curators*
Baronesa Thyssen,
Guillermo Solana
y Laura Andrada

Las inauguraciones, los visitantes destacados, la vida en las salas de exposición, las ruedas de prensa, la actividad diaria del Museo han dado pie a momentos que han sido fotografiados a lo largo de los 25 años de historia del Museo Thyssen-Bornemisza. Con este motivo, y con imágenes procedentes del archivo del Museo y del personal de la Baronesa Thyssen, así como de los fondos de algunos medios de comunicación, se expondrá una selección de fotografías que conformará una crónica de este cuarto de siglo de arte en Madrid.

The openings, the renowned visitors, the life in the exhibition galleries, the press conferences and the daily activities of the Museum all offered moments that have been photographed throughout the Museo Thyssen-Bornemisza's 25 years of history. With this incentive and with a selection of images belonging to the Museum archive and personal images of the Baronesa Thyssen, as well as from some media sources, which together conform a chronicle of this quarter of a century of art in Madrid will be presented.

Organiza / Organized by
Museo Thyssen-Bornemisza

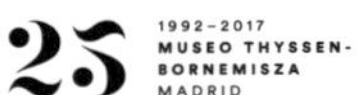

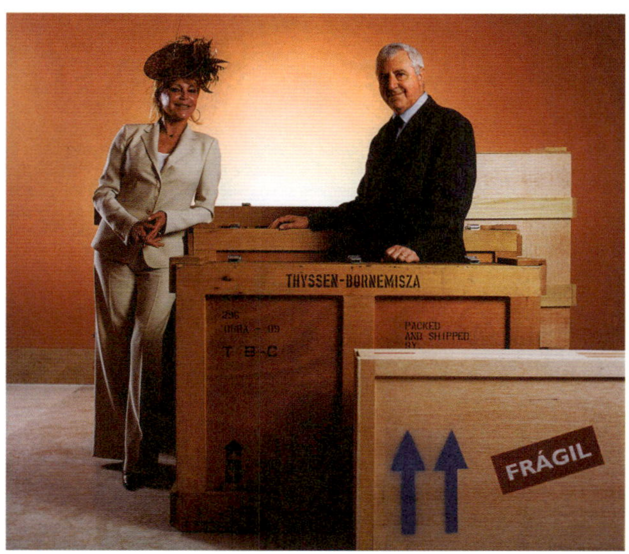

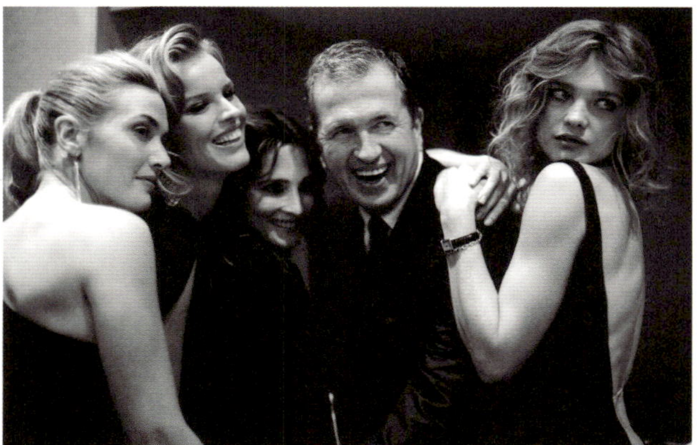

Chema Conesa
Baronesa Carmen Thyssen-Bornemisza y Tomàs Llorens Serra (Conservador Jefe de la Fundación) entre cajas / Baroness Carmen Thyssen-Bornemisza and Tomàs Llorens Serra (Chief Conservator for the Foundation) among crates, 1992

Hélène Desplechin
Inauguración de la exposición Mario Testino. Todo o nada /
Opening of the exhibition *Mario Testino. All or Nothing*, 2010

REAL ACADEMIA DE BELLAS ARTES DE SAN FERNANDO – CALCOGRAFÍA NACIONAL

Premio Internacional de Fotografía Banca March

International Photography Award Banca March

Colectiva / *Group*

06.06 – 03.09.217

Alcalá, 13
28014 Madrid

Mar-sáb / *Tue-Sat*:
10.00 – 14.00 h /
17.00 – 20.00 h
Dom, fest / *Sun, Hol*:
10.00 – 14.00 h
Entrada: gratuita /
Admission: free

Ⓜ Sevilla
T. +34 915 240 864
www.realacademia
bellasartessanfernando.com

**Existe catálogo /
*Catalogue available***

Banca March pone el colofón a su 90º aniversario con la organización del Premio Internacional de Fotografía Banca March, cuyo lema ha sido *El futuro está en compartir,* que deriva de la filosofía de negocio de la entidad, basada en el crecimiento conjunto de clientes, empleados y accionistas, donde resalta el sistema de interacciones que caracteriza a las sociedades actuales.

Tras recibir más de 170 candidaturas, reflejo de la gran acogida del Premio, el prestigioso jurado (formado por Isabel Muñoz, Carlos Gollonet, Javier Montes, María García Yelo, Manuel Fontán, Sonia Colino, Isabel Lafont y Carlos March de la Lastra) seleccionó la obra *Plaza Francia* del argentino Matías Costa, que refleja su compromiso con la sociedad, la cultura y el arte. El segundo premio ha recaído en la madrileña Gema Herrero por su fotografía *Intersecciones*.

Estas dos obras, junto con las seleccionadas por el jurado, formarán parte de esta exposición colectiva.

Banca March celebrates the grand finale of its 90th anniversary with the the International Photography Award Banca March, whose theme is The Future is in Sharing, *inspired in the business philosophy of the enterprise that is based on the developing growth with the clients, employees and shareholders, resulting in a system of interactions that characterises present-day societies.*

Having received more than 170 candidates, demonstration of the noteworthy reception of the Award, an eminent jury formed by Isabel Muñoz, Carlos Gollonet, Javier Montes, María García Yelo, Manuel Fontán, Sonia Colino, Isabel Lafont and Carlos March de la Lastra was captivated by the work Plaza Francia by the Argentinian Matías Costa, which reflects his commitment with society, culture and art. The second prize was granted to the Gema Herrero of Madrid for her photograph Intersections.

These works together with the pieces selected by the jury will be included in a collective exhibition.

Organizan / *Organized by*
Banca March,
Real Academia de Bellas
Artes de San Fernando –
Calcografía Nacional
y PHotoESPAÑA

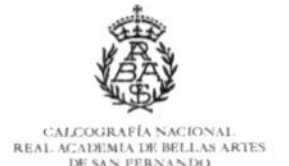

BancaMarch

CALCOGRAFÍA NACIONAL
REAL ACADEMIA DE BELLAS ARTES
DE SAN FERNANDO

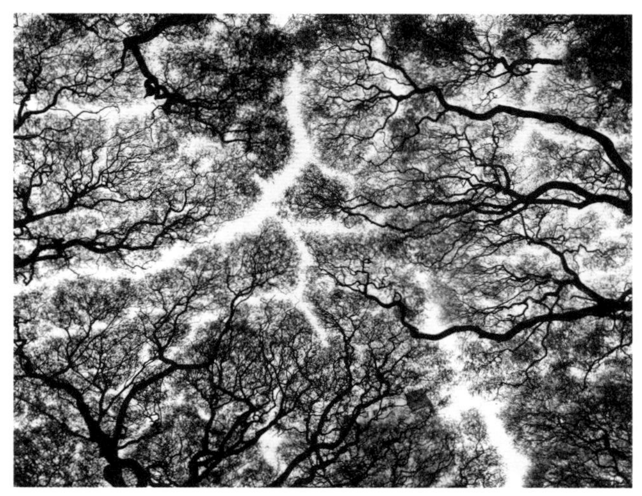

Matías Costa
Plaza Francia, 2014

Elliott Erwitt
Cuba

01.06 – 31.07.2017

Plaza de Murillo, 2
28014 Madrid

Lun-dom / *Mon-Sun*:
10.00 – 20.30 h
Entrada / *Admission*: 4 €

Ⓜ Atocha / Atocha Renfe
T. +34 914 203 017
Inforjb@rjb.csic.es
www.rjb.csic.es

Librería oficial PHE /
Official Bookshop PHE

Comisario / *Curator*
Roderick van der Lee

El legendario fotógrafo Elliott Erwitt viajó a Cuba por primera vez en 1964, acompañando a Che Guevara y Fidel Castro por encargo de la revista *Newsweek*. Fue entonces cuando capturó sus icónicas imágenes y primeros planos de estos dos personajes. En 2015, ya con 87 años, Erwitt volvió finalmente a Cuba, consciente de que aún quedaba mucho por descubrir.

Esta muestra incluye obras de ambas estancias en Cuba, la de 1964 y la de 2015, más de 50 años después, y coincide con la presentación de la primera Elliott Erwitt Havana Club 7 Fellowship, un proyecto internacional de fotografía documental organizado por Elliott Erwitt en colaboración con Havana Club 7. La beca será otorgada anualmente a un fotógrafo documental excepcional, quien tendrá la oportunidad de viajar a Cuba para desarrollar una línea de trabajo que refleje su visión del país y de la condición humana en general.

Legendary Magnum photographer Elliott Erwitt first travelled to Cuba in 1964, commissioned by Newsweek *to follow Che Guevara and Fidel Castro. There he shot his iconic images and close-ups of the pair. In 2015 Erwitt, 87, finally revisited Cuba, in the knowledge that there was still a lot more to discover.*

This exhibition comprises work from both visits to Cuba, in 1964 and more than 50 years later in 2015, and accompanies the announcement of the inaugural Elliott Erwitt Havana Club 7 Fellowship, an international documentary photography project set up by Elliott Erwitt in collaboration with Havana Club 7. The fellowship will be awarded annually to an exceptional documentary photographer who will then travel to Cuba to create their own unique body of work, depicting their vision of the country and of the human condition.

Organizan /
Organized by
Real Jardín Botánico,
PHotoESPAÑA y Elliott Erwitt
Havana Club 7 Fellowship

Producen / *Produced by*
Elliott Erwitt Havana Club 7
Fellowship

ELLIOTT ERWITT HAVANA CLUB 7
——— FELLOWSHIP ———

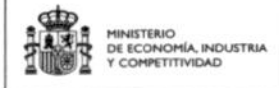
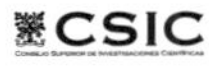
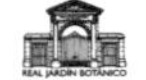

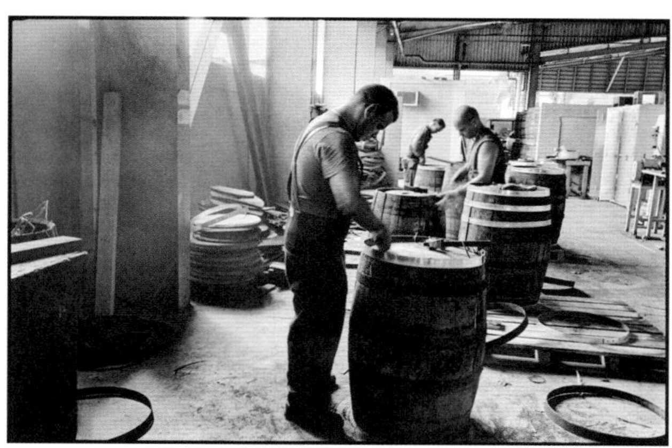

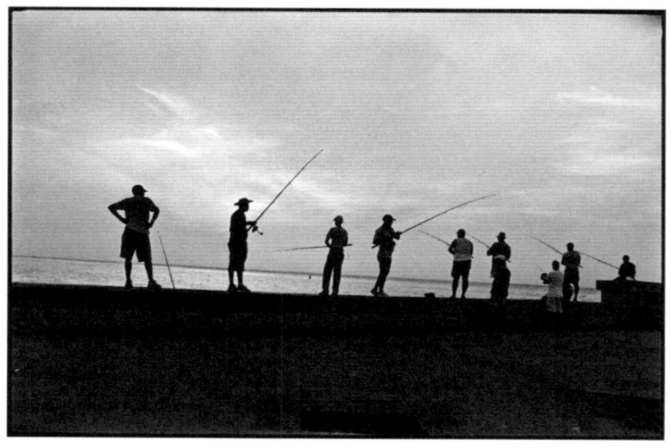

Elliott Erwitt
Malecón / Promenade, Cuba, 2015

Elliott Erwitt
Cooperage, Cuba, 2015

Peter Fraser
Matemáticas
Mathematics

01.06 – 31.07.2017

Plaza de Murillo, 2
28014 Madrid

Lun-dom / *Mon-Sun*:
10.00 – 20.30 h
Entrada / *Admission*: 4 €

Ⓜ Atocha
🚆 Atocha Renfe
T. +34 914 203 017
Inforjb@rjb.csic.es
www.rjb.csic.es

Librería oficial PHE /
Official Bookshop PHE

Existe catálogo /
Catalogue available

Comisario / *Curator*
David Campany

El fotógrafo galés Peter Fraser (Cardiff, 1953) se inspira en la idea que fascinó a Aristóteles y Pitágoras en el siglo IV a. C. y a Galileo diecinueve siglos más tarde: en el nivel más profundo, la realidad es de naturaleza matemática.

Recientemente, el famoso profesor de Física del Instituto Tecnológico de Massachusetts (M.I.T.) Max Tegmark afirmaba que en el fondo, en el nivel más fundamental, "las matemáticas no solo describen el mundo en que vivimos, sino que son el mundo en que vivimos. Si aceptamos que el espacio y todo lo que está en el espacio es matemático, entonces comienza a parecer menos desquiciado que todo sea matemático".

Esta exposición nos acerca y transmite esta idea: que las matemáticas pueden explicar el mundo o al menos describirlo de una manera que podamos entenderlo. Fraser nos invita con estas fotografías a dar forma a todo lo que vemos y darle así respuesta.

In this new work Mathematics, *Peter Fraser draws inspiration from an idea which fascinated Aristotle and Pythagoras in the fourth century BC, and Galileo nineteen centuries later, that at the deepest level, reality is mathematical in nature.*

More recently, Massachusetts Institute of Technology (MIT) professor of physics Max Tegmark has proposed that at the most fundamental level "not only does maths describe the world we live in, it is the world we live in. If you grant that both space and everything in space is mathematical, then it begins to sound less insane that everything in mathematical."

This exhibition puts us in contact with and expounds the following notion: that mathematics can explain the world, or at least describe it in a way that approaches an explanation. With these photographs Fraser invites us to give form to everything we see, and thereby to provide an answer to the initial question.

Organizan / *Organized by*
Real Jardín Botánico
y PHotoESPAÑA

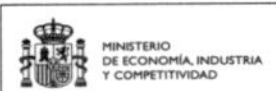
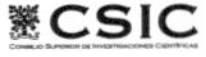
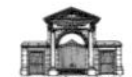

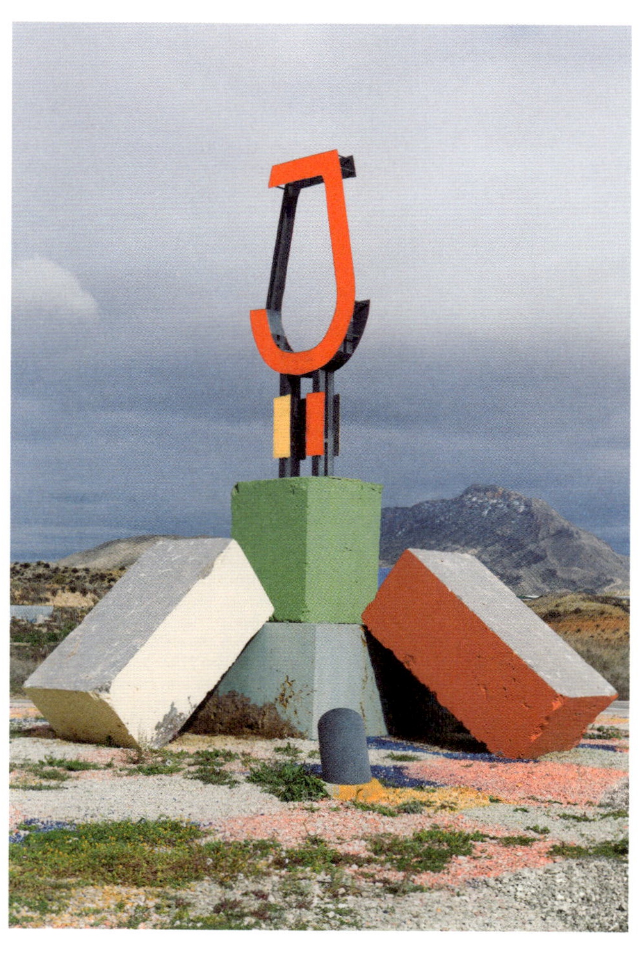

Peter Fraser
Sin título. De la serie "Matemáticas" /
Untitled. *From "Mathematics" Series*, 2011-2016

Fernando Maquieira

Guía nocturna de museos
Night Guide of Museums

22.06 – 03.09.2017

Embajadores, 51
28012 Madrid

Mar-vie / *Tue-Fri*:
12.00 – 20.00 h
Sáb-dom; fest / *Sat-Sun;
Hol*:
11.00 – 20.00 h
Entrada: gratuita /
Admission: free

Ⓜ Embajadores
T. +34 917 017 045
promociondelarte.
tabacalera@mecd.es
www.promociondelarte.com

Comisario / *Curator*
Paco Gómez

**Artista invitado /
*Invited artist***
Juanan Requena

Organiza / *Organized by*
Subdirección General de
Promoción de las Bellas Artes
– Ministerio de Educación,
Cultura y Deporte

Durante los últimos siete años, Fernando Maquieira ha investigado obsesivamente en museos de todo el mundo lo que ocurre con las obras de arte cuando están en la intimidad. Qué misterios esconden los museos cuando están cerrados al público. Preguntándose qué sensaciones se experimentan al recorrer sus galerías en la noche, mientras se realiza la fantasía de deambular por un museo cerrado, rodeado de obras de arte cuando nadie las mira.

En el museo, las obras participan del estado de ánimo del espectador y, gracias al goce estético, a las emociones que despiertan y al conocimiento que nos aportan, es donde encuentran todo su significado y su importancia. Solo en el museo y dentro de la experiencia individual del espectador, las obras de arte se convierten en realidades importantes para el presente, en experiencias y vivencias fundamentales.

Esta exposición plantea una nueva interpretación de las obras a partir de otra luz, o de la ausencia de ella.

Over the past seven years Fernando Maquieira has conducted an obsessive investigation in museums all around the world to discover what happens to artworks behind closed doors. What mysteries lie in the museums when they are shut to the public. He often wondered what sensations might he experience if he could walk through the galleries at night, if he could fulfil the fantasy of ambling in a shut museum, surrounded by works of art at a time when no one else is looking at them.

In a museum, artworks partake of the spectator's mood, and thanks to the aesthetic joy, the emotions they prompt and the knowledge they contribute, they reach the full potential of their meaning and their significance. Only in a museum and within the individual experience of the spectator do the works gain reality and relevance, do they become fundamental life experiences.

This exhibition puts forward a new interpretation of the works of art, looking at them in a different light, or rather in the very absence of it.

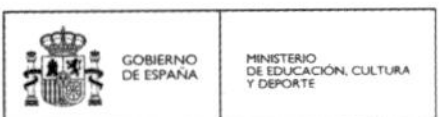

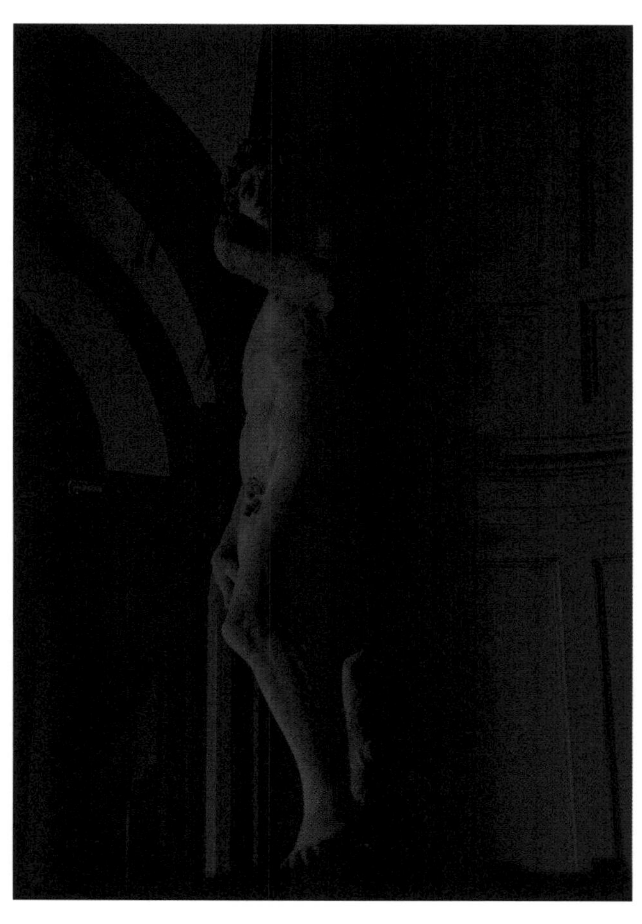

Fernando Maquieira
Galleria dell'Accademia, Florencia
David, Michelangelo Buonarroti, 2013

MADRID
Off Festival

PHotoESPAÑA includes a fine selection of exhibitions trough the participation of the best galleries of Madrid in the Off Festival. Proposals whose common elements are photography and video, within the framework of a section of which the aim is to promote and develop the photographic market. One of these galleries will receive the Off Festival Award, granted during the and together, they will celebrate de Night Off an extraordinary opening.

MADRID
Festival Off

PHotoESPAÑA incluye una cuidada selección de exposiciones a través de la participación de las mejores galerías de Madrid en el Festival Off. Propuestas cuyos elementos comunes son la fotografía y el vídeo, dentro de una sección que tiene como objetivo la promoción y el desarrollo del mercado fotográfico. Todas las galerías seleccionadas optarán al Premio Festival Off, que se concede durante el Festival, y juntos celebrarán la Noche Off de apertura extraordinaria.

Nobuyoshi Araki / Fernando Bayona
In Pain (detail)

01.06 – 21.07.2017

Piamonte, 21 (bajo derecha)
28004 Madrid

Mar-vie / *Tue-Fri*:
16.00 – 20.00 h
Sáb / *Sat*:
10.00 – 14.00 h

Ⓜ Chueca / Colón
T. +34 915 216 268
arte@6mas1.es
www.galeria6mas1.com

Directores / *Directors*
José David Pérez
Fernández y Davide Ridenti

Comisario / *Curator*
Francisco Ramallo

Las cuatro polaroids de Nobuyoshi Araki nos acercan a las posibilidades del dolor, comparten espacio y originan el nuevo trabajo de Fernando Bayona en torno a esta temática. A través del pensamiento del semiólogo y crítico de arte italiano Omar Calabrese, se incide en las posibilidades del daño (la entidad completa), desde el aislamiento fotográfico de un instante-acmé, la cita, y el descubrimiento de las características de unos detalles-metáfora convertidos en excepción.

Nobuyoshi Araki's four Polaroids put us in contact with the possibilities of pain. They share the same space with and in fact prompt Fernando Bayona's new work concerning this issue. Making use of the notions evinced by the Italian semiologist and art critic Omar Calabrese, they broach the possibilities of harm (as a complete entity), isolating through photography the critical moment, the quote, and discovering in it a series of details-metaphors which become an exception.

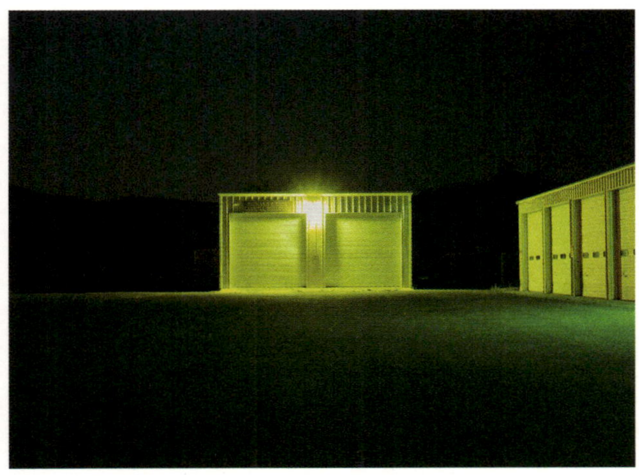

Fernando Bayona
Garaje / Garage, 2017
© FERNANDO BAYONA

Cristina Macaya

Solo un ojo
Just One Eye

29.06 – 28.07.17

Castelló 41
28001 Madrid

Lun-vie / *Mon-Fri* :
10.00 – 14.00 h /
16.00 – 19.30 h
Sáb / *Sat*:
11.00 – 14.00 h
Domingos, festivos
y agosto cerrado /
*Closed Sundays, holidays
and August*

Ⓜ Velázquez
T. +34 917 816 039
galeria@galeriaalvaro
alcazar.com
www.galeriaalvaro
alcazar.com

Director / *Director*
Álvaro Alcázar

Las fotografías de Cristina Macaya reflejan un punto de vista diferente y particular de la ciudad en la que vive. Se trata de un lugar que llama la atención de mucha gente, un lugar, por lo general, muy reconocible. Sin embargo, la fotógrafa no busca crear una foto más, sino representar la ciudad de Nueva York a través de los detalles y peculiaridades que la caracterizan y permitir así, al espectador, descubrirla.

Cristina Macaya's photographs show the city where she lives from a different and particular perspective. This is a place that attracts the interest of many people – a place, therefore, easily recognisable. Nevertheless, the photographer seeks to create not just another picture but rather a portrait of New York through the details and peculiarities that characterise the city, thus allowing the spectator to progressively discover the city.

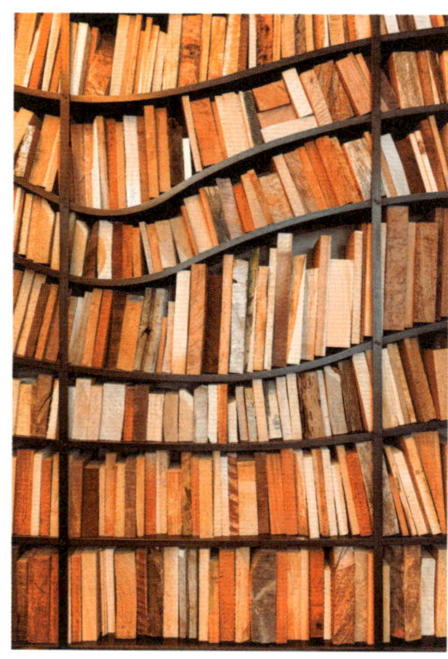

Cristina Macaya
Huracán Sandy / Hurricane Sandy, 2016
© CRISTINA MACAYA

Una + Dos
One + Two

David Delgado / Andy Sotiriou / Marta Soul

09.06 – 22.07.2017

María de Guzmán, 61
28003 Madrid

Lun-vie / *Mon-Fri:*
10.30 – 14.00 h /
17.30 – 20.00 h
Sáb / *Sat:*
11.00 – 14.00 h

Ⓜ Ríos Rosas / Nuevos
Ministerios
T. +34 915 544 810 /
+34 915 544 920
albertocornejo
@galeriabat.com
www.galeriabat.com

Directora / *Director*
Mariam Alcaraz Ruiz

Una+dos nos muestra tres miradas diferentes.

David Delgado desarrolla su trabajo en tres líneas de investigación: la Fotografía Documental, el Retrato Contextualizado y lo que denomina Realidad Intervenida.

Andy Sortiriu encontró en la fotografía el medio de expresión perfecto que aúna su interés en el arte y en la ciencia.

Marta Soul reflexiona sobre la interacción que se da entre la imagen y la realidad, sin obviar la influencia mutua que surge entre ambas.

One + two shows three different perspectives:

David Delgado develops his work along three lines of research: documentary photography, contextualised portrait and what he dubs "interventions of reality".

Andy Sortiriu found in photography form of expression that best marriages his interest for art and science.

Marta Soul reflects about the interaction between the image and reality, taking into consideration the influence that each has on the other.

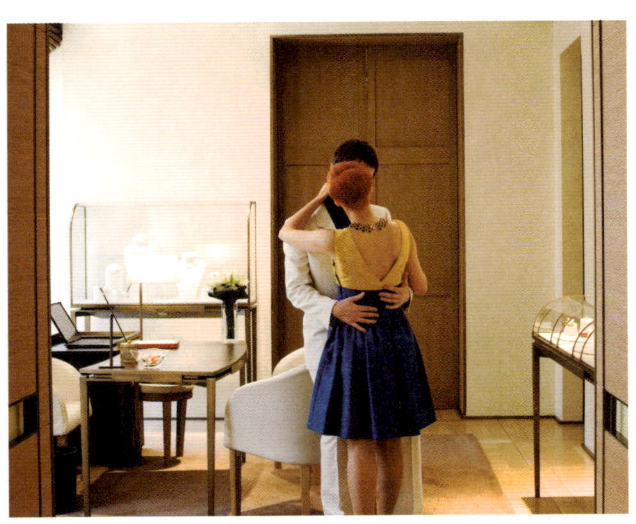

Marta Soul
Idilio en Cartier. De la serie "Idilios" / Idyll in Cartier. Idilios *series*, 2010
© MARTA SOUL, VEGAP, MADRID, 2017

Han Sungpil
Polar Heir

31.05 – 09.09.2017

Calle Limón, 28
28015 Madrid

Mié-vie / *Wed-Fri*:
10.30 – 14.30 h /
17.00 – 22.00 h
Sáb / *Sat*:
11.00 – 14.30 h /
18.00 – 21.30 h
Agosto cerrado /
Closed August

Ⓜ Noviciado / San
Bernardo / Plaza de España
/ Ventura Rodríguez
T. +34 915 429 313 /
+34 607 794 076
galeria@
blancaberlingaleria.com
www.blancaberlin
galeria.com

Directora / *Director*
Blanca Berlín

¿Qué nos fascina y atrapa del vacío y de lo estéril de las regiones polares? Es justamente esa emoción ante lo sublime lo que provocó al prolífico fotógrafo coreano Han Sungpil a realizar esta serie. Su experiencia con el Polo se relaciona más con el tiempo que con el espacio. Su obra representa el flujo del tiempo, preservado y congelado en la nieve y el hielo. La estratificación de la nieve ratifica el paso de los años, y es aquí donde Han presenció, y nos muestra, la infinitud congelada del tiempo.

What is it about the sterility and emptiness of the Polar Regions that we find so fascinating, so appealing? It is precisely the emotion sparked by the sublime which led prolific Korean photographer Han Sungpil to produce this series. His experience with the Pole is more connected to time than to space. His work depicts the flow of time, preserved and frozen in the ice and snow. The stratification of the snow confirms the passage of time, and it is here where Han witnessed, and captured, the frozen infinity of time.

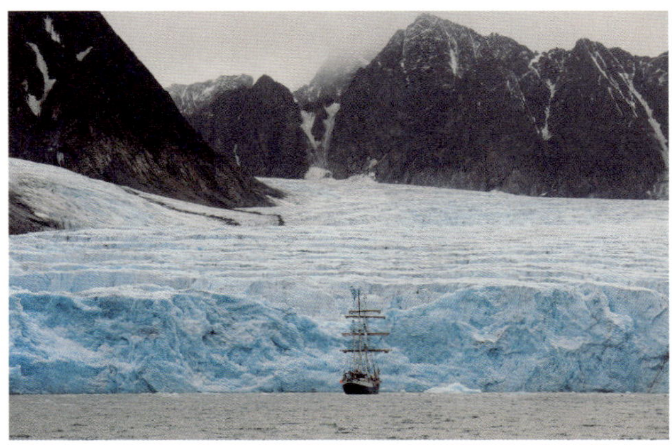

Han Sungpil
Venturer. De la serie "Polar Heir" / Venturer. *Polar Heir series*, 2015

Emi Anrakuji

1.800 milímetros
1.800 Millimetre

06.06 – 06.07.2017

Almadén, 13
28014 Madrid

Lun / *Mon*:
17.00 – 20.30 h
Mar-vie / *Tue-Fri*:
10.30 – 14.30 h /
16.30 – 20.30 h
Sáb / *Sat*:
11.00 – 14.30 h
Agosto cerrado /
Closed August

Ⓜ Atocha / Antón Martín
T. +34 914 023 398
galeria@galeria
blancasoto.com
www.galeria
blancasoto.com

Directora / *Director*
Blanca A. Soto Sevilla

Emi Anrakuji (Tokio, 1963), fotógrafa japonesa obsesionada por el cuerpo humano en su forma más íntima. Resultado, en parte, de sus largos períodos de hospitalización. Anrakuji sufrió un tumor cerebral que le impidió desarrollar su creatividad durante más de una década. Mientras fue recuperándose, lentamente, comenzó a usar la fotografía como elemento de expresión. Ganadora en 2006 del New Photographer Award en el Higashikawa Photography Prize. La prestigiosa editorial Nazraeli Press ha editado varios libros sobre su trabajo y ha publicado junto con Daydo Moriyama en Witness #2 (Number Two).

Emi Anrakuji represents herself as an alchemist of images and a catalyst for daydreams and desires. Posing naked, clothed, or partially dressed, Anrakuji takes a uniquely obsessive interest in her own body. Her legs, arms, toes, lips and hair create arresting compositions and erotic ambience making art for more than a decade. Winner in 2006 of the New Photographer Award in the Higashikawa Photography Prize. The prestigious Nazraeli Press editorial has been published several book about her work, and she has publish with Daydo Moriyama in Witness #2 (Number Two).

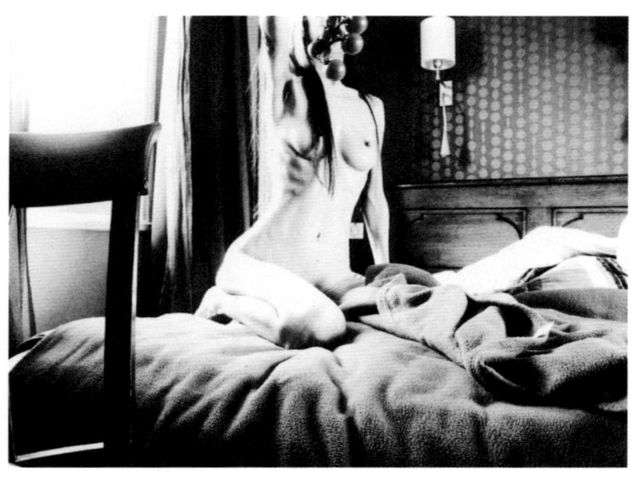

Emi Anrakuji
Sin título 376 / Untitled 376, 2015
© EMI ANRAKUJI

Roger Ballen

Introspectivo
Introspective

25.05 – 29.07.2017

Alameda, 16, 1º B
28014 Madrid

Mar-vie / *Tue-Fri*:
16.30 – 20.30 h
Sáb / *Sat*:
11.00 – 15.00 h

Ⓜ Atocha
T. +34 914 291 734
info@camaraoscura.net
www.camaraoscura.net

Director / *Director*
Juan Curto

"Outland", "Shadow Chamber" y "Boarding House" nos muestran un recorrido alucinatorio y enigmático por una de las miradas más personales y singulares de la fotografía contemporánea.

Ballen plantea un viaje de descubrimientos en el que abandonamos nuestro yo más cotidiano para enfrentarnos con la parte más primitiva de la condición humana y de nuestra psique.

'Outland', 'Shadow Chamber' *and* 'Boarding House' *show us a hallucinatory and enigmatic look at one of the most singular and personal styles in contemporary photography.*

Ballen puts forward a journey of discovery in which we move away from our ordinary selves in order to face the most primitive aspect of the human condition and of our psyche.

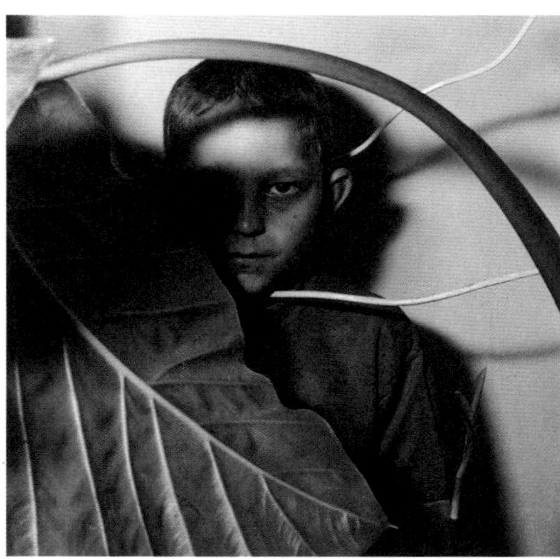

Roger Ballen
Estudio de niño y planta. De la serie "Outland" /
Study of boy and plant. *'Outland' series*, 1999

Alejandro S. Garrido

Dos proyectos
Two Projects

27.05 – 29.07.2017

Doctor Fourquet, 8
28012 Madrid

Mar-vier / Tue-Fri:
10.30 – 14.00 h /
16.00 – 19.30 h
Sáb / Sat:
11.00 - 14.30 h
Cita previa / *Previous date*

Ⓜ Lavapiés / Atocha
T. +34 915 390 249
info@casasinfin.com
www.casasinfin.com

Directores / *Directors*
Julián Rodríguez
y Juan Luis López Espada

"Un lugar sin refugio" es una serie de fotografías que utiliza la Gran Vía de Madrid como marco de acción, evaluando las tensiones creadas por los sistemas de producción urbana.

"Corea" son historias paralelas de barrios de Huesca, La Coruña, León, Toledo, Palencia o Palma de Mallorca llamados familiarmente "Corea", ya que surgen en la época de dicha guerra oriental, coincidiendo con la firma del acuerdo bilateral español con EE.UU. y los Pactos de Madrid del 53.

Un lugar sin refugio [An unsheltered place] is a series of photographs in which Madrid's Gran Vía serves as action frame of reference to assess the tension created by urban systems of production.

Korea brings together parallels stories from neighbourhoods in Huesca, La Coruña, León, Toledo, Palencia and Palma de Mallorca commonly known as 'Korea' given that they surfaced at the time of the war with that Asian country, which coincided with the agreement for a bilateral treaty between Spain and the USA, and the Pacts of Madrid from 1953.

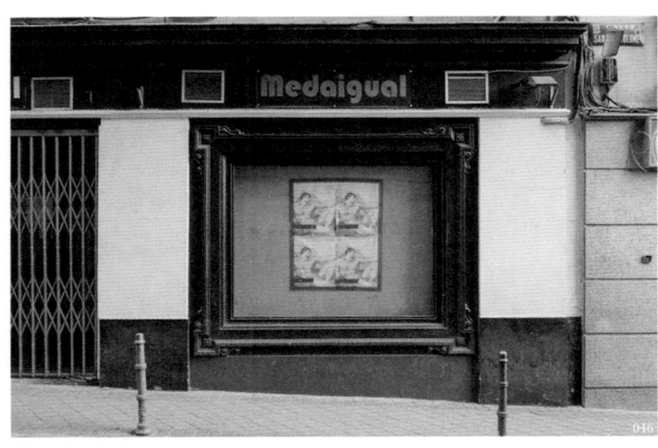

Alejandro S. Garrido
Un lugar sin refugio / An Unsheltered Place, 2014-2016
© ALEJANDRO S. GARRIDO

Construtio. 3/30

Julio Galeote / Christian Lagata / Laura San Segundo

08.06 – 12.10.2017

Fuentarrabía, 13
28014 Madrid

Lun-vie / *Mon-Fri*:
8.30 – 15.00 h /
16.00 – 20.30 h

Ⓜ Menéndez Pelayo /
Atocha
T. +34 915 529 999

cdalmau@galeriacero.com /
demelsa@galeriacero.com
www.galeriacero.com

Directora / *Director*
Carmen Dalmau Bejarano

Presentamos a tres fotógrafos actuales, en tres estadios diferentes de su proceso creativo, de tres generaciones diferentes –40, 30 y 25 años–, pero que comparten reflexiones comunes sobre el medio fotográfico y estilos complementarios. En 3/30 trabajan juntos hibridando y enhebrando un mismo discurso, que les permite encontrarse en un lugar de entendimiento y diálogo en común. A través del uso de la fotografía investigan sobre las alteraciones del espacio y su capacidad escenográfica.

We present three contemporary photographers from three different decades – 40, 30 and 25 years old – at contrasting stages of their careers, who nevertheless share reflections in common about photography and complementary styles. In 3/30 they work together, weaving and adapting a single discourse which enables them to find a common ground of exchange and understanding between them. Through photography they look into issues such as the alteration of space and its scenographic potential.

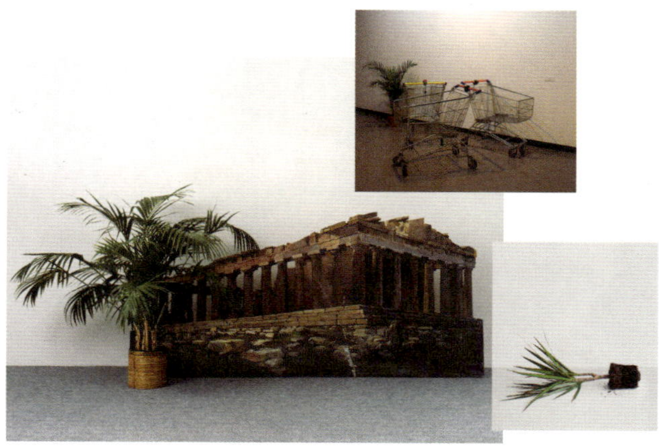

Laura San Segundo, Christian Lagata & Julio Galeote

Luis Brito
Luis Brito: Están allí
Luis Brito: They are there

08.06 – 29.07.2017

Válgame Dios, 6, bajos
28004 Madrid

Lu-sáb / *Mon-Sat*:
11.00 – 20.00 h

Ⓜ Chueca
T. +34 910 522 868
info@ceroestres.space
www.cestarepublica.com

Director / *Director*
Guillermo Barrios

Comisaria / *Curator*
Laura Terré

Están allí presenta por primera vez en Madrid a Luis Brito, premio nacional de fotografía de Venezuela, recientemente fallecido. Estas fotografías son una síntesis de su experimentación con las texturas y los trazos rituales de la expresión humana a través del retrato de las muñecas del pintor Armando Reverón. La muestra, breve pero profunda, es una metáfora de la liberación sentida por su autor después de sufrir un trauma violento. En 2009 fue designada por la prensa y la crítica como mejor exposición del Estado de Florida.

Están allí [they are there] is the first exhibition in Madrid of the recently deceased Luis Brito, winner of Venezuela's national photography prize. These photographs are a fusion of his experiments with the textures and ritualistic elements of human expression in his depiction of the facial gestures of the painter Armando Reverón. The exhibition, small but profound, is a metaphor for the sense of freedom experienced by the artist after undergoing a traumatic episode of violence. In 2009 it was selected by critics and the press as the best exhibition in the state of Florida.

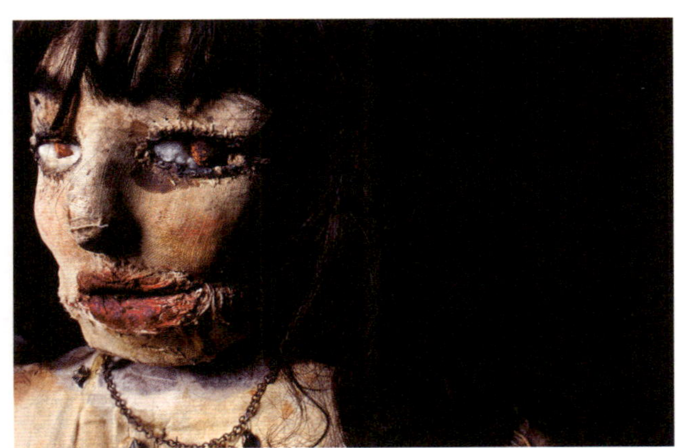

Luis Brito
Están allí... / They are There..., 2005

Eduardo Momeñe

Fotografías
Photographs

15.06 – 29.07.2017

Villanueva, 30
28001 Madrid

Lun-vie / *Mon-Fri*:
10.00 – 14.00 h /
17.00 – 20.30 h
Sáb / *Sat*:
11.00 – 14.00 h

Ⓜ Retiro / Velázquez /
Serrano
T. +34 915 750 427 /
915 759 817
info@galeria
fernandez-braso.com
www.galeria
fernandez-braso.com

Director / *Director*
David Fernández-Braso

El placer del viaje turístico, la amable aventura que aún es posible, el placer de construir fotografías, también el de posar para el instante. Ahí están también los paisajes de fondo, siempre habitados, mil veces recorridos por la bella Europa. Es asimismo el viaje fotográfico sin moverse de casa, en los cuatro metros de un escenario; son pequeñas ficciones en la verdad fotográfica, pequeñas realidades en la ficción de la fotografía.

Eduardo Momeñe es fotógrafo y autor de artículos y ensayos sobre estética fotográfica.

The pleasure of touristing, the agreeable adventure that is still possible, the delight of composing photographs, also that of posing for a snapshot. There are the backgrounds too, always populated, the oft-travelled paths of the beautiful Europe. And the photographic journey without leaving home, in the four-metre square of a stage: brief fictions in the truth of photography, brief realities in the fiction of photography.

Eduardo Momeñe is a photographer and writer, the author of a number of articles and essays on the aesthetic of photography.

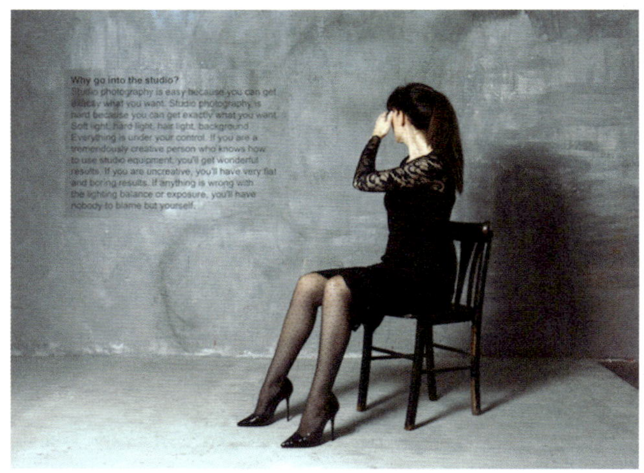

Eduardo Momeñe
¿Por qué entrar al estudio? / Why go into the studio?, 2014

Ximo Berenguer

A chupar del bote
Let's line our own pockets

15.06 – 22.07.2017

Claudio Coello, 20
28001 Madrid

Lun-vie / *Mon-Fri*:
10.30 – 20.30 h
Sáb / *Sat*:
11.00 – 20.30 h
Sábados agosto cerrado /
Closed Saturday August

Ⓜ Serrano / Retiro
T. +34 915 754 804
gfp@galeriafernando
pradilla.es
www.galeriafernando
pradilla.com

Director / *Director*
Fernando Pradilla

Presentamos una selección del trabajo realizado en el famoso teatro El Molino, espejo en 1975 de la transición política española. En los palcos, empresarios e intelectuales, hombres del régimen y líderes obreros, agentes de paisano y universitarios; en el escenario, folclóricas, ilusionistas, cómicos, bailarinas de *burlesque* y de *striptease*. Las fotografías de Berenguer devienen rebanadas de vida y retratos de personajes entrañables.

We present a selection of the work produced at the famous El Molino theatre, a veritable window in 1975 into the climate in Spain during the political transition. Among the crowd, entrepreneurs and intellectuals, key figures of the regime and labour activists, plainclothes policemen and university students; on stage, folklore, illusionists, comedians, burlesque dancers and strippers. Berenguer's photographs become slices of life and portraits of recognisable figures.

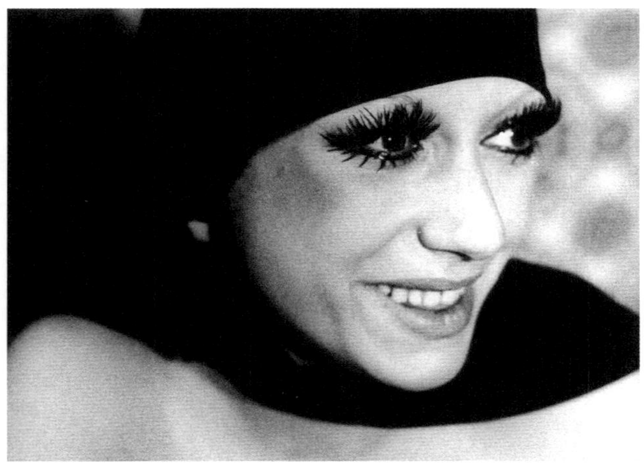

Ximo Berenguer
La vedette Christa Leem. De la serie "El molino #15" /
Christa Leem, Vedette. *El molino 15 series*, 1974 – 1976

Mariana Cook
Lifeline

30.05 – 15.07.2017

Comandante Zorita, 48-46
28020 Madrid

Lun-vie / *Mon-Fri*:
10.00 – 15.00 h /
16.00 –19.00 h
Sáb / *Sat*: 11.00 – 14.00 h

Ⓜ Santiago Bernabéu
T. +34 914 490 961
space@ivorypress.com
www.ivorypress.com

Directora / *Director*
Elena Ochoa Foster

La selección de obras que Cook presenta en esta exposición forma parte de lo que la artista considera *Close at Hand* (A mano), una serie en blanco y negro en la que empezó a trabajar en 1999 y en la que continúa trabajando. Un emotivo diario de lo que siente y le inspira.

"Realicé una docena de imágenes en total y decidí agruparlas bajo el título de *Lifeline*. Las imágenes son realmente sobre la luz. La luz es lo que me inspira a hacer fotografías y eso es por lo que vivo. La luz representa vida."

The selection of works Cook presents in this exhibition is part of the black and white serie Close at Hand, *which the artist began in 1999 and continues to work on today. They are an emotional diary on her feelings and inspirations.*

'I produced a dozen images in total and decided to group them under the title Lifeline. *The images are really of the light. Light is what inspires me to photograph and that is what I live for. Light represents life.'*

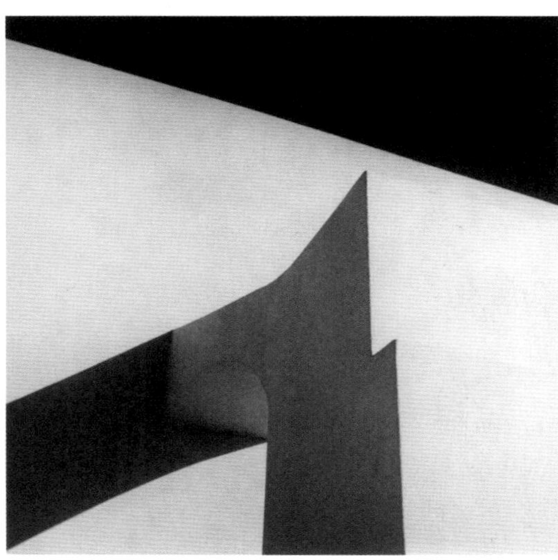

Mariana Cook
Roof, Shadow and Sky, 2007
© MARIANA COOK. COURTESY IVOYPRESS

Fernando Nuño

01.06 – 28.07.2017

Zorrilla, 21 (bajo derecha)
28014 Madrid

Lun-vie / *Mon-Fri*:
10.00 – 14.00 h /
17.00 – 20.30 h
Sáb / *Sat*:
11.00 – 14.00 h

Ⓜ Banco de España
T. +34 914 350 174
info@josedelamano.com
www.josedelamano.com

Directores / *Directors*
José de la Mano
y Alberto Manrique

Continuando con la línea de trabajo de la Galería José de la Mano en la recuperación del legado de los fotógrafos españoles y latinoamericanos de mediados del siglo XX, presentamos la original –y lamentablemente olvidada– producción de Fernando Nuño (1938-1995), autor de la icónica imagen de la inauguración del Museo de Arte Abstracto de Cuenca en 1966. En esta exposición mostramos toda su producción "abstracta" de los años 60 y 70.

Carrying on with Galería José de la Mano's line of work in its efforts to recover the legacy of Spanish and Latin American photographers from the middle of the twentieth century, we present the original – and regrettably forgotten – work of Fernando Nuño (1938-1995), the author of the iconic image of the inauguration of the Museum of Abstract Art of Cuenca in 1966. In this exhibition we shed light on an 'abstract' production from 1960 to 1970.

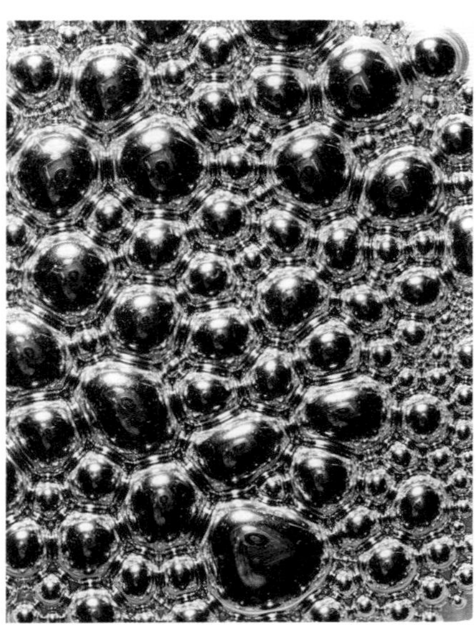

Fernando Nuño
Sin título / Untitled, 1971
© FERNANDO NUÑO

José Manuel Ferrater

José Manuel Ferrater, fotografías de moda y retratos 1980–2017
José Manuel Ferrater, Fashion Photographs and Portraits 1980–2017

01.06 – 8.06.2017

Paseo de la Castellana, 70
(entrada por patio interior)
28046 Madrid

Lun-vie / *Mon-Fri*:
11.00 – 14.00 h /
17.00 – 20.00 h

Ⓜ Gregorio Marañón
T. +34 659 956 648
info@juannaranjo.eu
www.juannaranjo.eu

Director / *Director*
Juan Naranjo

Reconocido por su fotografía de moda y dirección de *fashion films*, Ferrater se ha convertido en uno de los más singulares y relevantes fotógrafos de moda que ha habido en España en las últimas décadas.

Esta selección nos muestra un recorrido por sus imágenes más representativas publicadas en revistas como *Harper's Bazaar, Vogue, Arena, Glamour, Neo 2, S Moda Big* o *Metal Magazine*.

Renown for his fashion photography and for directing fashion films, Ferrater has become one of the most singular and revealing fashion photographers to emerge from Spain in recent decades.

This selection takes us through his most representative images, published in magazines such as Harper's Bazaar, Vogue, Arena, Glamour, Neo 2, S Moda Big *and* Metal Magazine.

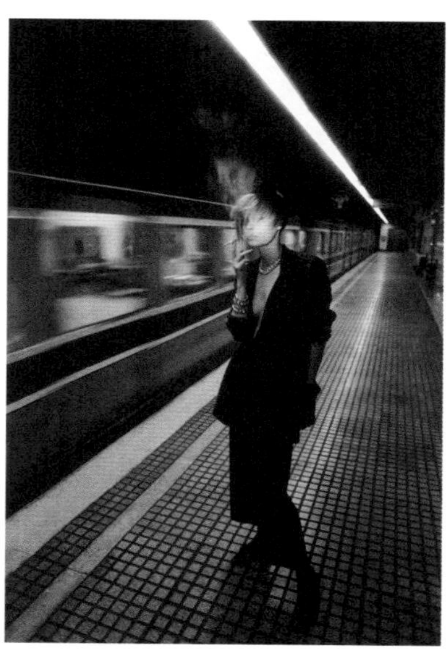

José Manuel Ferrater
Luz de neón I / Neon Light I, 1984
© JOSÉ MANUEL FERRATER

Alberto García-Alix

La razón de ser
The Reason of Being

31.05 – 20.07.2017

Barquillo, 44
28004 Madrid

Lu / *Mon*:
16.30 – 20.30 h
Mar-sáb / *Tue-Sat*:
10.30 – 14.00 h /
16.30 – 20.30 h

Ⓜ Chueca / Colón /
Alonso Martínez
T. +34 913 105 561 /
913 083 620
aizpuru@juanade
aizpuru.com
www.juanadeaizpuru.es

Directora / *Director*
Juana de Aizpuru

La obra de Alberto García-Alix recorre diversos países y es admirada en publicaciones como *Vogue*, *British Journal of Photography* o *Vanity Fair*. Amante de las motocicletas y de los retratos, sus cámaras Leica y Hasselblad han inmortalizado a importantes artistas nacionales e internacionales. Las motos, los tatuajes, la música y la noche han sido algunas de sus musas de inspiración.

En esta ocasión va a presentar fotografías de distintas series realizadas entre los años 2010 y 2017.

The work of Alberto García Alix spans several countries and has been featured in publications such as Vogue, British Journal of Photography *or* Vanity Fair. *Passionate about bikes and portraits, his Leica and Hasselblad cameras have captured key Spanish and international artists. Motorbikes, tattoos, music and the night are just some of his sources of inspiration.*

On this occasion presents photographs from different series produced between 2010 and 2017.

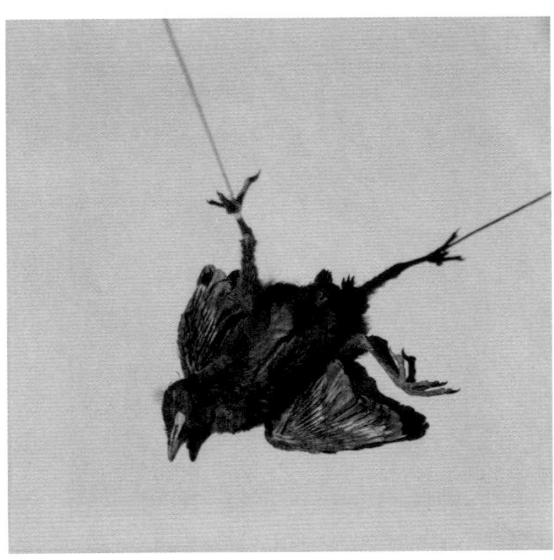

Alberto García-Alix
Bodegón / Still Life, 2017

Jorge Isla
LUV-A

06.06-21.07.2017

General Pardiñas, 52
28001 Madrid

Lun-vie / *Mon-Fri*:
10.00 – 14.00 h /
17.00 – 20.30 h
Sábados cita previa /
Saturdays previous date

Ⓜ Lista
T. +34 918 310 132 /
682 607 943
info@kirroyal.es
www.kirroyal.es

Directores / *Directors*
Sara G. Arjona
y Juan Cárdenas

Mediante este tipo de luz (LUV-A o radiación ultravioleta de onda corta) y el trabajo con los parámetros de la cámara fotográfica, se plantea una reinterpretación de los diferentes rasgos inmateriales de nuestra cotidianidad y que son inapreciables para la capacidad cognitiva del ser humano. El proyecto propone una nueva representación de distintos cuerpos rocosos impuros formados por diferentes tipos de minerales que envuelven al espectador en una atmósfera situada en el límite de la representación, en la que pueda experimentar su propia capacidad cognitiva frente a los resultados obtenidos de la secuencia de imágenes creadas.

By virtue of this type of light (LUV-A or short wave ultraviolet radiation) and the work with the parameters of the photographic camera, a re-interpretation is presented of the different immaterial traits of our quotidian activity, which are imperceptible to the cognitive capacity of human beings. This project proposes a new representation of distinct impure rocky bodies formed by different types of minerals that envelop the visitors in an atmosphere situated along the limits of representation, where they can experiment with their own cognitive capacity facing the results obtained from the produced sequence of images.

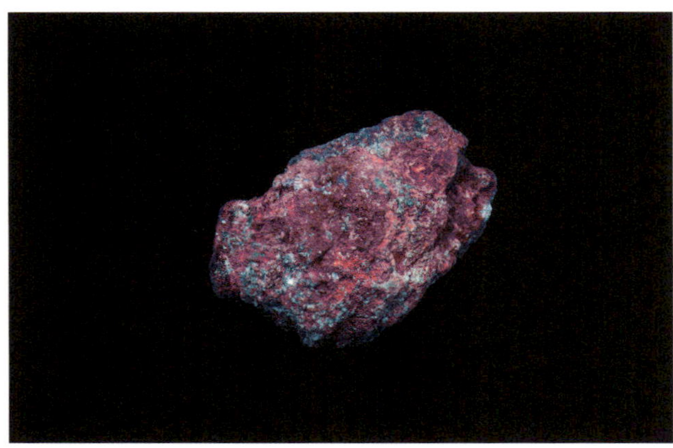

Jorge Isla
Sin título / Untitled, 2017
© JORGE ISLA

Lake Verea

Paparazza Moderna
Modern Paparazza

10.06 – 28.07.2017

Fernando VI, 17, 2º izda
28004 Madrid

Lun-vie / *Mon-Fri*:
11.00 – 19.00 h
Sáb / *Sat*:
11.00 – 14.00 h

Ⓜ Alonso Martínez
🚉 Recoletos
T. +34 913 104 360
info@lacajanegra.com
www.lacajanegra.com

Director / *Director*
Fernando Cordero

La exposición plantea un acercamiento a las casas de estos dos arquitectos fundamentales de la modernidad –Rudolf M. Schindler y Richard J. Neutra– evitando convertirlas en iconos magnificados. Un acercamiento intuitivo a estas construcciones revela aspectos que no se ponen de relieve en la historia de la arquitectura. Arquitectura habitable, que se usa, que cambia, que se degrada y que se repara, que tiene una historia y una vida como la de cualquiera de nosotros. Lo que las imágenes de Lake Verea captan es ese instante del encuentro con una edificación que es parte de la historia de la arquitectura, pero que también es el reflejo de sus habitantes y la morada de sus fantasmas.

The exhibition presents a close look at the houses designed by two architects fundamental to the modernist movement, Rudolf M. Schindler and Richard J. Neutra, while avoiding turning them into magnificent icons. It is an intuitive approach to these constructions that reveals characteristics that are not emphasised in the history of architecture. Architectural structures that are inhabited and used, changed, withered and repaired, that have a history and a life, just like any of us. Lake Verea's images capture the exact moment when we are first confronted with a building that is part of the history of architecture, but that is also a reflection of the people who live in it, the dwelling place of all their ghosts.

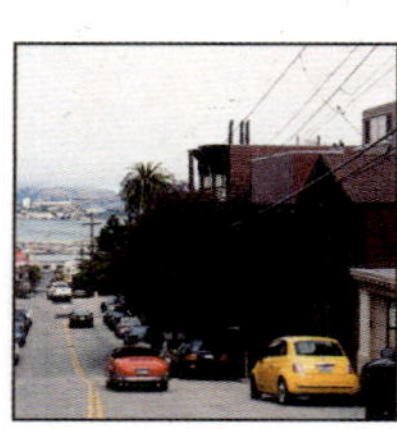
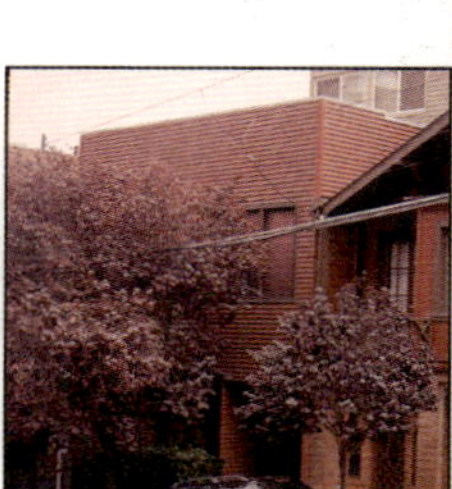
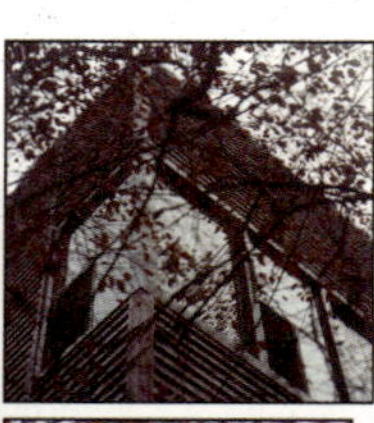
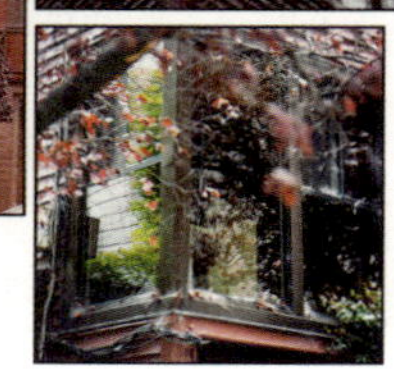

Lake Verea
The Aquino House. Richard J. Neutra. San Francisco, 1973.
De la serie "Paparazza Moderna" / *The Aquino House. Richard J. Neutra. San Francisco, 1973. Paparazza Moderna series*

Rebecca Norris Webb / Alex Webb
Rimas de reojo
Slant Rhymes

23.03 – 31.08.2017

Alameda, 9
28014 Madrid

Lun-sáb / *Mon-Sat*:
11.00 – 21.00 h
Dom / *Sun*:
11.00 – 17.00 h
Jun: Lun-dom / *Mon-Sun*:
11.00 – 21.00 h

Ⓜ Antón Martín / Atocha /
Banco de España
T. +34 913 601 320
galeria@lafabrica.com
www.lafabrica.com

Existe catálogo /
Catalogue available

Directora / *Director*
Rosa Ureta

Slant Rhymes es una conversación visual entre los fotógrafos Alex Webb y Rebecca Norris Webb, pareja que ha trabajado alrededor del mundo durante casi 30 años. Rebecca, que se inició como poeta, llama a los dúos de fotografías en esta exposición "rimas de reojo", una definición poética para dos palabras que en inglés suenan parecido, pero no exactamente igual, como "blue" "moon". Para ambos fotógrafos sus dúos de imágenes actúan como rimas de reojo visuales: fotografías que comparten una paleta, una geometría o una cualidad lumínica parecida, o la predilección por momentos surreales o sorprendentes.

Slant Rhymes *is a visual conversation between photographers Alex Webb and Rebecca Norris Webb, a couple that have been working around the world together for nearly 30 years. Rebecca, who began as a poet, calls the photographic duos Slant Rhymes, a poetic definition that joins two words that sound similar but not exactly alike, as does "blue" and "moon". For both photographers these pairs of photographs work as visual slant rhymes in that they are photographs that share a similar palette or geometry, a similar quality of light or a penchant for surreal or surprising moments.*

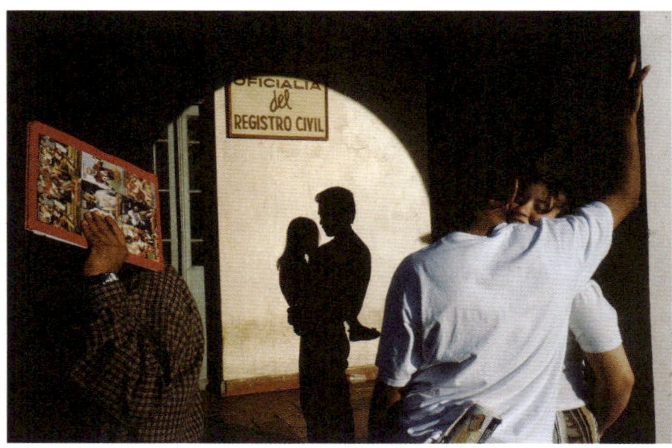

Alex Webb
Nuevo Laredo, México, 1996
© ALEX WEBB

Christian Voigt
Vida en movimiento
Life in Motion

25.05 – 27.07.2017

Bárbara de Braganza, 10
28004 Madrid

Mar-sáb / *Tue-Sat*:
11.00 – 19.00 h

Ⓜ Colón
T. +34 913 914 033
galeria@luciamendoza.es
www.luciamendoza.es

Directora / *Director*
Lucía Mendoza

Uno de los elementos que mejor define la vida es el movimiento. Christian Voigt retrata la vida, lo que encuentra, lo que le encuentra, mientras él mismo transita por ella.

A través de estas imágenes queremos revelar ese fluir trascendente, vital, desde la quietud más reflexiva, en la que el movimiento, bien espiritual, bien mental, es incuestionable aunque no sea en su dimensión física, entendiéndolo como ausencia del mismo o incluso como concepto intangible.

Movement is one of the elements that best define life. Christian Voigt photographs life, what he finds, what finds him, as he travels through it.

These photographs seek to portray that transcendental, vital, flux from the utter stillness of meditation, in which movement – be it spiritual, be it mental – is unequivocal although not in its physical dimension but rather conceiving of it as its very absence or even as an intangible concept.

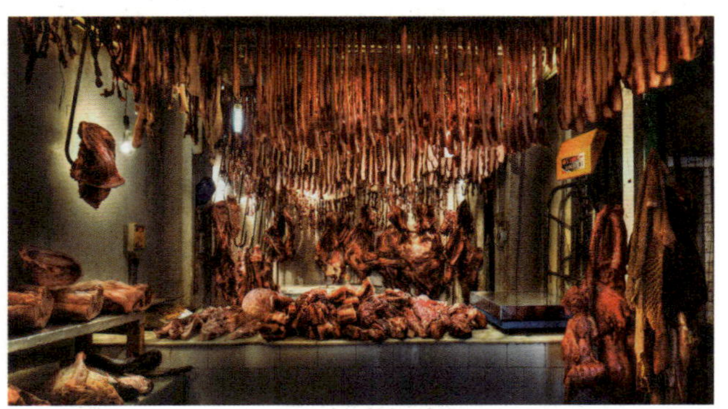

Christian Voigt
Meat Market II, 2010

Raúl Urbina
Fragancia de morfina
The Fragrance of Morphine

25.05 – 31.07.2017

Calle Villalar, 5
28001 Madrid

Lun-vie / *Mon-Fri*:
11.00 – 14.00 h /
16.30 – 20.00 h

Ⓜ Retiro
T. +34 917 811 855
luisburgos@art20xx.com
www.art20xx.com

Director
Luis Burgos

En *Fragancia de morfina* la ausencia y el silencio que se produce en algo tan cercano como las relaciones personales son la locución narrativa que busca el autor. Siempre hay tensión, que se observa en la forma de acercarse a los personajes, anónimos, muchos de ellos sin condición sexual definida, que se ausentan de las normas establecidas y ofrecen un infinito campo interpretativo, situándose de forma natural en el plano de lo tangible.

Teatro silencioso, algo mágico, que lleva al espectador a crear su propia composición descriptiva de cada historia, de cada momento, de cada sensación.

In The Fragrance of Morphine *the absence and the silence that occurs in something as close as personal relationships are the narrative locution that the author seeks. There is always a tension that can be observed in the way that individuals are approached. Anonymous, and many of them without defined sexual orientation, they are absent from the established norms and offer an infinite field for interpretation, positioning themselves naturally on the level of the tangible.*

Silent theatre, something magical, that leads the spectator to create his own descriptive composition for each story, each moment, each sensation.

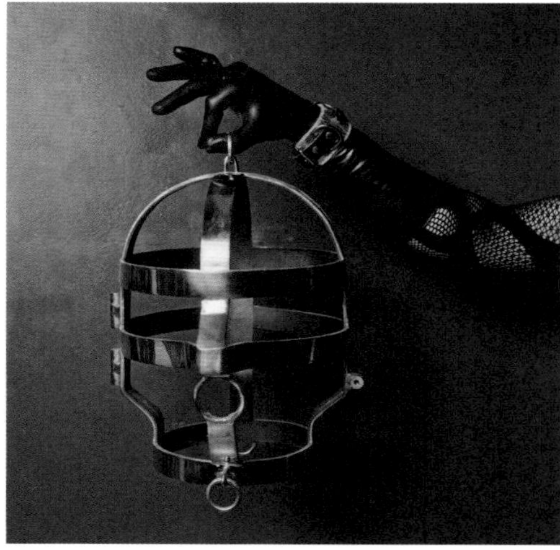

Raúl Urbina
Las sobras de su amor / The Leftovers of Love, 2015
© RAÚL URBINA

Paloma Gámez
Violeta III
Violet III

25.05 – 15.07.2017

Fúcar, 22
28014 Madrid

Mar-vie / *Tue-Fri*:
11.00 – 14.00 h /
17.00 – 20.00 h
Sáb / *Sat*:
11.00 – 14.00 h

Ⓜ Antón Martín / Lavapiés
/ Atocha
T. +34 913 693 717 /
+34 636 479 106
galeria@magdabellotti.com
www.magdabellotti.com

Directora / *Director*
Magda Bellotti

Al adentrarnos en la sala encontramos un espacio en el que el color, la luz y el tiempo toman protagonismo. El color se sucede en una serie de planos proyectados sobre una de las paredes de la galería, transformando así el espacio. Son colores planos que la artista construye a partir de sus pinturas. La propia proyección aporta la luz en este trabajo y se suma a las sucesivas mutaciones de color, involucrando al espectador en una experiencia sensorial. El tiempo, siempre constante, nos recuerda que se va a producir un cambio.

As we explore the room we find a space in which colour, light and time become the protagonists. Colour is embodied in a series of frames projected onto one of the gallery's walls, thus transforming the space. They are flat colours that the artist derives from her paintings. The projection itself contributes the light and is accompanied by successive mutations in the colour projected, thus involving the spectator in a sensorial experience. Time, ever present, reminds us that change.

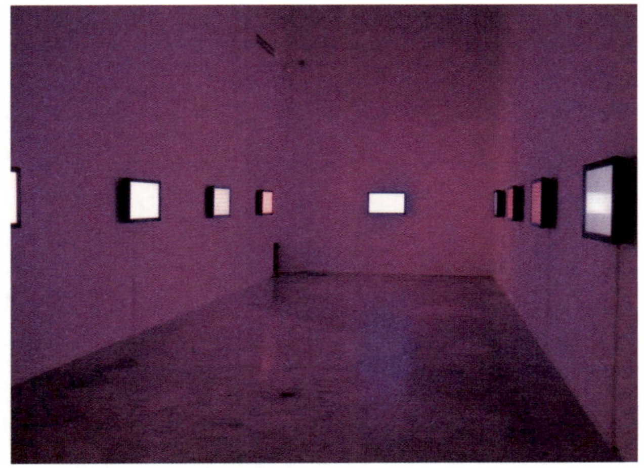

Paloma Gámez
Violeta III / Violet III

Pilar Pequeño

Huellas
Traces

25.05 – 22.07.2017

Lagasca, 7
28001 Madrid

Lun-vie / *Mon-Fri*:
10.00 – 14.00 h /
16.30 – 20.30 h
Sáb / *Sat*:
10.00 – 14.00 h

Ⓜ Retiro
T. +34 915 759 257
marita@galeria
maritasegovia.com
www.galeria
maritasegovia.com

Existe catálogo /
Catalogue available

Directora/ *Director*
Marita Segovia

Huellas es un relato visual sobre la poética del paso del tiempo. En él confluyen avatares de dos recorridos. Dos escenarios que se funden en una única narración íntima y personal; El Baixo Miño y, en el otro extremo geográfico, el Mediterráneo del Mar Menor. Un profundo y conmovedor diálogo con dos edificios que es van muriendo lentamente. Transformación del fin en un nuevo comienzo. La pérdida como enriquecimiento. Suma de historias acumuladas entre sus paredes. El alba sucediendo a la noche.

Traces is a visual account of the poetics of the passage of time. It brings together the vicissitudes of two journeys – two settings that blend into a single, intimate and personal story: the Baixo Miño and, at the opposite end of the country, the Mar Menor on the Mediterranean coast. It is a deep, moving dialogue with two buildings that are slowly dying. The end becomes a fresh beginning. Loss turns into enrichment. The sum of the stories assembled between their walls. Night giving way to daybreak.

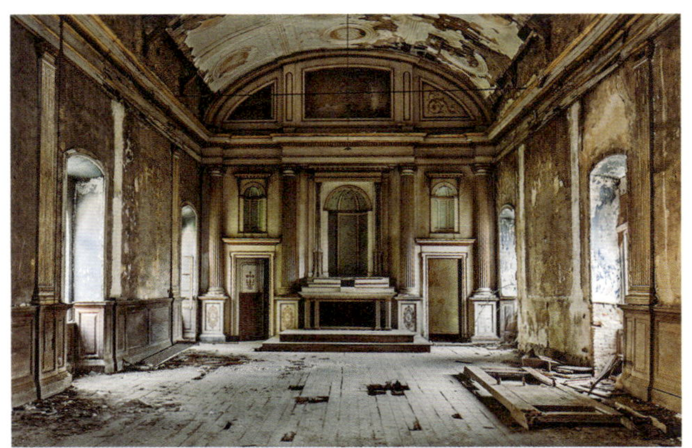

Pilar Pequeño
Baixo Miño 14. De la serie "Huellas" / Baixo Miño 14. *Traces series*
© PILAR PEQUEÑO

Cristóbal Hara

Los rojos
The Reds

25.05 – 09.09.2017

Orfila, 5
28010 Madrid

Lu-Sáb / *Mon-Sat*:
11.00 – 19.00 h
Verano / *Summer*
Lun-vie / *Mon-Fri*:
11.00 – 19.00 h
Sáb-*Sat*:
11.00 – 14.00 h

Ⓜ Colón / Alonso Martínez
T. +34 913 191 414
info@ galeria
malborough.com
www.galeria
malborough.com

Existe catálogo /
Catalogue available

Director / *Director*
Pierre Levai

La consideración del color como elemento autónomo, independiente de toda servidumbre descriptiva, es una de las claves del arte moderno. *Los rojos* trata del uso del color en la construcción de imágenes. En todas las fotografías el rojo juega un papel decisivo; en algunas se convierte incluso en el tema. La exposición coincidirá con la aparición del Ensayo Banal que llevará el mismo título de *Los rojos*, y que corresponderá al nº. 5 en la colección de ensayos sobre el oficio de fotógrafo que Cristóbal Hara está publicando con Ediciones Anómalas.

The conception of colour as an autonomous element, free of any descriptive duty, constitutes one of the keys to modern art. Los Rojos *(The Reds) engages with the use of colour in the composition of images. The colour red plays a decisive role in some of the images and, in others, becomes the main subject. The exhibition coincides with the publication of the fifth instalment in the collection of essays on the photographer´s craft that Cristóbal Hara is publishing at Ediciones Anómalas.*

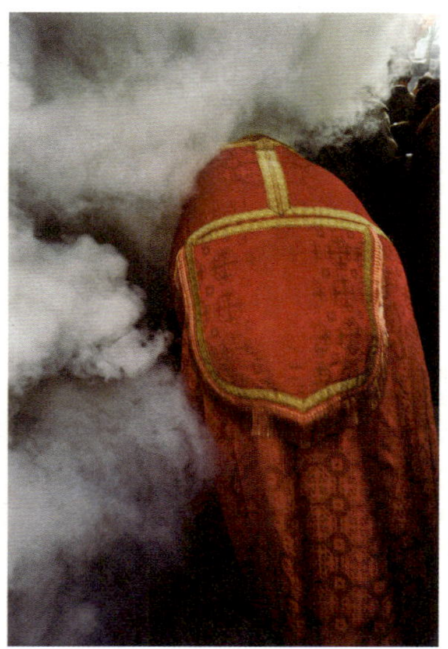

Cristóbal Hara
Arnedillo, 1996

Pío Cabanillas
Baroque

08.06 – 27.06.2017

Ruiz de Alarcón, 27
28014 Madrid

Mar-vie / *Tue-Fri*:
18.00 – 21.00 h
Sáb-do / *Sat-Sun*:
12.00 – 14.00 h

Ⓜ Atocha
T. +34 658 453 610
maternayherencia
@gmail.com
www.maternayherencia.com

**Existe catálogo /
*Catalogue available***

Director / *Director*
Fernando Herencia

La arenisca es la materia con la que la naturaleza representa el capricho, la dinámica y la distorsión de las formas. Sin reglas ni proporción alguna, los pliegues y deformidades crean un escenario teatral, cambiante en función de los rayos de luz que resbalan por ellos, fuertes contrastes de luces y sombras, una impresión de desequilibrio, de desorden, una sucesión de golpes de efecto e ilusiones ópticas. *Baroque* es un culto a la abrumadora naturaleza del Cañón Antelope (EE.UU.), donde se nos ofrece una versátil ficción al servicio de la fantasía de quienes lo recorren e intentan captar su esencia.

Sandstone is the material allotted by nature for caprice, dynamism and the distortion of shapes. Devoid of rules or proportion of any kind, its folds and deformities create a stage-like formation, changing in accordance to the rays of light flooding it, sharp contrasts of light and shadow, a sense of imbalance, of disorder, a series of optical illusions and dramatic effects. Baroque *is a tribute to nature's overwhelming in Antelope Canyon (USA), which presents us with a versatile fiction at the service of the fantasy of those who travel through it and try to capture its essence.*

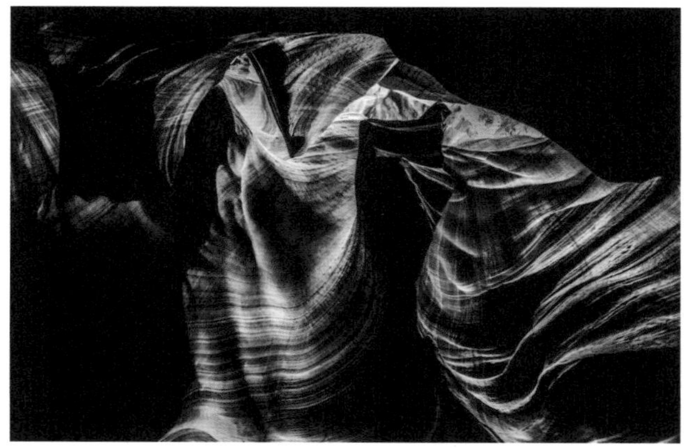

Pío Cabanillas
Baroque VI, 2016
© PÍO CABANILLAS

Michiko Kon

22.06 – 29.07.2017

General Castaños, 9
28004 Madrid

Mar-vie / *Tue-Fri*:
10.30 – 19.30 h
Sáb / *Sat*:
10.30 – 14.30 h

Ⓜ Colón / Alonso Martínez /
Tribunal
T. +34 914 310 603
michelsoskineinc@gmail.com
www.soskine.com

Director / *Director*
Michel Soskine

El proceso creativo de Michiko indaga en la naturaleza muerta como un medio descriptivo en sí mismo más que una simple selección compositiva; reinventa este mundo, lo descuartiza e iconiza. La artista compone *assemblages* donde los elementos se multiplican en un sentido absurdo. Su juego visual surrealista confronta la dureza con la delicadeza, el humor con la crueldad, el icono histórico con la cultura popular, todo ello desde una composición laboriosa y sutil. Su trabajo posee una belleza cruda, seductora, perturbadora.

Michiko's creative process explores still life as a descriptive format in itself rather than as a simple compositional selection; she reinvents this world, dismembering and iconising it. The artist builds assemblages in which the constituting elements multiply absurdly. Her surrealist visual game confronts hardness with fragility, humour with cruelty, historical icons with popular culture, always adhering to her laborious and subtle compositions. Her work possesses a crude, seductive but perturbing beauty.

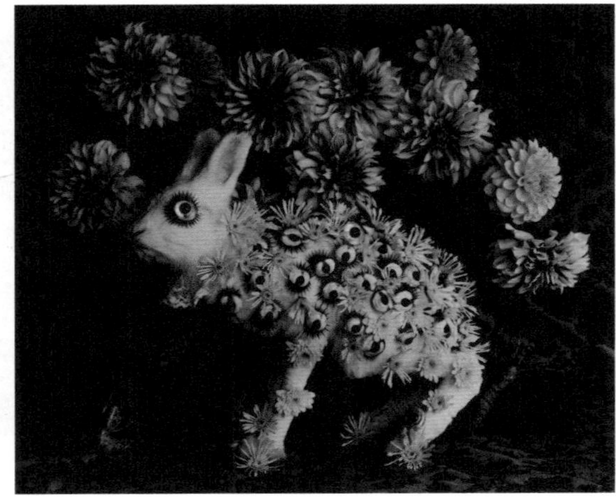

Michiko Kon
Conejo y ojos / Rabbit and Eyes, 2013
© MICHIKO KON

1er Premio Internacional de Fotografía Mondo Galería

First International Photography Prize Mondo Galería

Antonio Guerra / Thom Pierce / Pasquale Biasco / Jorge López Muñoz / Elisa Celda / Gabriel Ruiz-Larrea / Casimiro Martinferre / Melissa Chen / Subodh Kerkar / Jon Gorospe / Aurore Valade

13.06 – 26.06.2017

San Lucas, 9
28004 Madrid

Mar-vie / *Tue-Fri*:
11.00 – 14.00 h /
18.00 – 21.00 h
Sáb / *Sat*:
11.00 – 14.00 h

Ⓜ Alonso Martínez /
Chueca
T. +34 913 082 325
info@mondogaleria.es
www.mondogaleria.com

Director
Diego Alonso

Mondo Galería celebra con esta exposición el 1er Premio Internacional de Fotografía. La muestra está compuesta por el trabajo ganador del premio y los 9 accésits. La serie ganadora "Ver de Acción" de Antonio Guerra explora los límites entre lo natural y lo cultural, creando una experiencia con el paisaje y la interacción con el espacio. Para ello utiliza la fotografía como medio creador de una ilusión verdadera y la capacidad ilusoria del paisaje como construcción social, recurriendo a la intervención y escenificación para reinterpretar la relación entre hombre y naturaleza.

With this exhibition Mondo Galería caps the first International Photography Prize. The display comprises the work of the winner of the competition together with the nine finalists. The winning series, Ver de Acción *by Antonio Guerra, explores the boundaries between nature and culture, creating an experience with the landscape and an interaction with space. To this end, the artist uses photography as a means to create a true illusion and the landscape's proneness to generate illusions as a social construct, recurrently using intervention and staging to reinterpret the relation between man and nature.*

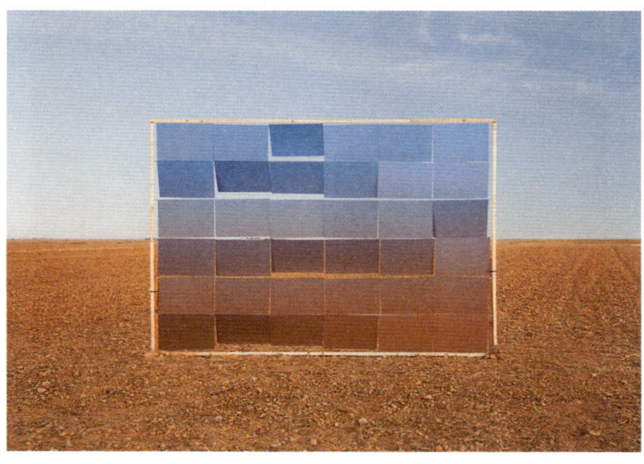

Antonio Guerra
Ver de acción 2 / See in action 2
© ANTONIO GUERRA

Ciuco Gutiérrez

Pinturas escogidas. 2007/2017
Selected Paintings. 2007/2017

01.06 – 22.07.2017

Almadén, 12 (bajo)
28014 Madrid

Junio / *June*
Mar-vie / *Tue-Fri*:
11.00 – 14.00 h /
17.00 – 20.30 h
Sáb / *Sat*:
11.00 – 14.00 h
Julio / *July*
Lun-vie / *Mon-Fri*:
17.00 – 20.30 h

Ⓜ Atocha / Antón Martín
T. +34 915 307 237
madrid@mynameslolita.com
www.mynameslolita.com

Director / *Director*
Ramón García Alcaraz

Ciuco Gutiérrez reflexiona sobre los límites de la fotografía en relación con la pintura. En diversas ocasiones y a lo largo de su carrera artística, su trabajo ha sido definido como más pictórico que fotográfico, quizás porque su metodología ha permanecido alejada del enfoque instantáneo convencional. En definitiva sus imágenes parten de un boceto conceptual preestablecido, que más tarde será desarrollado, como si de un lienzo en blanco se tratara, bajo la tutela de la técnica fotográfica, con la que el artista se identificó desde sus inicios. El resultado de esta simbiosis es un mestizaje que evidencia la interrelación entre el concepto y la técnica.

Ciuco Gutiérrez reflects upon the limits of photography in relation to painting. In diverse occasions throughout his artistic career, his work has been defined as more pictorial than photographic, perhaps because his methodology has remained detached from the conventional instantaneous focus. His images definitely part from a pre-established conceptual sketch, as if it were a white canvas, to be developed subsequently under the direction of the photographic technique that the artist has identified with since his beginnings. The result of this symbiosis is a fusion that puts in evidence the interconnection between concept and technique.

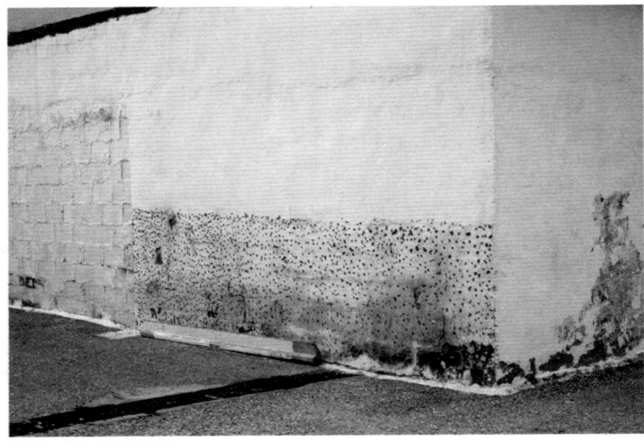

Ciuco Gutiérrez
Esquina / Corner, 2016

Cara a Cara. Retratos de artistas en la fotografía venezolana

Face to Face: Portraits of artists In Venezuelan Photography

Ricardo Armas / Paolo Gasparini / Carlos Germán Rojas / Carlos Herrera
Carlos Eduardo Puche / Victoriano de los Ríos

01.07 – 31.07.2017

Orfila, 5
28010 Madrid

Lu-sáb / *Mon-Sat*:
11.00 – 14.00 h /
15.00 – 20.00 h

Ⓜ Colón / Alonso Martínez
T. +34 913 896 809 /
+34 913 194 011
info@odalys.es /
odalys@odalys.com
www.odalys.com

Directora / *Director*
Carolina Sánchez

En Venezuela, muchos fotógrafos han retratado a los artistas de su país. La retratística venezolana actual cuenta con una vasta iconografía fotográfica de sus más destacados artistas plásticos contemporáneos, de sus rostros y semblantes; de ellos como personas y como personajes, de su entorno y circunstancias. En muchos casos, el artista y el fotógrafo fueron amigos y compartieron ideas sobre arte, política y la vida.

Over the years many of Venezuela's most photographers have wanted to photograph their country's artists. Venezuela's contemporary portraiture features an ample photographic iconography of the country's most distinguished plastic artists, of their faces and countenances; portraits of them as people and as characters, of their surroundings and their circumstances. Often there is a previous relationship between the artists and the photographer and they have shared a lasting friendship, engaging in meaningful exchanges about art, politics and life.

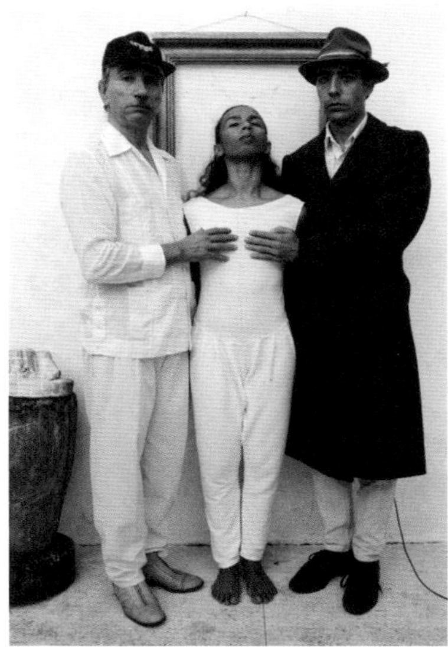

Abel Naím
ENLACE. Una acción corporada de Macarena Solórzano, Claudio Perna y Abel Naím
/ *A bodied action by Macarena Solórzano, Claudio Perna and Abel Naím*, 1989
© ABEL NAÍM

Alejandro Marote
Elaaastic

03.06 – 12.07.2017

Batalla de Belchite, 6
28045 Madrid

Lun-jue / *Mon-Thu*:
10.00 – 14.00 h /
17.00 – 20.00 h
Vie / *Fri*:
10.00 – 14.00 h

Ⓜ Delicias
T. +34 913 658 763
info@ogamipress.com
www.ogamipress.com

Director / *Director*
Juan Lara Hierro

El propósito de este *site-specific* es comprobar el límite de elasticidad que soporta el lenguaje fotográfico. Un solo fotograma se verá sometido a diferentes procesos plásticos que mostrarán la distancia existente entre una misma imagen contenida dentro de su negativo y la total abstracción de su forma debido al efecto del pigmento sobre el lienzo. Con este proceso se intenta liberar a la fotografía de sus dimensiones expositivas y desplazar su estructura de la pared para que se libre de su peso y poder así dialogar con otros lenguajes como la pintura, la escultura o el grabado.

The purpose of this site-specific exhibition is to test the limits of elasticity of the photographic language. A single frame will be treated with different visual processes that reveal the distance that separates the image within the negative from the total abstraction of its forms attained by the effects of pigment applied to canvas. This process aims to free photography from its representational dimension, shifting its structure away from the wall so that it can be freed from its weight and thus be able to dialogue with other mediums such as painting, sculpture or engraving.

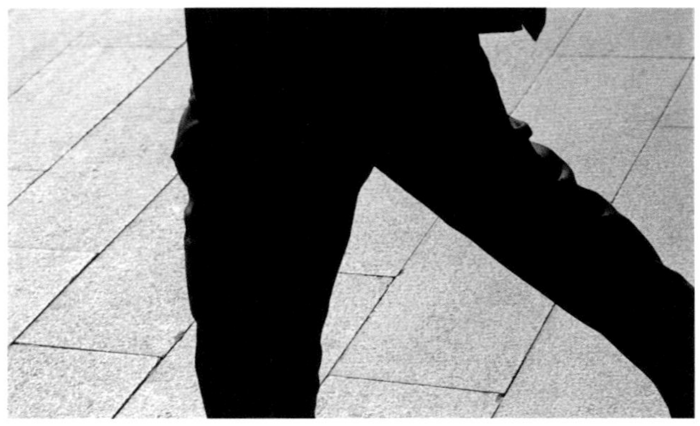

Alejandro Marote
Serie A, 2010
© ALEJANDRO MAROTE

Marina Núñez

La mujer barbuda
The Bearded Woman

23.05 – 27.06.2017

Santa Engracia, 6, bajo
28010 Madrid

Lun-vie / *Mon-Fri*:
10.00 – 14.00 h /
16.30 – 20.30 h
Sáb / *Sat*:
10.00 – 14.00 h

Ⓜ Alonso Martínez
T. +34 913 081 569 /
+34 913 081 570
galeria@pilarserra.com
www.pilarserra.com

Directora / *Director*
Pilar Serra

Las representaciones de mujeres barbudas pueden ser intentos de representar errores o singularidades de la naturaleza, o tener pretensiones simbólicas moralizantes, o apelar a una lujuria asociada a los irrefrenables instintos de una mujer-bestia a medio camino entre lo animal y lo humano, o plantear desafíos tipo *drag king* a las cuestiones de género y de identidad que cuestionan la imposición social a que escojamos una sola y prefijada identidad.

Representations of bearded women can be naturalistic efforts of genuine scientific interest that aim to portray errors or singularities of nature; or they can carry symbolic meaning with moralising intentions; or they can make reference to the sexual appetite associated with the irrepressible instincts of a beast-woman, halfway between an animal and a human being; or they can challenge with notions such as that of a drag king traditional gender structures and identity questions, and question the social imposition whereby we must choose a single and predetermined identity.

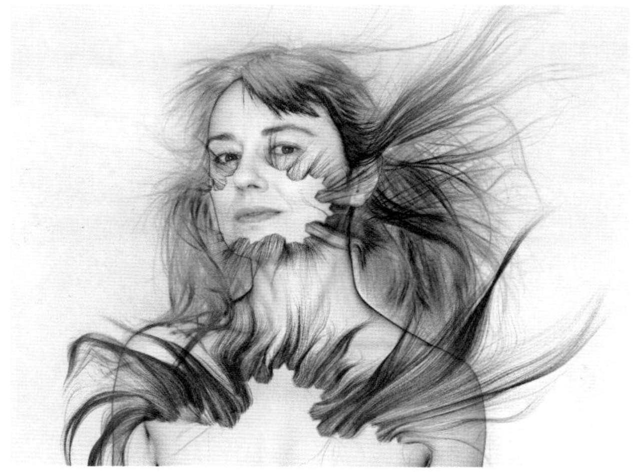

Marina Núñez
La mujer barbuda (Carmen) / The Bearded Woman (Carmen), 2017
© MARINA NÚÑEZ

Raúl Kalesnik

El lugar donde vivo
The Place Where I Live

31.05 – 07.07.2017

Alameda, 5
28014 Madrid

Mar-vie / *Tue-Fri*:
11.00 – 14.00 h /
17.00 – 20.00 h
Sáb / *Sat*:
11.00 – 14.00 h

Ⓜ Atocha
T. +34 914 203 889
info@poncerobles.com
www.poncerobles.com

Directores / *Directors*
Raquel Ponce y José Robles

En el año 2011 y en 2015 se celebró en Michoacán y Veracruz una convocatoria de dibujo infantil. El tema era: "Dibuja el lugar donde vives", siendo el resultado unas demoledoras imágenes de tiroteos y secuestros. Estos dibujos, junto con las imágenes extraídas de Google Street View de las ciudades mexicanas con mayor índice de violencia, le sirvieron a Raúl Kalésnik (Ciudad de México, 1986) para realizar el proyecto *El lugar donde vivo*, obteniendo el Premio ganador en la IV Edición de NexoFoto, mostrando así la situación de violencia cotidiana que viven los niños de su país.

In Michoacán and Veracruz there was an open call for children's drawings between 2011 and 2015. The theme, 'Draw the place where you live', gave rise to devastating accounts of shootings and kidnappings. These drawings, together with images of Mexico's most violent cities taken from Google Street View, were used by Raúl Kalésnik (Mexico City, 1986) to put together his project The Place Where I Live, *which earned him the first prize in the fourth edition of NexoFoto, thus shedding light on the violence faced daily by the children of his country.*

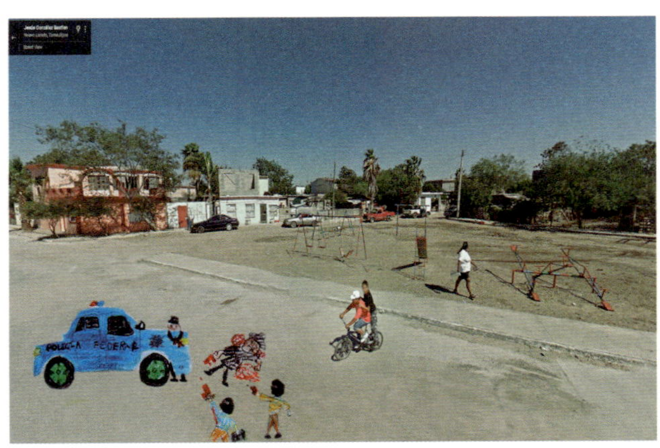

Raúl Kalesnik
Sin título / Untitled, Tamaulipas 3, 2016
© RAÚL KALESNIK

Livia Marín

Ánfora y cosas rotas
Amphora and Broken Things

30.05 – 15.07.2017

Velázquez, 80, bajo
28001 Madrid

Lun-vie / *Mon-Fri*:
11.00 – 15.00 h /
16.30 – 20.30 h
Sáb / *Sat*:
11.30 – 14.30 h /
17.00 – 20.00 h

Ⓜ Núñez de Balboa /
Velázquez
T. +34 915 996 409
info@proyectoh.com
www.proyectoh.com

Director / *Director*
Miguel de las Heras

La obra de la chilena Livia Marín se caracteriza por sus instalaciones de gran formato, en las que incorpora tanto piezas e imágenes elaboradas por ella misma como objetos encontrados y modificados. En su obra se unen una multiplicidad de referencias familiares, simbólicas, sociales y políticas, planteando preguntas sobre las relaciones entre identidad y consumo, producción en masa, estandarización y globalización.

The work of the Chilean artist Livia Marín is characterised by large-format installations in which she includes both pieces and images produced by herself and objects she has found and modified. Her work brings together a series of familiar, symbolic, social and political references, posing questions about the relation between identity and consumerism, mass production, standardisation and globalisation.

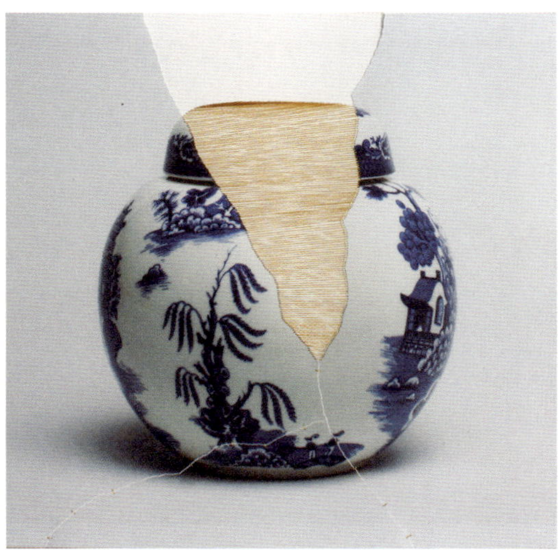

Livia Marín
Cosas Rotas / Broken Things, 2016
© LIVIA MARÍN

Manuel Vilariño
Animal insomne
Insomniac Animal

02.06 – 21.07.2017

Santa Teresa, 10
28004 Madrid

Lun-vie / *Mon-Fri*:
11.00 – 14.00 h /
16.30 – 19.30 h
Agosto cerrado /
Closed August
Sábados cita previa /
Saturdays previous date

Ⓜ Alonso Martínez / Colón
T. +34 910 525 544
info@puxagallery.com
www.puxagallery.com

Directora / *Director*
Nuria Misert

Esta muestra presenta fotografías en medio y gran formato junto con una instalación de audio y un poema del artista. Universos cuyo montaje permitirá establecer diálogos entre el lirismo contenido en cada una de las imágenes y el conjunto, generando un ambiente envolvente de atmósferas sutiles. Son los delicados frutos del artista los que liberan nuestra imaginación a partir de cosmovisiones íntimas para descubrirnos nuevas zonas emotivas en sus composiciones, hablándonos de la vida, la muerte, el tiempo, las palabras y los sonidos del silencio.

This exhibition presents medium- and large-format photographs and includes an audio installation as well as a poem written by the artist. The combination of these different worlds will habilitate a rapport between the lyricism contained in each of the images and the whole, generating an all-embracing sense of subtle atmospheres. The artist's fine pieces set our imagination free through intimate worldviews that lead us to new emotional areas in his compositions, speaking to us of life, death, time, words and the sounds of silence.

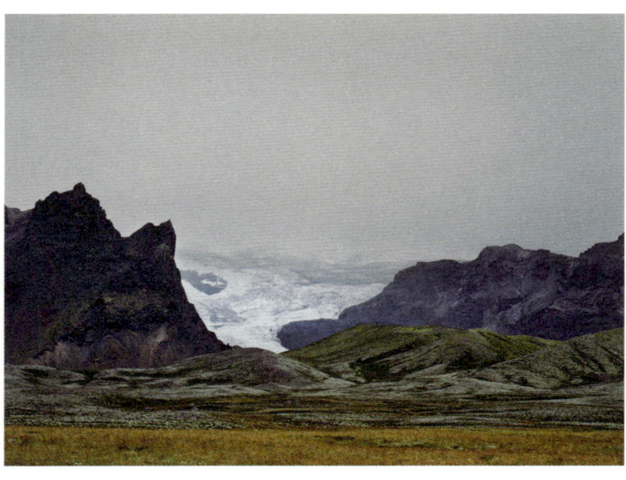

Manuel Vilariño
La deshabitada / The Uninhabited, 2016

Javier Marquerie Bueno

Barro rojo
Red Mud

22.06 – 14.09.2017

Padilla, 1
28006 Madrid

Lun-vie / *Mon-Fri*:
11.00 – 20.30 h
Sáb-*Sat*:
12.00 – 14.00 h
Agosto cerrado / *Closed
August*

Ⓜ Rubén Darío / Núñez
de Balboa
T. +34 915 773 741
info@galeriaestandarte.com
www.galeriaestandarte.com

Directora / *Director*
María Correas

Comisaria / *Curator*
Ana Miguel

Barro Rojo es el proyecto fotográfico de Javier Marquerie Bueno en el que documenta desde el presente la Batalla de Brunete acaecida entre el 6 y el 25 de julio de 1937. Dieciséis fotografías tomadas en el mismo lugar, el mismo día y a la misma hora con 78 años de diferencia dan testimonio del paso del tiempo y del mundo cambiante en el que vivimos. Imágenes que ponen de manifiesto cómo la sociedad actual da la espalda a su propio pasado.

Barro Rojo [red mud] is Javier Marquerie Bueno's photographic project, which documents from the present the Battle of Brunete, held between 6 and 25 July 1937. Sixteen photographs taken in the same place, the same day and at the same time 78 years later bear witness to the passage of time and the changing world in which we live. Images that show how contemporary society turns its back to the past.

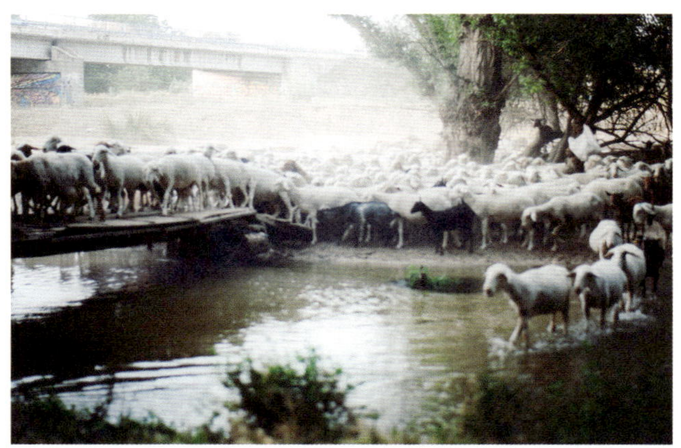

Javier Marquerie
Parado frente al Guadarrama / Standing before the Guadarrama River, 2015
© JAVIER MARQUERIE

Kathy Ryan
Romance de oficina
Office Romance

20.04 – 23.06.2017

Hospital, 10
28012 Madrid

Lun-vie / *Mon-Fri*:
10.30 – 14.00 h /
16.00 – 19.00 h

Ⓜ Atocha
T. +34 910 061 040
spainmedia
gallery@spainmedia.es
spainmediagallery.com

Director / *Director*
Andrés Rodríguez

Esta exposición es la primera de Kathy Ryan, directora de fotografía de *The New York Times Magazine*, en España.

Ryan ha desarrollado un delicioso trabajo en el que captura y refleja la belleza y la poesía de sus oficinas a través de las proyecciones de la luz de Nueva York que se crean sobre sus paredes e interiores, pero también alude a los contrastes y a las ironías que caracterizan el mundo fotográfico de hoy: cómo los viejos medios de comunicación se encuentran con los nuevos.

This is the first exhibition in Spain by Kathy Ryan, director of photography at The New York Times Magazine.

Ryan has developed a gorgeous work in which she captures and reflects the beauty and poetry of her office through the various projections of the New York city light shining on her walls and interiors, but she also alludes to the contrasts and irony that characterise the world of photography today: the ways in which old and new media interact.

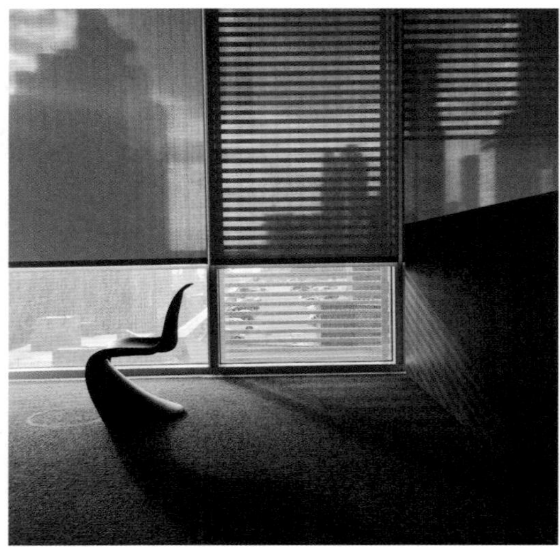

Kathy Ryan
Romance de oficina / Office Romance
@ KATHY RYAN SPAINMEDIA GALLERY

Francesc Català-Roca

Català-Roca. Obras maestras
Català-Roca. Masterworks

24.05 – 01.07.2017

Arrieta, 17
28013 Madrid

Lun-vie / *Mon-Fri*:
10.30 – 14.30 h /
17.00 – 20.30 h
Sáb / *Sat*:
11.00 – 14.00 h

Ⓜ Ópera / Plaza de España/
Santo Domingo
T. +34 915 428 594
info@tiempos-modernos.com
www.tiempos-modernos.com

Directores / *Directors*
Carmen Palacios
y Bento Figueira

Català-Roca es uno de los grandes fotógrafos españoles del siglo XX. Amigo íntimo de Miró, intelectual comprometido y viajero incansable. El retrato que realizó de España 1950-1960 es una apasionante mirada en blanco y negro.

Sesenta años después, sus imágenes son auténticos monumentos. Hoy se le considera el más importante fotógrafo documentalista que ha dado nuestro país, retratando la dureza pero también la dulzura de toda una época.

Català-Roca is one of the greatest Spanish photographers of the twentieth century. An intimate friend of Joan Miró, he was a committed intellectual and a tireless worker. The portrait of Spain produced between 1950 and 1960 is a fascinating black and white construct.

Sixty years later his images remain veritable monuments. Today, he is considered the most important documentary photographer ever to have come from Spain, capturing the hardship but also the sweetness of an entire era.

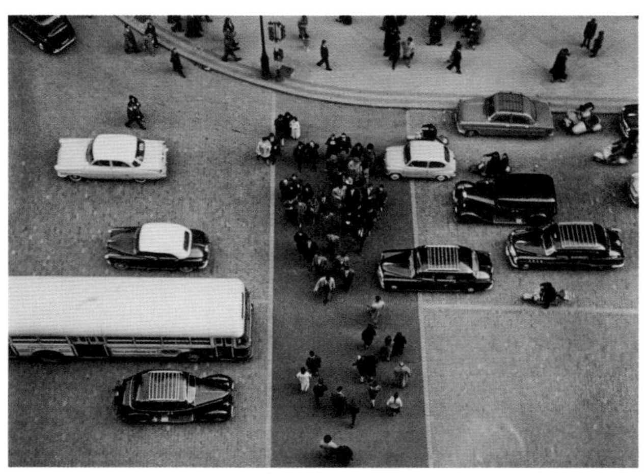

Francesc Català-Roca
Gran Vía. Madrid, ca. 1955
© COAC

MADRID
Invited Venues

PHotoESPAÑA intends to bring photography closer to the public at large, increasing the number of spaces that usually exhibit visual and photographic Works. Institut français d'Espagne, Casa de Velázquez, Casa Árabe, Centro Cultural Coreano, B-The Travel Brand Xperience, FNAC Callao, El Paracaidista, Real Sociedad Fotográfica and One Shot Hotel are the venues in the city of Madrid invited to join the Festival.

MADRID
Sedes invitadas

PHotoESPAÑA acerca la fotografía al gran público ampliando el número de espacios que exponen habitualmente obra visual y fotográfica dentro de su programación. Institut français d'Espagne, Casa de Velázquez, Casa Árabe, Centro Cultural Coreano, B-The Travel Brand Xperience, FNAC Callao, El Paracaidista, Real Sociedad Fotográfica y Hotel One Shot son las sedes invitadas de la ciudad de Madrid que se unen a esta nueva edición del Festival.

Mohsen Yammine Collection

Un impulso extraño. Colección Mohsen Yammine en la Fundación Árabe para la Imagen de Beirut
An Uncanny Impulse. Mohsen Yammine colletion in the Arab Image Foundation of Beirut

02.06 – 03.09.2017

Alcalá, 62
28009 Madrid

Lun-sáb / *Mon-Sat*:
11.00 – 19.30 h
Dom, fest / *Sun, Hol*:
11.00 – 15.30 h
Entrada: gratuita /
Admission: free

Ⓜ Velázquez /
Príncipe de Vergara
T. +34 91 563 30 66
info@casaarabe.es
www.casaarabe.es /
www.fai.org.lb

Existe catálogo /
Catalogue available

Comisarios / *Curator*
Clémence Cottard
y Marc Mouarkech

Organiza / *Organized by*
Casa Árabe y Arab Image
Foundation

Patrocina / *Sponsored by*
Vueling

Colabora /
In collaboration with
Embajada de España en
Líbano / Embajada de Líbano;
Spanish Embassy in Lebanon
/ Lebanese Embassy

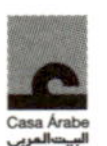

10 años
acercando
España
al mundo
árabe

El arte de coleccionar ha sido considerado a través de la historia como un acto de salvación que trata de alojar, de apropiarse y de difundir un cierto conocimiento a través del objeto atesorado. *Un impulso extraño* explora este acto de coleccionar a través de los ojos del libanés Mohsen Yammine, que durante años recopiló fotografías de Trípoli y el norte del Líbano llegando a formar un gran fondo. Con esta exposición se pretende subrayar el papel de la Fundación Árabe para la Imagen de Beirut como un punto de encuentro entre las prácticas de archivo y las prácticas fotográficas contemporáneas.

El 1 de junio a las 19.00 h tendrá lugar en Casa Árabe una charla entre Mohsen Yammine (coleccionista) y Marc Mouarkech (comisario).

Over the course of history, the art of collecting has been regarded as an act of salvation that seeks to store, appropriate and disseminate knowledge through a trove of objects. An Uncanny Impulse *explores this act of collecting through the eyes of Lebanese photographer Mohsen Yammine, who for years collected photographs of Tripoli and northern Lebanon until he created a major collection. This exhibition aims to highlight the role of the Arab Image Foundation of Beirut as a meeting place where archiving and contemporary photographic practices can come together.*

On June 1 at 7:00 pm a talk will be held at Casa Árabe between Mohsen Yammine (collector) and Marc Mouarkech (curator).

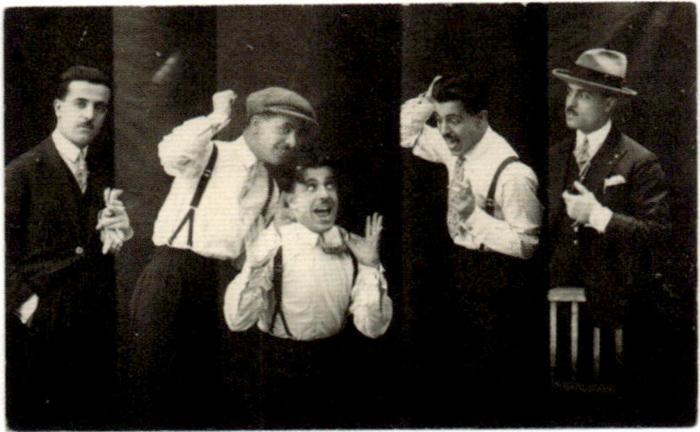

Frederic Elias Dakouni
Sin título, Autorretrato – Exposiciones múltiples, Beirut, Líbano /
Untitled, Self-Portrait – Multiple exposures, *Beirut, Lebanon, ca 1940*

Anaïs Boudot / Marianne Wasowska

Senderos ciegos
Blind Alleys

07.06 – 21.07.2017

Galerie du 10
Marqués de la Ensenada, 10
28004 Madrid

Lun-vie / *Mon-Fri*:
10.00 – 20.00 h
Sáb / *Sat*: 11.00 – 13.30 h
Entrada: gratuita /
Admission: free

Ⓜ Colón / Alonso Martínez
Ⓢ Recoletos
T. +34 91 700 48 00
cultura.madrid@institut
francais.es
www.institutfrancais.es/
madrid

**Comisarios y
organizadores / *Curators
and Organized by***
Casa de Velázquez e
Institut français d'Espagne
en Madrid

Organiza / Organized by
Institut français
d'Espagne en Madrid
y Casa de Velázquez

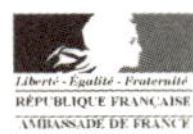

CASA DE VELÁZQVEZ
Académie de France à Madrid

La Galerie du 10 del Institut Français de Madrid, en colaboración con la Casa de Velázquez, prestigiosa institución francesa que acoge cada año a residentes en los diferentes ámbitos de la creación contemporánea, expone obras de dos artistas.

Anaïs Boudot y Marianne Wasowska comparten una práctica de la fotografía que, a partir de lecturas, deambulaciones, sueños, procesos de revelado artesanales o dispositivos de instalación, consigue construir un recorrido al interior mismo de la imagen fotográfica.

El 21 de junio, durante **Las Noches Fotográficas**, tendrá lugar en el patio del Institut français, a las 20.00 horas, una proyección/película fotográfica de la exposición. Esta actividad ha sido comisariada por Guillaume Chamahian.

The Galerie du 10 of the Institut Français of Madrid together with Casa de Velázquez, the prestigious French institution which every year organises residencies for artists in the various disciplines of contemporary creation, showcases works by two artists.

Anaïs Boudot and Marianne Wasowska share a photographic practice which finds inspiration in literary sources, wanderings, dreams, artisan development techniques, or installation devices to build an itinerary into the inner depths of the very photographic image.

*On June 21, during **The Photography Nights**, there will be a photographic projection/video of the exhibition in the patio of the Institut français at 20.00 h. This activity was curated by Guillaume Chamahian*

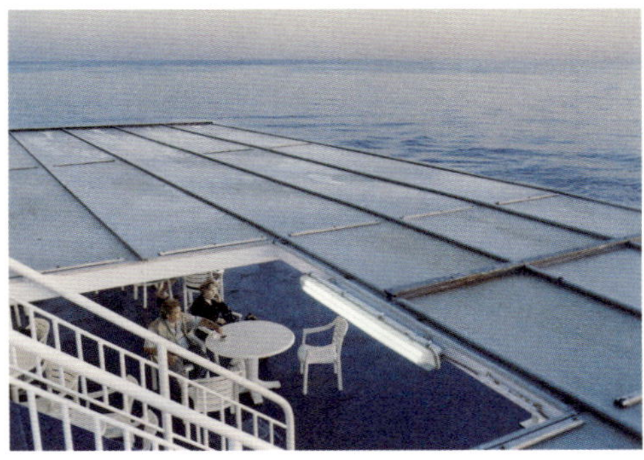

Marianne Wasowska
Transparente cuatro (Heraclio) / Transparent four (Heraklio), 2016
© Marianne Wasowska

Retratando Corea. Más allá de la gente, la tierra y el tiempo
Imaging Korea. Beyond the People, Land and Time

Cho Daeyeon / Lee Gapchul / Seo Heunkang / Park Jongwoo / Kim Jungman
Kwon Taegyun / Kang Woongu

CENTRO CULTURAL
COREANO

14.06 – 18.08.2017

Paseo de la Castellana, 15
28046 Madrid

Consultar en la web /
Consult on the website

Ⓜ Colón / Serrano /
Alonso Martínez
🅿 Recoletos
T. +34 91 702 4550
info@centrocultural
coreano.com
spain.korean-culture.org/es

B THE TRAVEL BRAND
XPERIENCE MADRID

15.06 – 25.08.2017

Miguel Ángel, 33
28010 Madrid

Consultar en la web /
Consult on the website

Ⓜ Gregorio Marañón
🅿 Nuevos Ministerios
+34 91 535 58 99
flagship.xperience
@bthetravelbrand.com
www.bthetravelbrand.
com/xperience/madrid

Comisario / *Curator*
Seok Jaehyun

Organiza / *Organized by*
Centro Cultural Coreano

Patrocina / *Sponsored by*
B the travel brand

Colabora /
In collaboration with
Ministerio de Cultura,
Deportes y Turismo de Corea
/ Ministry of Culture, Sport
and Tourism of Korea

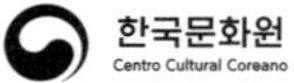

La fotografía es un arte estético plasmado en un documento. Un arte que se hace en un instante y representa una eternidad.

Esta excepcional selección de obras muestra el punto culminante de ese instante, de ese acto preciso. Un conjunto de 78 imágenes, realizadas por sietes artistas, que destacan y sobresalen por su fuerza y belleza, donde se exhibe la vida tradicional del pueblo coreano, la cultura, la naturaleza y el tiempo con un carácter documental y artístico. Un viaje a través del tiempo con destino a Corea.

Photography is an aesthetic art form realised in a document. An art form which is produced in an instant and which represents an eternity.

The exceptional selection of works depicts the pinnacle of that instant, of that specific act. The 125 images, produced by seven artists, stand out for their beauty and their powerful representation of the Korean people, culture, nature and time, being mindful of both artistic and documentary concerns. It is a journey through time with Korea as final destination.

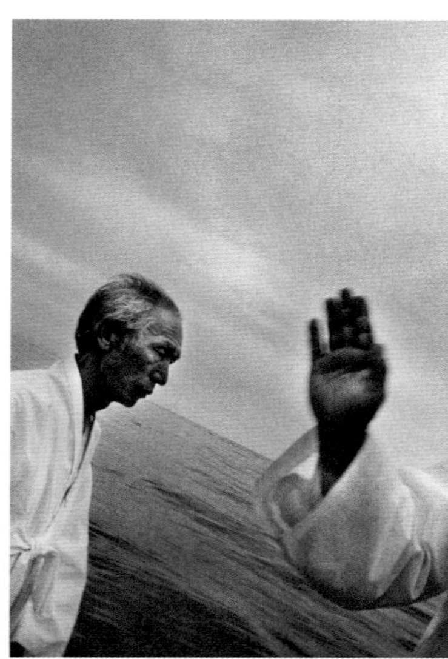

LEE Gapchul
Ritual de la buena pesca / Good Haul Ritual,
Yeongdeok, Gyeongbuk, 1990
© LEE GAPCHUL

Alex Rivera In Amorica

Pedro Walter Nikkō Nashi (Sin luz del sol /
In the absence of sunlight)

31.05 – 27.08.2017

La Palma, 10
28004 Madrid

Mar-dom / *Tue-Sun*:
12.00 – 21.00 h

Ⓜ Tribunal / Bilbao
T. +34 914 451 913
cultura@elparacaidista.es
www.elparacaidista.es

Director
Juan Fraile Ortiz

En In *Amorica Álex* Rivera traza un mapa humano de la realidad social estadounidense, pero también da una visión única de los sujetos, subrayando ese instante revelador en el que una imagen sintetiza la personalidad del fotografiado. Una antología de lo singular, pero también de lo universal que no entiende de razas, edades, tiempos ni lugares. Pedro Walter en *Nikkō Nashi* centra su atención en las calles de las ciudades japonesas de Osaka, Kyoto, Takayama, Nara y Tokyo. Imágenes nocturnas y cotidianas, inundadas por una gran soledad, donde la luz se materializa como un artificio más de lo humano: farolas, ventanas encendidas, neones... configuran extrañas atmósferas vitales.

With In Amorica *Álex Rivera forms a human map of the social reality of the United States, while giving a singular view of his subjects, underlying the revealing instant in which one image can synthesise the personality of the portrayed individual. An anthology of the unique but also of the universal, which is unaware of races, ages, times and places. Pedro Walter in* Nikkō Nashi *concentrates his attention on the Japanese streets of Osaka, Kyoto, Takayama, Nara and Tokyo. Nocturnal and quotidian images are submerged in a deep solitude, where light is materialised as if it were another artefact of man. Street lanterns, bright windows, neon lights give shape to the strange and vital atmospheres.*

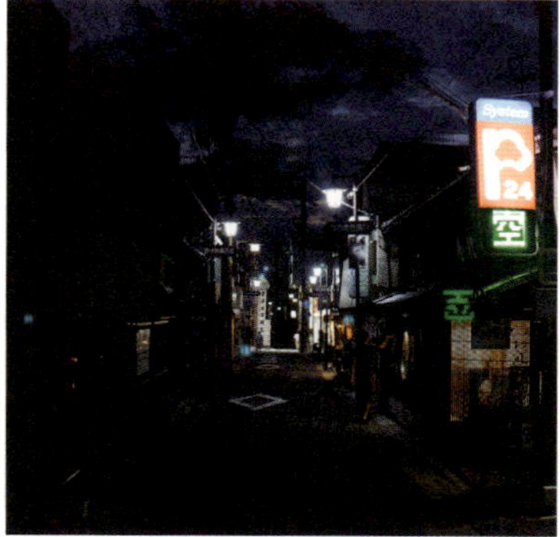

Pedro Walter
Nara, 2016

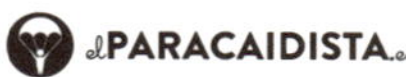

Premios Descubrimientos PHE. 1998–2016
Descubrimientos PHE Award 1998–2016
Colectiva / *Group*

08.06 – 28.08.2017

Preciados, 28
28013 Madrid

Lun-sáb / *Mon-Sat*:
10.00 – 21.30 h
Dom, fest / *Sun, Hol*:
11.30 – 21.30 h
Entrada: gratuita /
Admission: free

Ⓜ Callao / Gran Vía / Santo
Domingo / Sol
T. +34 902 100 632
www.cultura.fnac.es
www.fnac.es

El programa Descubrimientos celebra este año, como el propio Festival, su vigésima edición. Desde 1998, el proyecto de visionado de porfolios de PHotoESPAÑA ha sido una plataforma de presentación y análisis del trabajo de los fotógrafos que, procedentes de distintos puntos del planeta, tienen la oportunidad de comentar su obra con reconocidos profesionales del medio.

La FNAC presenta una selección de obras de los diecinueve autores ganadores hasta la fecha. De las series elegidas, se muestra una imagen ilustrativa del trabajo de cada autor en el momento en el que fue seleccionado. Veinte años de descubrimientos.

This year the Descubrimientos programme, along with the Festival itself, is celebrating its twentieth edition. Since 1998 the PHoto-ESPAÑA portfolio viewing project has been a platform for the presentation and analysis of the work of the photographers coming from different places in the world who have had the opportunity to comment on their work with acknowledged professionals in the medium.

Here there is the presenting of a selection of works by the nineteen award winning authors to date. Among the series chosen there is a showing of an image illustrating each author's work at the time they received the award. Twenty years of discoveries.

Organizan / *Organized by*
FNAC y PHotoESPAÑA

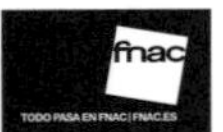

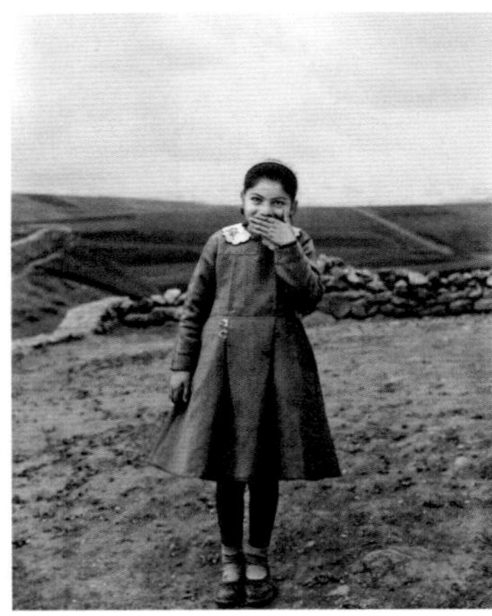
Vanessa Winship
Dulce Nada / Sweet Nothings, 2008
© VANESSA WINSHIP

Galería de fotógrafos anónimos de la colección de la Real Sociedad Fotográfica

Gallery of Anonymous Photographers from the Collection of the Real Sociedad Fotográfica

Colectiva / *Group*

13.06 – 29.07.2017

Tres Peces, 2
28012 Madrid

Mar-vie / *Tue-Fri*:
18.30 – 21.30 h
Sáb / *Sat*:
11.00 – 14.00 h
Entrada: gratuita /
Admission: free

Ⓜ Antón Martín / Lavapiés
Ⓡ Atocha
T. +34 915 397 579
info@rsf.es
www.rsf.es

Comisarios / *Curators*
Ana Martín López
y Enrique Sanz Ramírez

Organiza / *Organized by*
Real Sociedad Fotográfica

**Colabora /
*In collaboration with***
Fotocasion

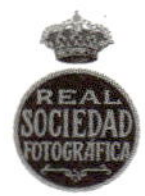

La autoría de una fotografía suele condicionar su valoración, tendemos a pensar que al no tener firma la fotografía carece de valor.

Cuando nos encontramos con un archivo de autor desconocido que tiene cierto volumen e interés estético, lo primero que intentamos es saber el nombre, como si eso dotara de sentido a las escenas. Sin embargo, la imagen adquiere un valor diferente, no menos precioso. Porque, al contrario de nuestra natural tendencia a buscar respuestas, no siempre es necesario hacer las preguntas. Hay misterios que no es necesario desentrañar. Tan solo disfrutar de la oportunidad que nos ofrecen para imaginar, recrear o simplemente, contemplar.

A photograph's authorship often determines its price. We tend to think that if it doesn't feature a signature the photograph lacks value.

When faced with a relatively substantial and aesthetically interesting archive of an unknown photographer, the first thing we try to find out is the name of the author, as if that would somehow confer meaning to the scenes depicted. Nevertheless, anonymity often gifts images with a totally different and no less precious value. Because, contrary to our innate instinct to seek answers, questions needn't always be asked. Some mysteries should not be unravelled. Just enjoy the opportunity they afford us to imagine, recreate or simply contemplate.

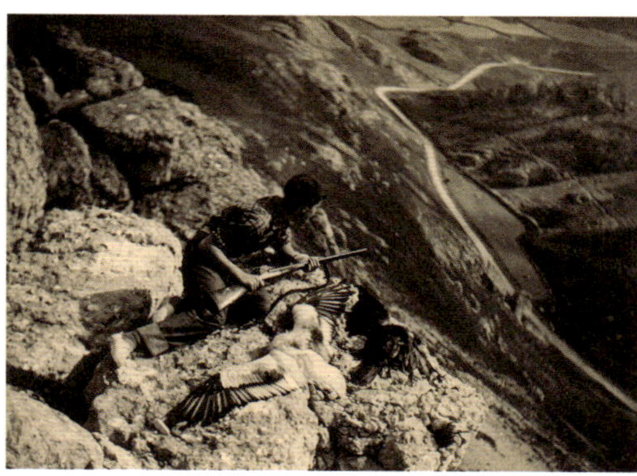

Autor anónimo / *Anonymous*
Predador / Predator, 1953

Imogen Cunningham

Flores y retratos
Flowers and Portraits

05.06 – 15.09.2017

Salustiano Olózaga, 4
28001 Madrid

Entrada: gratuita /
Admission: free

Ⓜ Retiro
Ⓔ Recoletos
T. +34 91 1820070
http://www.
hoteloneshotrecoletos04.
com/
recoletos04@
oneshothotels.com

Imogen Cunningham (Portland, 1883-1976) fue una gran aficionada de la botánica y, por ello, las formas naturales fueron uno de los temas principales de su obra.

Sin embargo, Imogen ha sido reconocida, sobre todo, por su contribución al arte del retrato. Ella sentía inspiración por lo que hace que cada persona sea única y especial. Procuraba lograr una precisión visual en sus imágenes, en las cuales líneas y texturas son articuladas por la luz natural en su propio gesto.

Imogen Cunningham (Portland, 1883-1976) was a botany devotee, and natural forms were one of the main subjects of her work.

However, Imogen has been recognised, above all, for her contribution to the art of portraiture. She was inspired by what made each person unique and special. In her practice, she tried to convey visual precision, presenting lines and textures articulated by natural light on the gestures of her sitters.

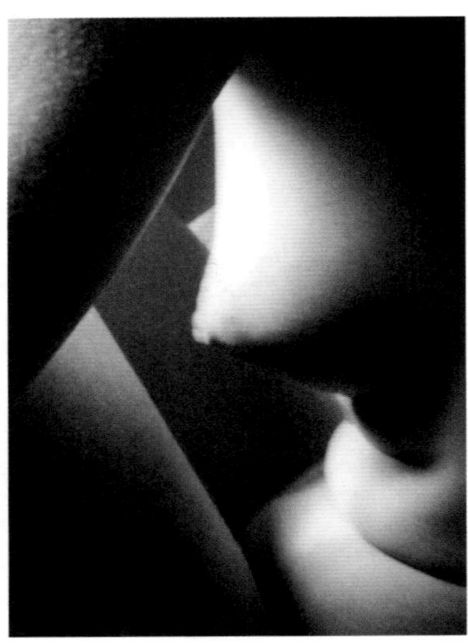

Imogen Cunningham
Triángulos / Triangles, 1928
© ESTATE OF IMOGEN CUNNINGHAM

Organizan / *Organized by*
One Shot Hotels
y PHotoESPAÑA

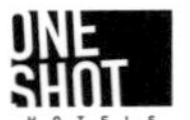

OTHER CITIES
Official Section

The cities of Alcalá de Henares, Alcobendas, Lanzarote, Murcia, Segovia and Zaragoza are cities hosting PHotoESPAÑA 2017 and will receive several different exhibitions from the Official Section. With the support of these cities, the Festival extends its geographical extension and allows photography to be brought to the enjoyment of many more people. Several cultural institutions and different exhibition spaces presents a heterogeneous, plural programming open to all tendencies and styles.

OTRAS CIUDADES
Sección oficial

Las ciudades de Alcalá de Henares, Alcobendas, Lanzarote, Murcia, Segovia y Zaragoza son sedes de PHotoESPAÑA 2017 y acogen diversas exposiciones de la Sección Oficial. Con su presencia y apoyo, el Festival amplía su extensión geográfica y permite que muchas más personas disfruten de la fotografía. Diversas instituciones culturales y varios espacios expositivos presentan una programación heterogénea, plural y abierta a todas las tendencias y estilos.

Upload / Download. Fotografía e Internet
Upload / Download. Photography and The Internet

Ana Amando y Andrés Patiño / David Birkin / Jean Boite Editions / Yolanda Domínguez / Sofía Estévez / David Horvitz / María Rojas / Inti Romero / Valentina Tanni / Amalia Ulman / Penelope Umbrico / Clement Valla

23.06 – 04.09.2017

Antiguo Hospital de Santa
María la Rica
Santa María la Rica, 3
28801 Alcalá de Henares

Mar-sáb / *Tue-Sat*:
11.00 – 14.00 h /
18.00 – 21.00 h
Dom / *Sun*: 11.00 – 14.00 h
Cerrado del 7 al 20 de
agosto / *Closed from 7 to
20 August*

T. +34 918 771 930
ccultura@
aytoalcaladehenares.es

Comisarios / *Curators*
Daniel Mayrit
y Laura Tabarés

Organizan / *Organized by*
Ayuntamiento de Alcalá
de Henares y PHotoESPAÑA

**Colabora /
*In colaboration with***
Samsung

Upload / Download descubre las nuevas formas que adopta la imagen fotográfica en las prácticas artísticas tras la irrupción de Internet. De hecho, las resonancias que se originan a partir de este vínculo entre el mundo digital y el tangible son ya indisolubles.

Los proyectos presentados se valen de Internet y de las Redes para cuestionar la imagen fotográfica que se desprende en esta época. Se pretende generar un recorrido por las formas de materialización física y virtual de las piezas, poniendo de relieve la pluralidad de procedimientos empleados y su adecuación al campo de interés de la obra.

En *Upload* vemos Internet como una plataforma en la que desarrollarse, como un medio en el que habitar y que finalmente dota de sentido a las imágenes.

Download, por el contrario, se constituye de la materialización física de las imágenes fotográficas extraídas de la red. Es precisamente en este gesto artístico de ser llevadas al espacio físico donde encuentran el sentido de su propia conceptualización.

Upload / Download *reveals the new roles adopted by the photographic image in artistic practices after the advent of the Internet. In fact, the reverberations that result from this connection between the digital and physical world can no longer be undone.*

The projects presented make use of the Internet and social media to question the photographic image produced in this era. The intention is to take a look at the different ways in which the pieces gain physical and virtual existence, contrasting the plethora of procedures available and their adequacy to the purpose of each work.

In Upload *the Internet is conceived of as a platform to be developed, as an environment to be inhabited, which ultimately confers the images their meaning.*

Download, *on the other hand, is built around the physical realization of photographic images extracted from the web. It is precisely in this artistic gesture, in the process of transporting these images to the physical realm, where they find the purpose of their own conceptualisation.*

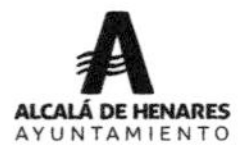
ALCALÁ DE HENARES
AYUNTAMIENTO

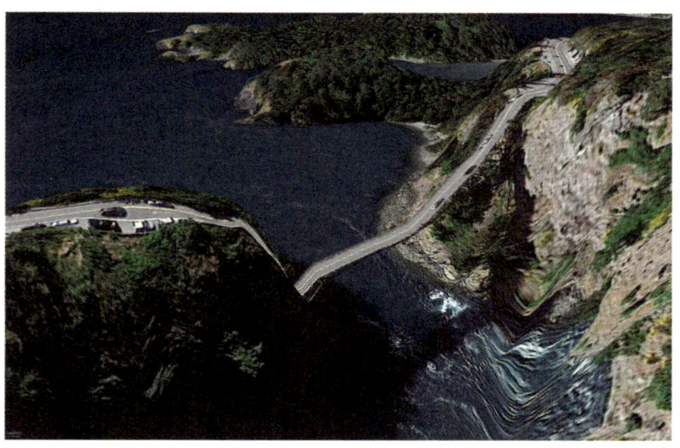

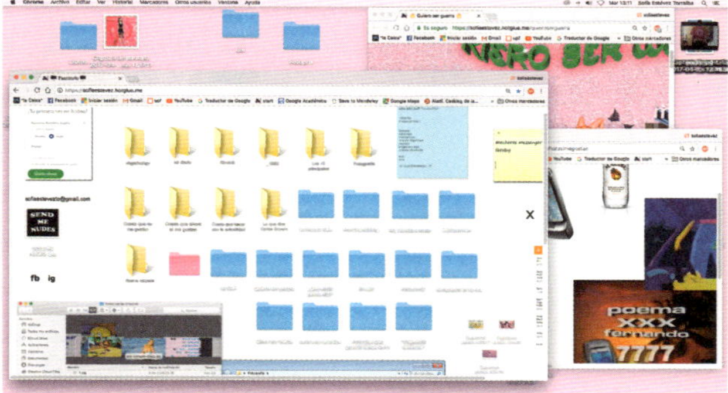

Clement Valla
Serie Postales de Google Earth / *Postcards From Google Earth series*, 2017
© CLEMENT VALLA

Sofía Estévez
Escritorio / Desktop, 2017
© SOFÍA ESTÉVEZ

José María Mellado

El rastro del tiempo: paisaje y emoción
The Trace of Time: Landscape and Emotion

16.05 – 16.11.2017

Boulevard Salvador Allende
28108 Alcobendas

Exposición al aire libre.
Horario continuo / *Open air
exhibition. Runs all day*
Entrada: gratuita /
Admission: free

Ⓜ Marqués de Valdavia
Ⓒ Alcobendas –
San Sebastián de los Reyes
T. +34 912 294 940
centrodearte@
ayotalcobendas.org
www.centrodearte
alcobendas.org

Comisario / *Curator*
José María Díaz Maroto

En incontables ocasiones, la doble mirada es el elemento más característico de una buena fotografía. Una nueva visión sobre lo evidente y la calma de lo cotidiano nos conduce invariablemente a la reflexión, siendo en esta ocasión el rastro, el tiempo y la emoción la base del trabajo de José María Mellado.

Una selección de sus anteriores proyectos conforma este ordenado recorrido, donde la contemplación de sus obras nos hace experimentar emoción, placer y tranquilidad, motivado por el apacible equilibrio y desahogo de su mirada. El perpetuo retorno de la naturaleza a su ser es patente en el conjunto de la mayoría de sus obras, donde la búsqueda apasionada de la belleza en lo aparentemente vulgar, anodino o decadente es una de las claves que conforma su discurso, consiguiendo transmitir al espectador las sensaciones vividas en el momento de la toma con la mayor fidelidad posible.

Often the most remarkable aspect of a good photograph resides in the multiple layers of signification that can be ascribed to it. A fresh look into the most obvious aspects of reality and the calm predictability of routine invariably leads to reflection. On this occasion time, its trace, and emotion lie at the core of José María Mellado's work.

A selection of his previous projects forms this contained itinerary which triggers emotion, joy and tranquillity through the contemplation of his pieces, thanks to the pleasant balance and relief of his perspective. His constant return to nature is evident in the composition of most of his works, in which his passionate quest for beauty in seemingly vulgar, anodyne, or decadent subjects constitutes one of the key elements around which he builds his discourse, communicating to the audience the sensations experienced at the time of the shot with the greatest fidelity possible.

Organiza / *Organized by*
Centro de Arte Alcobendas

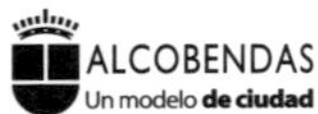

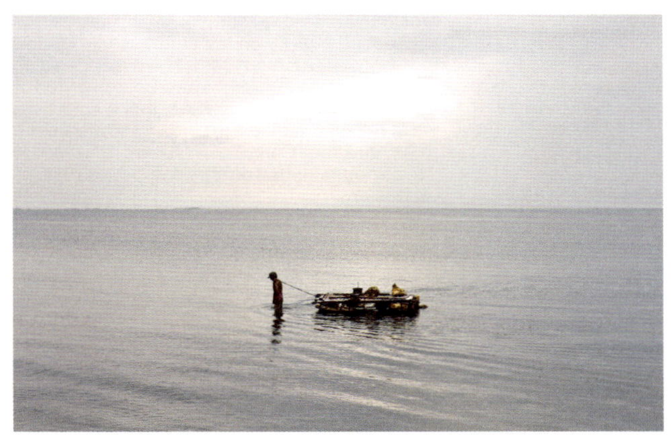

José María Mellado
Hombre y Balsa, Cuba / Man and Raft, Cuba, 2008

Confrontaciones
Confrontations

Raul Amaru Linares / Álvaro Gracia / Manon Joly / Iván Martín de los Riscos /
Luis Oliva / Mar Sáez / Carolina Paz Zúñiga

02.06 – 22.07.2017

Centro Cultural Anabel
Segura
Avda. de Bruselas, 19
28108 Alcobendas

Lun-vie / Mon-Fri:
10.00 – 21.00 h
Sáb-Sat:
16.30 – 20.00 h
Dom / Sun:
Entrada: gratuita /
Admission: free

Ⓜ La Moraleja
T. +34 91 484 1685
centrodearte@
ayotalcobendas.org
www.centrodearte
alcobendas.org

Comisaria / Curator
Oliva María Rubio

Confrontaciones presenta los proyectos de fin de curso de los alumnos del Máster PHotoESPAÑA 2016-2017. A pesar de su diversidad, encontramos algo común en todos ellos y es que, excepto uno, todos apuntan a la relación con el otro, nos confrontan con la Otredad. *Colisión* de Álvaro Gracia nos introduce en la complejidad de las relaciones amorosas; *Swipe Right* de Manon Joly muestra una generación consumidora de relaciones virtuales; *A primera vista* de Iván Martín de los Riscos y *Trastornos del ánimo* de Carolina Paz Zúñiga nos confrontan con las dificultades y posibilidades de inserción en el mundo real de personas afectadas por determinadas enfermedades; *Lo que no se ve* de Luis Oliva nos habla de la espiritualidad como manifestación de energía vital; *Gabriel* de Mar Sáez habla del proceso de transición de mujer a hombre. Por último, *Una historia del tiempo* de Raul Amaru Linares nos enseña fotografías que se relacionan en el espacio y en el tiempo.

Confrontations presents the end of course projects of the students completing the PHotoESPAÑA Master's 2016–2017. Despite how different they are we found a common feature between them: bar one, they all focus on the relation to the other, they confront us with Otherness. Colisión [collision] by Álvaro Gracia introduces us to the complexity of amorous relationships; Swipe Right by Manon Joly reveals to us a generation immersed in virtual relationships; A primera vista [On first sight] by Iván Martín de los Riscos and Trastornos del ánimo [Disorders of the spirit] by Carolina Paz Zúñiga confront us with the difficulties and possibilities of entering the real world of people affected by specific illnesses; Lo que no se ve [What lies unseen] by Luis Oliva speaks of spirituality as a manifestation of vital energy; Gabriel by Mar Sáez touches upon the process of transition from female to male. Finally, Una historia del tiempo [A tale of time] by Raul Amaru Linares brings together photographs connected to each other in space and time.

Organiza / *Organized by*
PHotoESPAÑA

Colabora /
In collaboration with
Ayuntamiento de Alcobendas

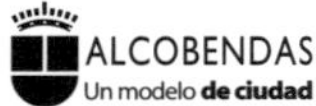

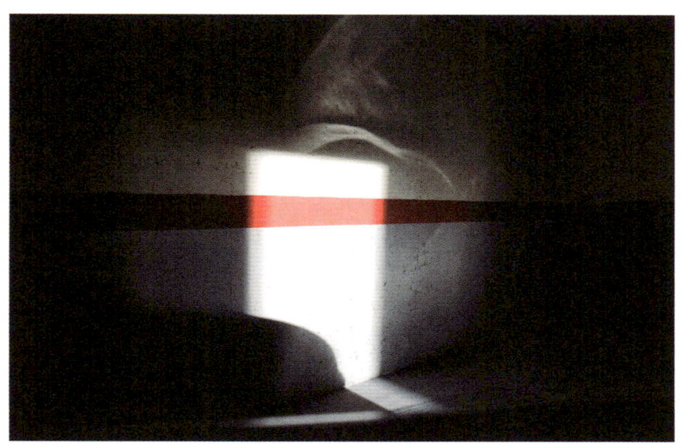

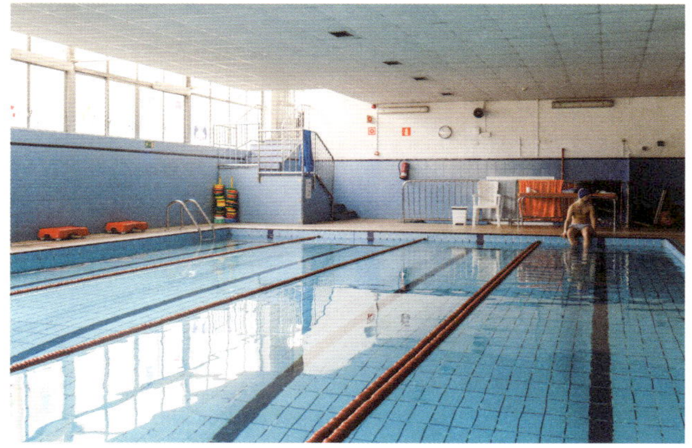

Luis Oliva
Lo que no se ve / What Lies Unseen, 2017

Iván Martín de los Riscos
A primera vista / At First Sight, 2017

Andrés Durán
Monumento editado
Altered Monument

19.05 – 15.06.2017

Mariano Sebastián Izuel, 9
28100 Alcobendas

Lun-sáb / *Mon-Sat*:
11.00 – 20.00 h
Entrada: gratuita /
Admission: free

Ⓜ Marqués de Valdavia
🌑 Alcobendas – San
Sebastián de los Reyes
T. +34 912 294 940
centrodearte@
ayotalcobendas.org
www.centrodearte
alcobendas.org

Andrés Durán fue uno de los participantes seleccionados en la VIII edición de Trasatlántica PHotoESPAÑA que se celebró en los Centros Culturales de España en México y Santiago de Chile en 2015. PHotoESPAÑA le otorgó el Premio Descubrimiento PHE 2016 por su serie *Monumento editado*.

Monumento editado está compuesto por series de fotografías y vídeo instalaciones, que presentan monumentos conmemorativos intervenidos digitalmente por medio de técnicas avanzadas de postproducción digital. El proyecto utiliza estos monumentos para generar ficciones por medio del lenguaje audiovisual y la fotografía, situando al espectador en un escenario conocido pero al mismo tiempo alterado. La imagen resultante es un monumento anónimo, sin rostro, que deja a la vista ciertos fragmentos de la escultura: las piernas, un brazo o las patas de los caballos. En los monumentos intervenidos queda oculta cualquier narración sobre el personaje representado, pasando a ser pura forma, y agrupándose por categorías entorno a la pose escultórica.

Andrés Durán was one of the participants selected in the eighth edition of Trasatlántica PHotoESPAÑA held at the Spanish Cultural Centre both in Mexico City and in Santiago de Chile in 2015. He was awarded the Descubrimientos Prize 2016 by PHotoESPAÑA for his series Monumento editado *[altered monument].*

Monumento editado *consists in a series of photographs and video installations which present commemorative monuments digitally altered with advanced postproduction techniques. The project builds fictions around these monuments through the use of audiovisual and photographic language, placing spectators in a familiar yet modified environment. The resulting image becomes a faceless, anonymous monument, which only reveals certain fragments of the sculpture: the legs, an arm, or the hooves of a horse. The altered monuments drain the depicted subject from all narrative elements, and are therefore used purely for their shape and grouped in different categories following their sculptural pose.*

Organiza /
Organized by
Centro de Arte Alcobendas

Colabora /
In collaboration with
Fundación Chile-España

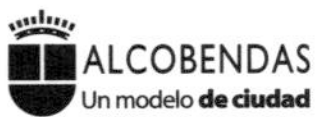

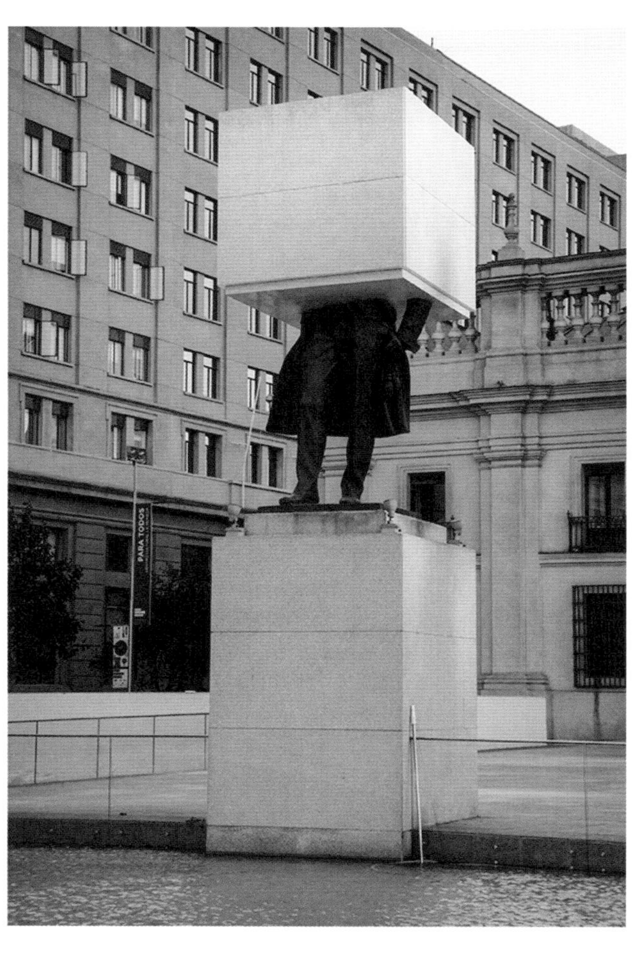

Andrés Durán
Serie "Monumento Editado" / Altered Monument *series*, 2014–2017

Iñaki Domingo

Gradiente
Gradient

18.05 – 05.09.2017

Mariano Sebastián Izuel, 9
28100 Alcobendas

Lun-sáb / Mon-Sat:
11.00 – 20.00 h
Entrada: gratuita /
Admission: free

Ⓜ Marqués de Valdavia
Ⓢ Alcobendas –
San Sebastián de los Reyes
T. +34 912 294 940
centrodearte@
ayotalcobendas.org
www.centrodearte
alcobendas.org

Fotografía sin fotografías, o quizá una exposición sobre fotografía que está planteada como un tributo a la teoría del color contemporánea y a los mecanismos y materiales utilizados para crear imágenes.

La teoría del color se conforma a través de dos tipologías. El color-tinta (CMYK), que adquiere materialidad gracias a los mecanismos de captura e impresión que permiten fijar imágenes de manera perdurable, y el color-luz (RGB), que requiere de dispositivos de grabación y reproducción para obtener su fisicidad. La muestra está compuesta por tres piezas complementarias, que en su conjunto conforman una unidad que reflexiona sobre materialidad de la imagen y su transformación de código binario a objeto tangible. Con un carácter experiencial, entre tecnológico y poético, las obras (una instalación, un monocanal interactivo y un libro de artista) fijan la atención sobre el proceso de creación de las imágenes más que sobre su resultado.

Photography without photographs, or perhaps an exhibition about photography conceived as a tribute to the contemporary theory of colour and to the mechanisms and materials used to create images.

The theory of colour is articulated around two models. Colour-ink (CMYK), which is realised through the mechanisms of capture and printing that allow the images to be permanently fixed, and colour-light (RGB), which requires recording and reproduction devices in order to gain physicality. The exhibition consists of three complementary pieces which together form a unit that reflects on the materiality of the image and its transformation from binary code to palpable object. Focusing on the experience, halfway between technological and poetic, the works (an installation, an interactive single channel, and a signature book) focus on the process of creation of the images rather than on the end result.

Organiza / *Organized by*
Centro de Arte Alcobendas

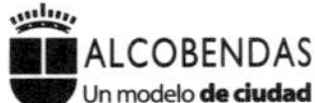

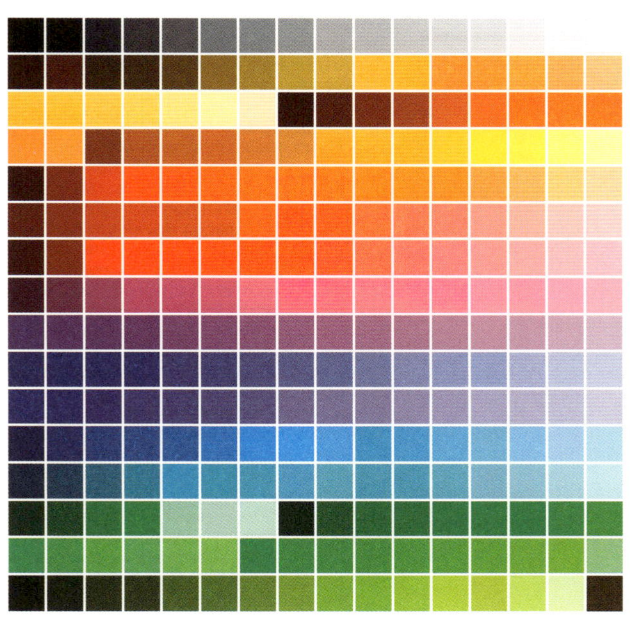

Iñaki Domingo
Gradiente / Gradient, 2017

Aitor Lara
Maestranza

19.06 – 22.07.2017

Mariano Sebastián Izuel, 9
28100 Alcobendas

Lun-sáb / *Mon-Sat*:
11.00 – 20.00 h
Entrada: gratuita /
Admission: free

Ⓜ Marqués de Valdavia
🔵 Alcobendas –
San Sebastián de los Reyes
T. +34 912 294 940
centrodearte@
ayotalcobendas.org
www.centrodearte
alcobendas.org

Comisaria / *Curator*
Belen Poole Quintana

La plaza de toros alberga una rica cultura, voces, gestos y referencias cuyos orígenes, perdidos en el tiempo, deben buscarse en la antropología y la sociología de este mundo único.

Es en la arena donde se desarrolla esa dramática relación entre la muerte, el arte y el conocimiento y donde se manifiesta un diálogo incesante y contradictorio entre la naturaleza y la cultura. En la actualidad, el arte de la tauromaquia está constantemente en debate, sin embargo sigue expresando su voz en una sociedad española moderna, llena de contrastes. Discutir esta tradición revela dos actitudes: mientras que algunos la ven como generadora de cultura y significado, para otros plantea cuestiones sobre la ética, la condición humana y el uso de un modelo que justifica la matanza de un toro para entretenimiento público.

There is a wealth of culture, voices, gestures and references attached to the bullring, the origins of which, lost in time, must be examined through anthropological and sociological studies of this unique universe.

It is inside the arena where that dramatic interaction between death, art, and knowledge takes place, and it is there too where nature and culture engage in a constant and contradictory dialogue. The art of bullfighting is presently the object of an ongoing debate, yet it continues to find expression in Spain's modern society, brimming as it is with contrasts. Discussing the virtues of this tradition invariably leads to two differing attitudes: while some see bullfighting as a source of culture and signification, others think it raises troubling ethical questions about the human condition and the perpetuation of a model according to which it is acceptable to kill a bull for the purposes of public entertainment.

Organiza / *Organized by*
Centro de Arte Alcobendas

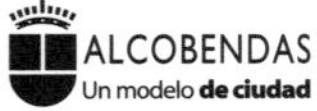

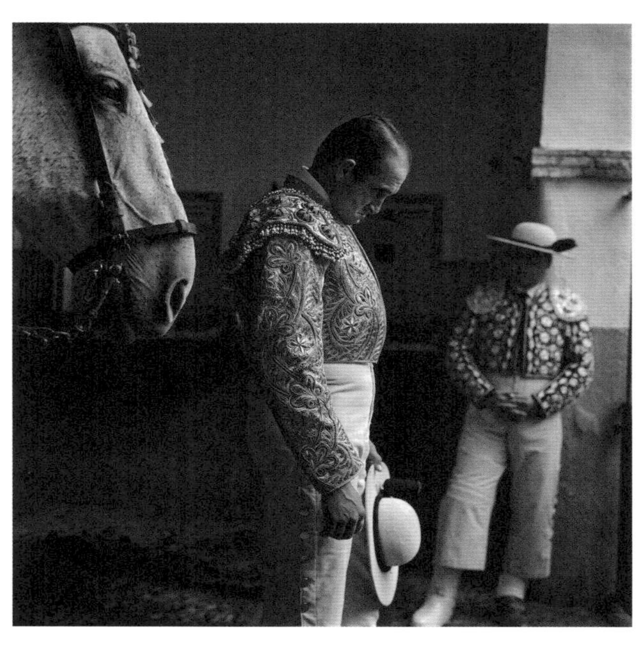

Aitor Lara
Maestranza, 2008

Eduardo Nave
Like

18.05 – 05.09.2017

Mariano Sebastián Izuel, 9
28100 Alcobendas

Lun-sáb / *Mon-Sat*:
11.00 – 20.00 h
Entrada: gratuita /
Admission: free

Ⓜ Marqués de Valdavia
🚌 Alcobendas –
San Sebastián de los Reyes
T. +34 912 294 940
centrodearte@
ayotalcobendas.org
www.centrodearte
alcobendas.org

Existe catálogo /
Catalogue available

Comisarios / *Curators*
Diana Jusdado
y Eduardo Nave

Like es un síntoma. Una alteración en el ecosistema de la producción visual que pone de manifiesto la existencia de un comportamiento desquiciado, más preocupado por señalar nuestro estar en el mundo que por mostrar el mundo.

Frente a la sobrecarga de estímulos y reacciones múltiples, el autor persigue el deseo de explorar un paisaje virgen que no haya sido colonizado por la mirada, dejar de ver un escenario masificado. Es ese vacío la motivación que empuja al fotógrafo a acometer cada viaje, aunque se trate de una travesía lunática, de una ficción o de un imposible.

Like es una impresión de nuestro tiempo, donde la figura humana aparece fusionada con el fondo, como un ser desleído. Un signo suspendido en la superficie sin orden, ni concierto, ni identidad. De ahí la pulsión del autor de trasladarse hasta un nuevo territorio deshabitado. Quizás más lejos que nunca, tal vez fuera de esta realidad.

Like *is a symptom. An alteration in the ecosystem of visual production which reveals the existence of a senseless behaviour, more concerned with documenting our presence in the world than with revealing the world itself.*

Faced with a surplus of stimuli and multiple reactions, the artist pursues his desire to explore an untouched landscape that has not yet been colonized by someone else's vision, to look away from a stage of mass consumption. This emptiness is the motivation that drives the photographer to embark on each journey, even if it entails a wild odyssey, a fabrication, or an impossibility.

Like *is an impression of our times in which the human figure fades into the background, like a dissolved being. A point suspended on the surface with no order, no focus, no identity. Hence the artist's need to move to a new uninhabited territory. Perhaps farther than ever before, perhaps out of this realm.*

Organiza / *Organized by*
Centro de Arte Alcobendas

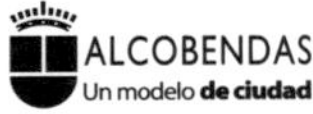

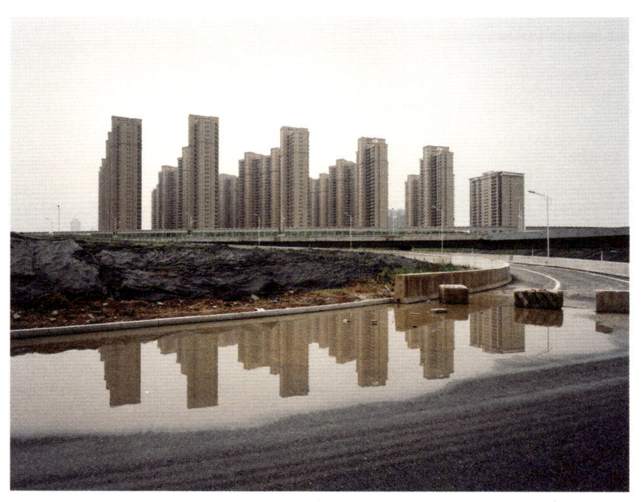

Eduardo Nave
Like, 2017

Cinco ediciones de PHotoWalk

Five editions PhotoWalk

Octubre / *October* 2017

CIC El Almacén
José Betancort, 33
35500 Arrecife / Lanzarote

T. +34 928 815298 /
+34 928 810121

**Más información / *More
information***
cicelalmacen@
cabildodelanzarote.com
www.cabildodelanzarote.
com

En las salas de exposiciones del centro El Almacén, Centro Insular de Cultura y sede del Servicio de Cultura del Cabildo de Lanzarote, tendrá lugar una extraordinaria exposición de las cinco ediciones de PHotoWalk PHE Lanzarote que se han venido celebrando en la isla desde el año 2013.

De cada una de estas ediciones se escogerán algunas obras de los participantes que han retratado y documentado los rincones de la isla guiados por Ricardo Cases, Miguel Ángel Tornero, Carlos Spottorno y Javier Vallhonrat.

PHotoWalk PHE Lanzarote es una actividad orientada a fotógrafos en la que se propone realizar un proyecto fotográfico documentando el entorno privilegiado de la isla.

In the galleries at El Almacén, the Island Cultural Centre and headquarters to the Lanzarote Town Council Cultural Services, there will be an extraordinary exhibition reviewing works from the five editions of PHotoWalk PHE Lanzarote that have been celebrated on the island since 2013.

From each of the editions, a selection of works will be made by participants that stand out and document the corners of the island with the guidance of Ricardo Cases, Miguel Ángel Tornero, Carlos Spottorno and Javier Vallhonrat.

PHotoWalk PHE Lanzarote is an activity designed for photographers who undertake a photographic project that documents the privileged environs of the island.

Organizan / *Organized by*
Centro de Arte, Cultura
y Turismo de Lanzarote,
Cabildo de Lanzarote
y PHotoESPAÑA

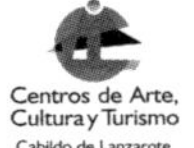

Centros de Arte,
Cultura y Turismo
Cabildo de Lanzarote

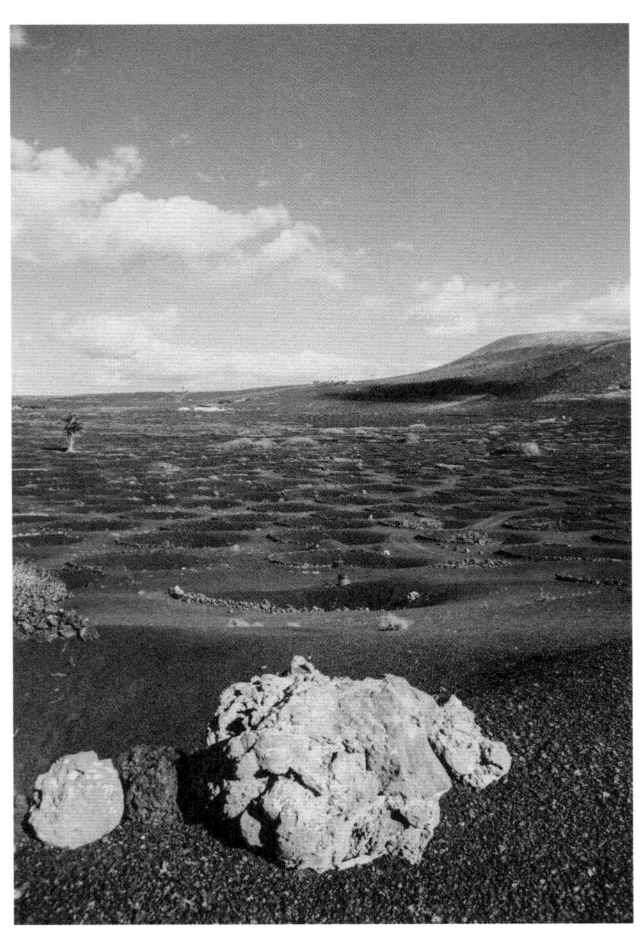

Samuel Aranda

Nómadas
Nomads

22.06-12.09.2017

Centro Párraga, Centro de
Cultura Contemporánea
de la Región de Murcia
Madre Elisa Oliver
Molina, s/n
30002 Murcia

Lun-vie / *Mon-Fri*:
9.00 – 20.00 h
Entrada: gratuita /
Admission: free

T. +34 968 351 410
info@centroparraga.com
www.centroparraga.es

El proyecto *Nómadas* mostrará el trabajo de Samuel Aranda del World Press Photo 2011. La selección de fotografías retrata la realidad de las comunidades pastoras en Malí, Níger y Mauritania. A la exposición se le suma una película igualmente nómada, itinerante, formada por 52 fragmentos, 52 paradas, a través de un largo camino en el espacio y el tiempo. Una película hecha de imágenes y voces que da testimonio de la vida de los penúltimos nómadas, los pastores de Malí, que fue posible gracias a la colaboración de Martín Caparrós (periodista y escritor) y Jorge Martínez (creativo), que se sumaron a las acciones desarrolladas en Sahel con la financiación de la Agencia Española de Cooperación Internacional para el Desarrollo (AECID), a iniciativa de la ONG Rescate. Aranda también contó con la colaboración de la Cadena Ser y El País.

The project Nomads *presents the work of Samuel Aranda from the World Press Photo 2011. The selection of photographs portrays the reality of the shepherding communities of Niger and Mauritania. The exhibition includes a movie, also nomad and itinerant, that is comprised of 52 fragments taken from 52 stops on a long walk through space and time. This video made of images and voices gives witness to the of the nomads, the shepherds of Mali, and was made thanks to the contributions of Martín Caparrós (journalist and writer) and Jorge Martínez (publicist), who joined the venture carried out in the Sahel with the support of the Spanish Agency for International Development Cooperation (AECID), on the initiative of the Rescate ONG. Aranda also counted on the collaboration of the Cadena Ser and El País.*

Organizan / *Organized by*
Región de Murcia. Instituto
de las Industrias Culturales
y las Artes y PHotoESPAÑA

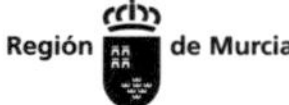
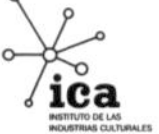

CENTRO PÁRRAGA

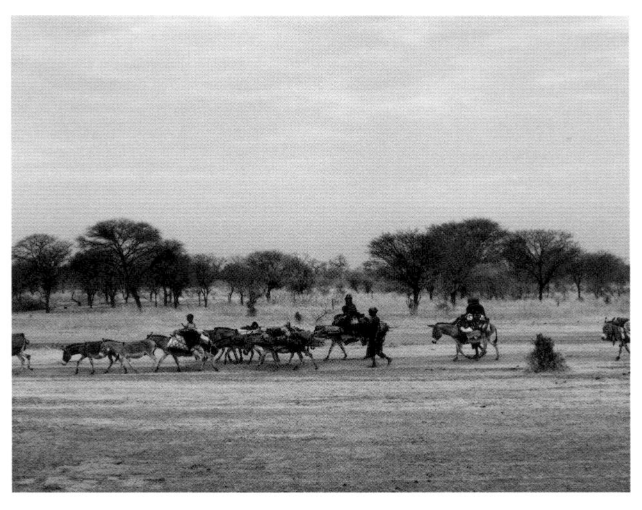

Samuel Aranda
Nómadas / Nomads, 2016

PHotoBolsillo: 20 años, 100 fotógrafos

PHotoBolsillo: 20 years, 100 photographers

Colectiva / *Group*

08.06 – 30.07.2017

Avenida Juan Carlos I, s/n
40003 Segovia

T. +34 921 466 706
infocultura@segovia.es
www.lacarceldesegovia.com

Comisaria / *Curator*
Chema Conesa

PHotoESPAÑA celebra la mayoría de edad de la colección PHotoBolsillo con una exposición audiovisual que supone un reconocimiento a la historia de la fotografía española.

PHotoBolsillo es una colección de monografías de fotógrafos españoles cuya misión ha consistido en poner en valor y divulgar el trabajo de autores relevantes del panorama nacional.

El resultado final es una mirada caleidoscópica a las múltiples maneras de construir imágenes, un mapa de estilos y tendencias que resumen la evolución histórica del lenguaje fotográfico nacional.

Para hacer legible, entretenida y didáctica la exposición, se ha optado por el formato audiovisual. Seis videos resumirán los seis apartados en los que se ha dividido conceptualmente el recorrido histórico, el cual refleja 20 años de trabajo y la obra de más de 100 fotógrafos.

PHotoESPAÑA celebrates the coming of age of the PHotoBolsillo collection with an audiovisual exhibition that pays tribute to the history of photography in Spain.

PHotoBolsillo is a collection of monographic pocket books of Spanish photographers which aims to highlight and disseminate the work of relevant artists who on many occasions have not received the recognition they merit.

The end result is a kaleidoscopic view of the multiple ways in which images are built by the most significant photographers of the domestic scene, which in turn serves to map the different styles and tendencies that articulate the historical evolution of the photographic language in Spain.

In order to make the exhibition understandable, entertaining and didactic we have chosen an audiovisual format. Six videos will outline the six sections that conceptually divide the historic survey featuring 20 years of work and more than 100 photographs.

Organizan / *Organized by*
Ayuntamiento de Segovia
y PHotoESPAÑA

Colabora /
In collaboration with
La Paloma y Canon

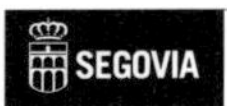

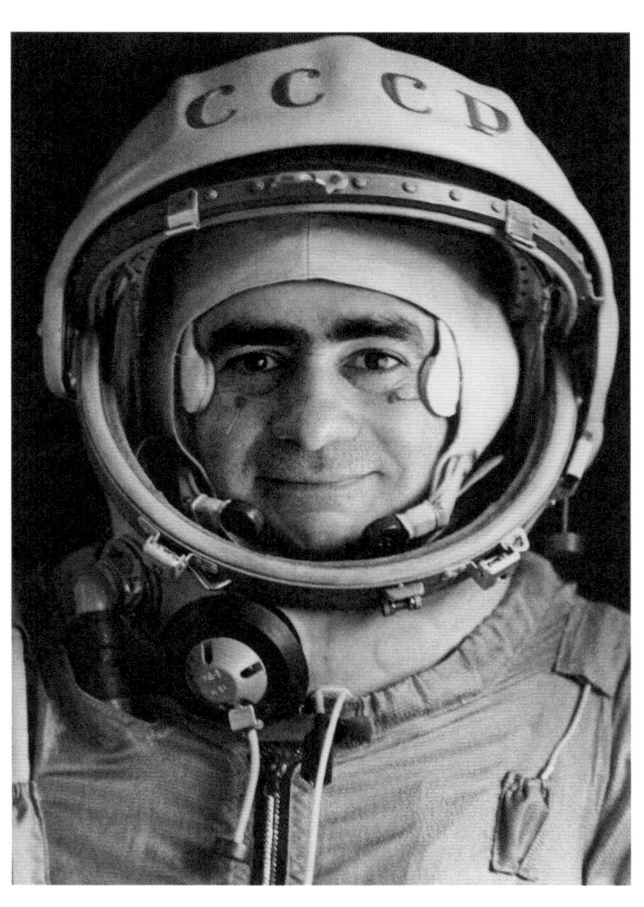

Joan Fontcuberta
Ivan Istochnikov, 1997

Cang Xin

Dos décadas de performance en China
Two Decades of Performance in China

22.06 – 17.09-2017

Plaza de San Agustín, 2
50002 Zaragoza

Mar-sáb / *Tue-Sat*:
10.00 – 14.00 h /
17.00 – 21.00 h
Dom, fest / *Sun, Hol*:
10.00 – 14.30 h
Entrada: gratuita /
Admission: free

T. +34 976 721 885
centrodehistoria@
zaragozacultural.com
www.zaragoza.es/ciudad/
museos/es/chistoria

Comisaria / *Curator*
Susana Sanz Giménez

Cang Xin es una de las figuras clave del arte chino actual, performer, fotógrafo, escultor y diseñador. Ha sido no solo testigo, sino protagonista activo de los grandes cambios sociopolíticos y culturales de China, como la irrupción del arte occidental en las academias y en los círculos artísticos urbanos, y la creación de focos artísticos en forma de pueblos de artistas. Cang Xin fue uno de los pioneros de la performance en China y desarrolló algunas de sus obras más celebres en el pueblo de artistas del East Village.

Muchos críticos se refieren a Cang Xin como el "chamán del arte chino", pues en la evolución de su trabajo vemos cómo se conectan las prácticas del arte contemporáneo con las más profundas tradiciones espirituales chinas.

La presente exposición se divide en tres bloques temáticos: el cuerpo y la naturaleza; la identidad y la política; el individuo y la historia. Esta cuidada selección ilustra su trabajo desde mediados de los años 90 hasta la actualidad.

Cang Xin, performer, photographer, sculptor and designer, is one of the key figures in the contemporary art scene in China. He has not only witnessed but also played an active role in the major sociopolitical and cultural changes that have rocked China recently, such as the proliferation of Western art in the academies and urban artistic centres, as well as the emergence of artistic hotbeds through the creation of artist communities. Cang Xin was one of the pioneers of performance in China and developed some of his most celebrated works in the East Village artist community.

Many critics refer to Cang Xin as the 'shaman of Chinese art', given that there is a clear connection in the evolution of his work between the various practices of contemporary art and the most profound Chinese spiritual traditions.

The current exhibition is divided into three themed sections: body and nature; identity and politics; the individual and history. This carefully selected group of works illustrates his production from the mid 1990s to the present day.

Organiza / *Organized by*
Centro de Historias:
La Cripta, Ayuntamiento
de Zaragoza y PHotoESPAÑA

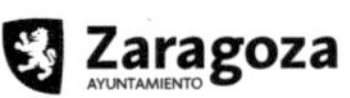

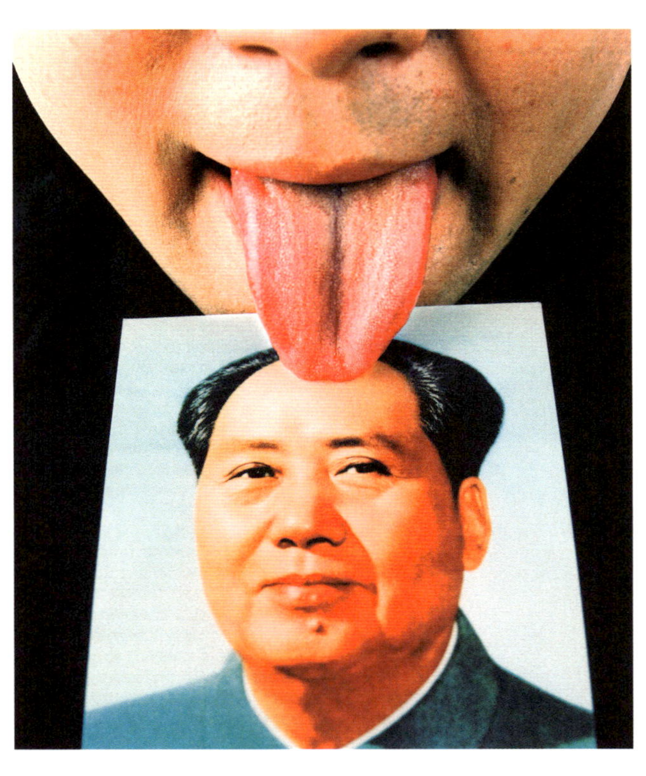

Cang Xin
Serie Comunicación / *Communication series*, 1999
© CANG XIN

Juana Biarnés
A contracorriente
Upstream

15.06 – 10.09.2017

Plaza del Pilar, s/n
50003 Zaragoza

Mar-sáb / *Tue-Sat*:
10.00 – 14.00 h /
17.00 – 21.00 h
Dom, fest / *Sun, Hol*:
10.00 – 14.30 h
Lunes cerrado /
Monday Closed
Entrada: gratuita /
Admission: free

T. +34 976 397 239
www.zaragoza.es

Comisario / *Curator*
Chema Conesa

Juana Biarnés (Terrasa, 1935) fue la mujer que se coló en el avión y en el hotel de los Beatles para conseguir una exclusiva histórica, la que fotografió a Jackie Kennedy, Louis Armstrong, Marisol, Yul Brynner, Dalí, Jack Lemmon, Orson Welles o Roman Polanski, la que retrató a un joven y desconocido Joan Manuel Serrat, la fotógrafa personal de Raphael, la que cubrió el rodaje de *Primera plana* de Billy Wilder, la gala de los Oscar, y así, mil historias más. Fue la primera mujer en practicar de forma profesional el fotoperiodismo, retratando gráfica y socialmente el final del franquismo y los inicios de una nueva democracia en una España aún encerrada en sí misma.

Se inmiscuyó en un mundo de hombres para conseguir unas imágenes que destilan proximidad y sinceridad, sin artificios innecesarios. Por no hablar de su persistencia en conseguir "la foto", la imagen que sobresalía y debía explicarlo todo. Una tenacidad necesaria para alguien que nadó a contracorriente.

Juana Biarnés (Terrasa, 1935) is the woman who sneaked into the plane and the hotel where the Beatles travelled and stayed, just to get a groundbreaking exclusive; the same woman who photographed Jackie Kennedy, Louis Armstrong, Marisol, Yul Brynner, Dalí, Jack Lemmon, Orson Welles and Roman Polanski; the one who took the portrait of a young and yet unknown Joan Manuel Serrat; she was Raphael's personal photographer, and covered the filming of Billy Wilder's The Front Page, *as well as the Oscar's awarding ceremony, among a thousand similar events. She was the first female professional photojournalist, and captured in images the transition that took Spain's society from the final dregs of Franco's regime to the dawn of a nascent democracy in a country that was still completely self-absorbed.*

She infiltrated a world of men to produce images that ooze proximity and sincerity, without the need for spurious artifices. Not to mention her persistence to obtain 'the' photo – the outstanding frame that would encompass and communicate an entire situation in a single image. The tenacity of someone who chose to swim upstream.

Organizan / *Organized by*
Ayuntamiento de Zaragoza
y PHotoESPAÑA

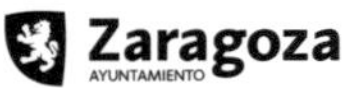

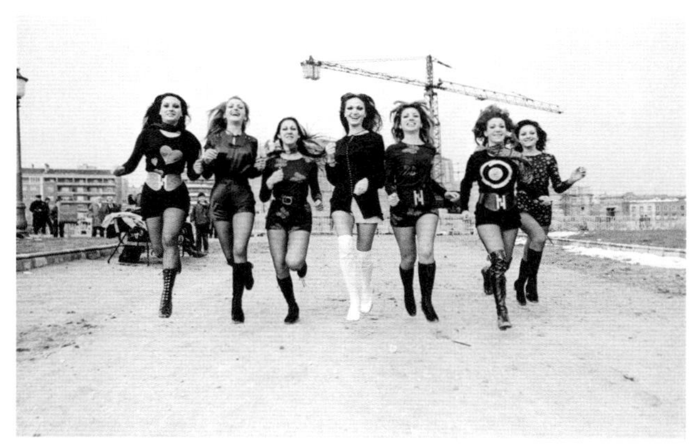

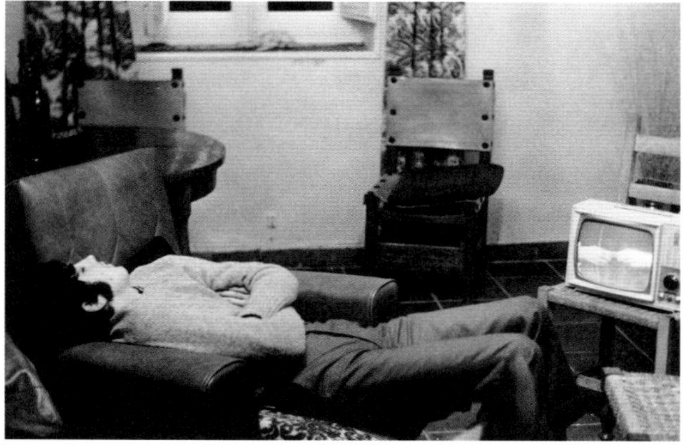

Juana Biarnés
Modelos Madrid / Madrid Models, 1970

Juana Biarnés
Joan Manuel Serrat. Cercedilla. Madrid, 1969

Enseñar a mirar. 40 años de la Escuela de Fotografía Spectrum Sotos

Teaching to See. 40 Years of the Spectrum Sotos Photography School

Polina Aleshkina / Rogelio Allepuz / Pedro Avellaned / Gonzalo Bullón / Enrique Carbó / Cecilia Casas / Alejandra Franch / Ferran Mallol / Rosane Marinho / Rudolf Moosbrugger "Mooses" / Juan Moro / Antonio Uriel

14.06 – 20.082017

Plaza de San Agustín, 2
50002 Zaragoza

Mar-sáb / *Tue-Sat*:
10.00 – 14.00 h /
17.00 – 21.00 h
Dom, fest / *Sun, Hol*:
10.00 – 14.30 h
Entrada: gratuita /
Admission: free

T. +34 976 721 885
centrodehistoria
@zaragozacultural.com
www.zaragoza.es/ciudad/
museos/es/chistoria

Comisario / *Curator*
Julio Álvarez

Organiza / *Organized by*
Sociedad Municipal Zaragoza
Cultural y Spectrum Sotos

Colabora /
In collaboration with
EPSON y Videar

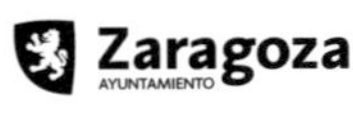

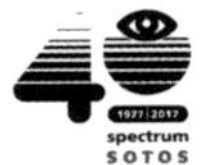

Desde sus inicios en 1977 el Taller Fotográfico Spectrum Canon ha desarrollado de manera ininterrumpida su labor como centro de enseñanza de la fotografía en Zaragoza, siendo durante muchos años el único centro donde poder estudiar la técnica y la creación fotográfica. En la actualidad es la segunda escuela con más años de actividad en nuestro país.

El trabajo realizado por Spectrum se ha centrado en programar cursos, talleres y seminarios con reconocidos fotógrafos españoles y extranjeros.

Con motivo de su 40 aniversario, se lleva a cabo esta exposición que permite mostrar la evolución de la técnica fotográfica. Se ha seleccionado para ello imágenes de los más destacados alumnos, hoy convertidos en significativos profesionales y artistas, así como las creaciones de valores emergentes del presente y futuro.

Algunos de los participantes serán: Polina Aleshkina, Rogelio Allepuz, Pedro Avellaned, Gonzalo Bullón, Enrique Carbó, Cecilia Casas, Alejandra Franch, Ferran Mallol, Rosane Marinho, Rudolf Moosbrugger "Mooses", Juan Moro y Antonio Uriel, entre otros.

Since its beginnings in 1977, the Spectrum Canon Photography Workshop has continuously fulfilled its mission as a centre for photographic instruction in Zaragoza. For many years it was the only place offering studies in photographic technique and creation. And today it is the second longest running photography school in our country.

Spectrum has centred its activity in programming courses, workshops and seminars by renowned photographers from Spain and abroad.

To celebrate its 40 anniversary, an exhibition is being held that reveals the evolution of the photographic technique. A selection of images has been made that features works by the most outstanding students, who today have become significant professionals and artists, as well as creations by emerging values of the present and future.

Some of the participants include: Polina Aleshkina, Rogelio Allepuz, Pedro Avellaned, Gonzalo Bullón, Enrique Carbó, Cecilia Casas, Alejandra Franch, Ferran Mallol, Rosane Marinho, Rudolf Moosbrugger "Mooses", Juan Moro y Antonio Uriel, among others.

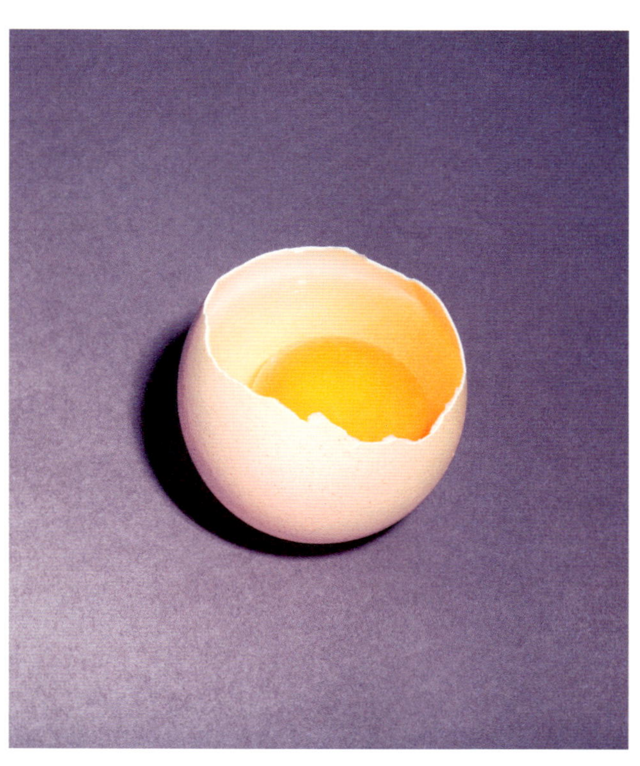

Alejandra Franch
Huevo / Egg, 2017

CASTILLA–LA MANCHA
Official Section

For the second year running PHotoESPAÑA presents a programme of exhibitions together with the Junta de Castilla–La Mancha through its main exhibition halls in Albacete, Ciudad Real, Cuenca, Toledo and Guadalajara. Two exhibitions by key figures in the domestic and international photography scene, the Spaniard Chema Madoz (Madrid, 1958) and the Argentinean Adriana Lestido (Buenos Aires, 1955), will take place in each museum to meet in a final joint exhibition in Guadalajara.

The two exhibitions in question have been conceived as anthologies that take a look at the body of work of each of the artists from a new perspective.

CASTILLA–LA MANCHA
Sección oficial

PHotoESPAÑA presenta por segundo año consecutivo un programa de exposiciones en colaboración con la Junta de Castilla–La Mancha a través de sus principales centros expositivos de Albacete, Ciudad Real, Cuenca, Toledo y Guadalajara. Dos exposiciones de dos importantes figuras de la fotografía contemporánea nacional e internacional, el español Chema Madoz (Madrid, 1958) y la argentina Adriana Lestido (Buenos Aires, 1955), se celebrarán en cada museo para encontrarse en una última exposición conjunta en Guadalajara.

Las dos exposiciones concebidas para la ocasión se plantean como dos antológicas que abordan la trayectoria de cada uno de ellos desde una perspectiva nueva.

Adriana Lestido

Ellas, nosotras, vosotras
They, We, You

Junio-agosto /
June-August. 2017

Museo de Santa Cruz
Salas Museo de Santa Fe
Miguel de Cervantes, 3
45001 Toledo

T. +34 925 221 402
Más información /
For further information
museodesantacruz@
jccm.es
www.patrimoniohistorico
clm.es/museo-de-santa-
cruz/

Septiembre-noviembre /
September-November. 2017

Museo de Ciudad Real –
Convento de la Merced
Plaza de los Mercedarios, s/n
13001 Ciudad Real

T. +34 926 226 896
Más información /
For further information
museo-creal@jccm.es
www.patrimoniohistorico
clm.es/museode-ciudad-
real/

Noviembre-enero /
November-January.
2017-2018

Museo de Guadalajara
Salón de Linajes
Palacio del Infantado, Plaza
de los Caídos, s/n,
19001 Guadalajara

T. + 34 949 213 301
Más información /
For further information
www.patrimoniohistorico
clm.es/museo-de-
guadalajara/

Organizan / *Organized by*
Junta de Comunidades
de Castilla-La Mancha,
Fundación Impulsa
y La Fábrica

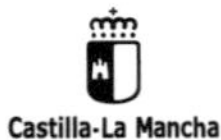

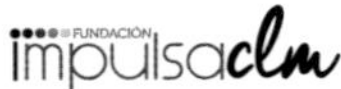

Esta exposición propone un recorrido vital por más de 30 años de trabajo de Adriana Lestido (Buenos Aires, 1955). La selección de obra gira en torno a la mujer y abarca grandes temas como el amor, el desamor, la soledad, la maternidad. "Hospital Infanto Juvenil", "Madres adolescentes", "Mujeres presas", "Madres e hijas", "El amor" y "Villa Gesell" son algunas de las series representadas.

Para Lestido, la fotografía es una herramienta que le permite comprender el misterio de las relaciones humanas. A partir de sus imágenes en blanco y negro, la autora documenta la intimidad y delicadeza de sus personajes desde una perspectiva social. La separación y la ausencia son temas clave dentro de su obra. Más que la realidad, lo que retrata son emociones.

Los ensayos fotográficos de los primeros años todavía conservan esa mirada de reportera gráfica, de testimonio social, de fotografía documental. A continuación, las imágenes se vuelven cada vez más subjetivas e incorpora paisajes a los que retrata como reflejos de estados internos.

This exhibition puts forward a vital exploration of the body of work that Adriana Lestido (Buenos Aires, 1955) has produced over more than 30 years. The pieces selected revolve around the subject of woman and encompasses major themes such as love and its pangs, solitude, and motherhood. Children's Hospital; Adolescent Mothers; Incarcerated Women; Mothers and Daughters; Love; and Villa Gesell are some of the series featured.

For Lestido photography is a tool that enables her to understand the mystery of human relations. Through her black and white images the artist documents the intimacy and tenderness of her characters from a social perspective. Separation and absence are key topics within her work. More than reality, she seeks to portray emotions.

Her early photoessays are still clearly influenced by photojournalism, built as a social testimony in the tradition of documentary photography. Later, the images become progressively more subjective, and she turns towards landscapes which she depicts as reflections of internal states.

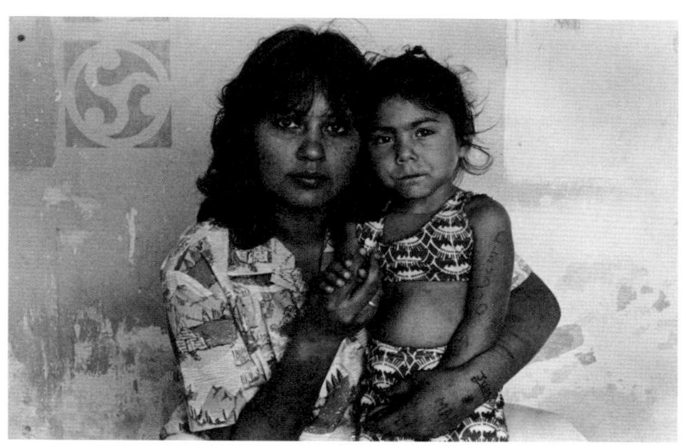

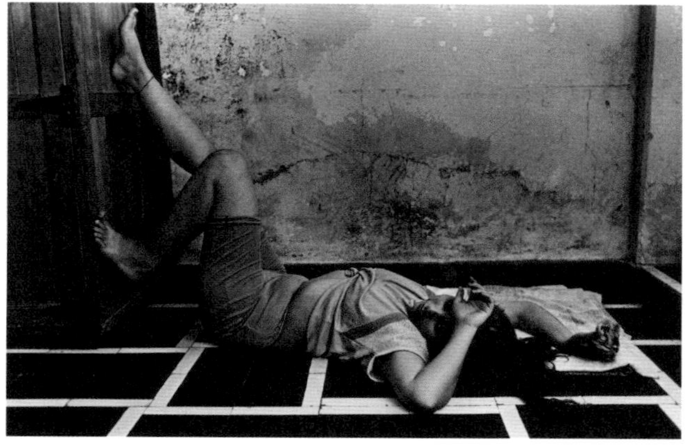

Adriana Lestido
De la serie "Mujeres presas" / *From the series* Incarcerated Women, 1991/93

**SALA DE EXPOSICIONES DE LA ESCUELA DE ARTE JOSÉ MARÍA CRUZ NOVILLO /
CENTRO CULTURAL LA ASUNCIÓN DE LA DIPUTACIÓN DE ALBACETE /
MUSEO DE GUADALAJARA**

Chema Madoz

La naturaleza de las cosas
The Nature of Things

Junio-agosto /
June-August. 2017

Sala de exposiciones de la
Escuela de Arte José María
Cruz Novillo
Calle San Pedro, 19
16001 Cuenca

T. +34 969 237 250
Más información /
For further information
http://eacuenca.com/

Octubre-noviembre /
October-November. 2017

Centro cultural La Asunción
Calle Monjas, s/n, 02005
Albacete

T. +34 967 523 042
Más información /
For further information
http://
exposicioneslaasuncion.
blogspot.com.es/

Noviembre-enero /
November-January.
2017-2018

Museo de Guadalajara
Salón de Linajes
Palacio del Infantado, Plaza
de los Caídos, s/n,
19001 Guadalajara

T. + 34 949 213 301
Más información /
For further information
http://www.
patrimoniohistoricoclm.es/
museo-de-guadalajara/

Organizan / *Organized by*
Junta de Comunidades
de Castilla-La Mancha,
Fundación Impulsa
y La Fábrica

Aunque el objeto es parte fundamental en la obra de Chema Madoz, si miramos su trayectoria, podemos observar el gran papel que cobra en ella la naturaleza.

Chema Madoz opera con la naturaleza de la misma manera en que lo hace con los objetos, buscando asociaciones, parentescos, combinaciones, yuxtaposiciones, encuentros fortuitos. Ajeno a las clasificaciones habituales, trastoca las reglas y deja vagar la imaginación. Desplegando su fantasía, funde los reinos animal, vegetal y mineral dando lugar a un reino propio en el que transforma hojas, ramas, maderas, plantas, flores, piedras ofreciendo las combinaciones más inesperadas.

A veces lo hace cambiando su función; una pareja de guindas simula los pesos de una balanza. Otras haciendo asociaciones insólitas, unas notas de la caligrafía japonesa se convierten en las ramas de un sauce llorón. Y en ocasiones, los objetos, al situarlos en un escenario distinto, se convierten en elementos de la naturaleza, un dedal hace las veces de una maceta o los tiestos el tronco de una palmera.

Though the object is central to Chema Madoz's work, if we look at his career it is easy to discern the major role nature plays in it too.

Chema Madoz works with nature in the same way he does with objects, seeking out associations, filiations, combinations, juxtapositions, chance meetings. Alien to traditional classifications, he breaks the rules and allows his fantasy to take over. Deploying his imagination he blends the animal, plant and mineral kingdoms giving rise to a realm of his own in which leaves, branches, woods, plants, flowers and stones are transformed in the most unexpected of combinations.

Sometimes he proceeds by altering their functions: a pair of sour cherries resemble the weights of a scale. On other instances he puts forward implausible associations: some lines of Japanese calligraphy are turned into the branches of a weeping willow. And occasionally the objects, placed out of context in a foreign setting, are transformed into elements of nature: a thimble serving the purposes of a flowerpot, or a pot blending into the trunk of a palm tree.

Castilla-La Mancha

impulsa*clm*

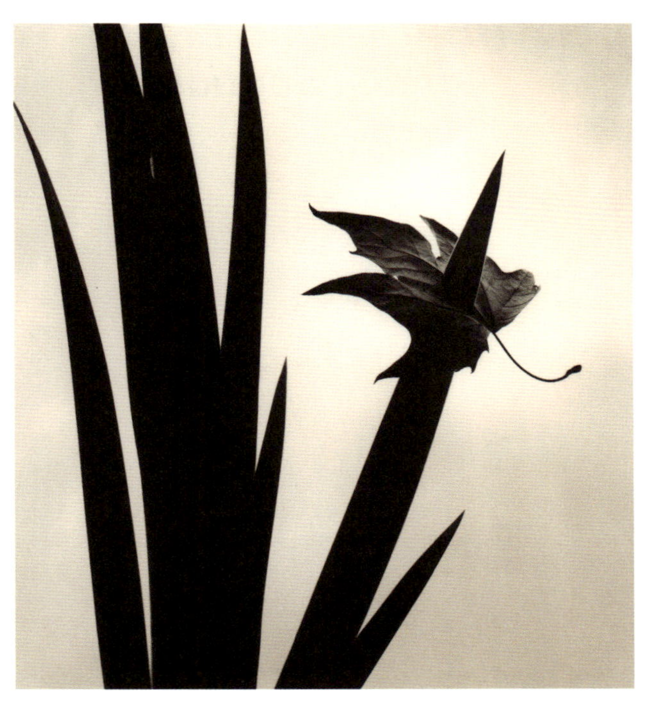

Chema Madoz
Sin título / Untitled, 2009

20TH ANNIVERSARY HEADQUARTERS
Official Section

PHotoESPAÑA is celebrating its twentieth anniversary along with national and international institutions that wanted to join the Festival, 17 venues from 12 diferent countries: Argentina, Germany, Australia, China, Slovakia, Spain, United States, Fance, Ireland, Japan, Poland and Switzerland.

SEDES
XX ANIVERSARIO
Sección oficial

PHotoESPAÑA celebra su XX aniversario con instituciones nacionales e internacionales que han querido sumarse al Festival, diecisiete sedes pertenecientés a 12 países: Argentina, Alemania, Australia, China, Eslovaquia, España, Estados Unidos, Francia, Irlanda, Japón, Polonia y Suiza.

Akram Zaatari

**Contra la fotografía. Historia anotada
de la Arab Image Foundation**
*Akram Zaatari. Against Photography.
Annotated History of the Arab Image Foundation*

07.04 – 25.09.2017

Pça dels Angels, 1
08001 Barcelona

Lun-mié-ju-vie /
Mon-Wed-Thu-Fri:
11.00 – 19.30 h (del 25 de
junio al 24 de septiembre,
hasta las 20.00 h / *open
until 20:00 from 25 June to
24 September*)
Sáb / *Sat*:
10.00 – 21.00 h
Dom-festivos /
Sun-Holidays:
10.00 – 15.00 h
Martes no festivos cerrado
/ *Closed on Tuesdays
except for holidays*
Precio entrada / *Fee*: 10€,
válida por un mes / *valid
for one month*. Reducida /
Concessions: 8€

T. +34 93 481 33 68
comunicacio@macba.cat
www.macba.cat

Comisarios / *Curators*
Hiuwai Chu y
Bartomeu Marí

Akram Zaatari (Sidón, Líbano, 1966) es un miembro destacado de la generación de artistas que surgió en el Líbano en la década de 1990 tras finalizar la guerra civil que asoló el país durante más de quince años. Es, además, cofundador de la Arab Image Foundation, un proyecto impulsado en esos años de posguerra por artistas y fotógrafos para construir desde dentro unos relatos alternativos a la historia visual oficial escrita por extranjeros. La práctica artística de Zaatari se ha centrado en los objetos fotográficos. El reverso de una fotografía puede ser tan importante como su anverso, así como los signos que el paso del tiempo va dejando en el soporte. Coleccionar fotos es una forma de deshacer y reescribir no menos importante que el acto de captar imágenes.

Esta exposición nace del interés por esta intersección crítica entre el archivo y las prácticas artísticas y reúne una veintena de obras, la mayoría de nueva producción.

Akram Zaatari (Sidon, Lebanon, 1966) is a member of the remarkable generation of artists that came out of Lebanon in the 1990s, following the end of the civil war that for more than fifteen years assailed the country. He is co-founder of the Arab Image Foundation, a project spurred in those post-war years by artists and photographers as a means to construct from within alternative narratives to the official visual history written by foreign forces. Zaatari's artistic practice has focused on photographic objects. The back of a print can be as significant as its front, or as the marks left on the material it by the passage of time. Collecting photographs is a way of undoing and rewriting history, no less valuable than the very act of capturing images.

This exhibition results from that interest in the critical overlap between the archive and artistic practices, and brings together approximately twenty works, most of them of recent production.

Organizan / *Organized by*
Museu d'Art Contemporani
de Barcelona y National
Museum of Modern and
Contemporary Art de Corea

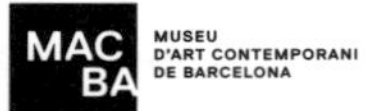

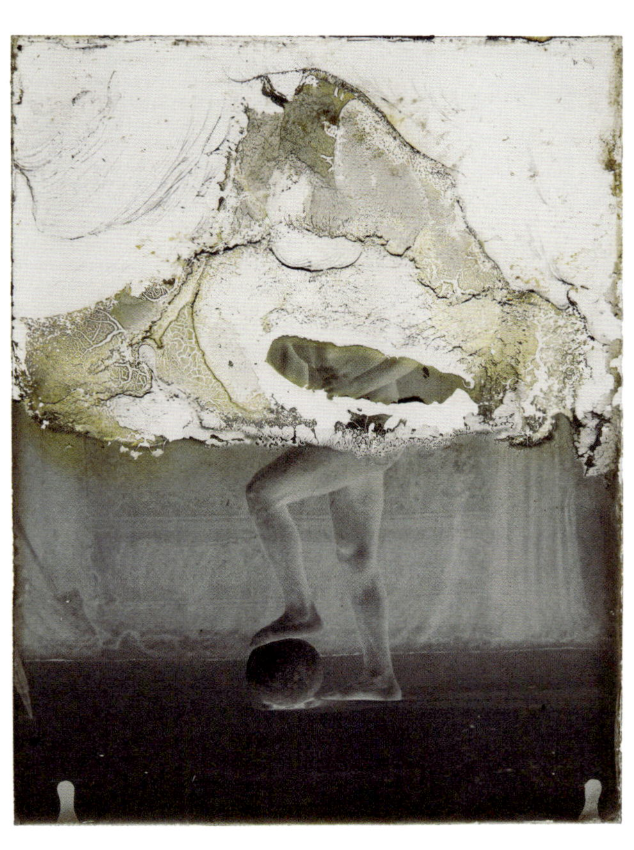

Akram Zaatari
Arqueología / Archaeology, 2017
© AKRAM ZAATARI, COURTESY OF THE ARTIST

Pierre Huyghe
(Sin título) Máscara humana
(Untitled) Human Mask

30.03 – 16.07.2017

Abandoibarra et. 2
48009 Bilbao

Mar-dom / *Tue-Sun*:
10.00 – 20.00 h
Precio entrada / *Fee*:
Consultar en la web
del Museo / *Consult on the
website of the Museum*

T. +34 944 359 000
www.guggenheim-
bilbao.eus

Comisario / *Curator*
Manuel Cirauqui

En las obras del francés Pierre Huyghe la diferencia entre ficción y realidad se borra al tiempo que se construye la experiencia del mundo. En entornos magistral y minuciosamente construidos, personas y marionetas se comportan como iguales mientras que animales y plantas parecen circular tranquilamente a ambos lados de la frontera de lo imaginario. *(Sin título) Máscara humana*, realizada en 2014, nos lleva a un paisaje japonés marcado por un tsunami y la catástrofe nuclear de Fukushima. Allí se nos muestra una escena inspirada en hechos reales: en un vacío y ruinoso restaurante, un simio, cuyo rostro está cubierto por una máscara de teatro tradicional, parece esperar a los clientes que nunca llegan. Rastreando impacientemente el lugar, deteniéndose para escuchar si alguien se acerca, o mirando por la ventana, el personaje atrapado en un decorado irreal interpreta un número cuyo tema, según ha declarado el propio artista, no es otro que la condición humana.

In his work, French artist Pierre Huyghe blurs the line between fiction and reality at the same time as he builds the experience of the world. In carefully and expertly constructed stages, people and marionettes behave as equals while animals and plants appear to inhabit indistinctly both sides of the border between reality and imagination. Produced in 2014, (Untitled) Human Mask *transports us to a Japanese setting marked by the effects of a tsunami and the nuclear disaster of Fukushima. There, we are confronted with a scene taken from real life: in an empty and ruinous restaurant, an ape, whose face is covered with a traditional theatre mask, seems to await the arrival of patrons who never do show up. Impatiently tracing the perimeter of the place, stopping to hear whether someone is approaching, or looking out the window, the character, trapped in an unreal setting, performs a sketch whose theme is, according to the artist himself, none other than the human condition.*

Organiza / *Organized by*
Museo Guggenheim Bilbao

GUGGENHEIM BILBAO XX

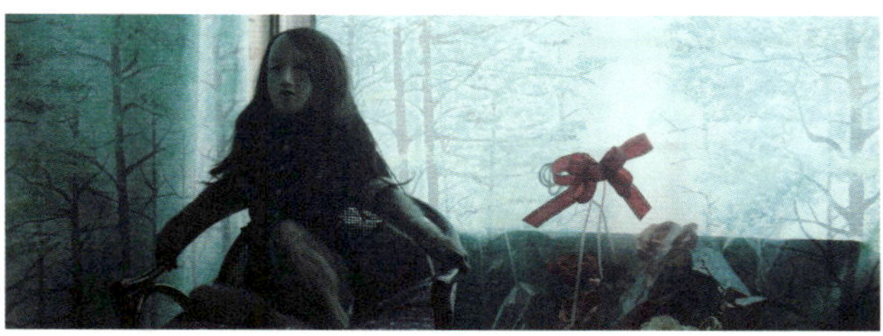

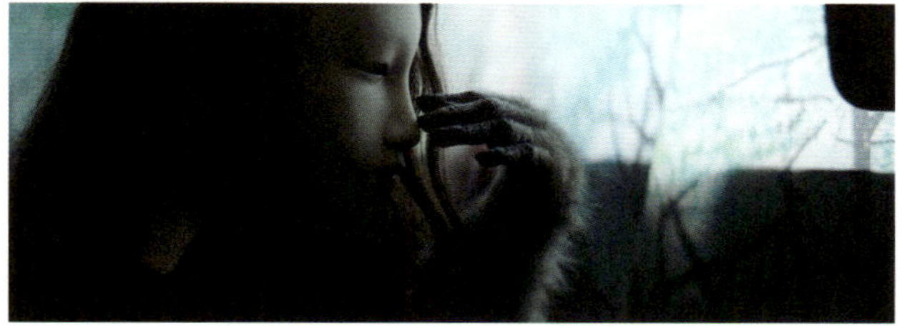

Pierre Huyghe
(Sin título) Máscara humana, (foto fija) / (Untitled) Human Mask, (Film still), 2014

Shirin Neshat
Gabinet. Shirin Neshat

10.03 – 29.10.2017

Plaça Porta de Santa
Catalina, 10
07012 Palma (Illes Balears)

Mar-sáb / *Tue-Sat*:
10.00 – 20.00 h
Dom / *Sun*:
10.00 – 15.00 h
Lunes cerrado / *Closed on
Mondays*

Entrada general / *General
admission*: 6,00 €
Entrada a exposición
temporal / *Admission
to temporary exhibition*:
4,00 €
Tu decideixes: los viernes,
entrada a partir de / *Tu
decideixes: every Friday,
tickets from*: 0,10 €
Si vienes en bici / *If you
come by bike*: 2 €

T. +34 971 908 200
museu@esbaluard.org
www.esbaluard.org

Comisario / *Curator*
Nekane Aramburu

Un discurso visual sobre dos temas complejos, los roles de género y las sociedades islámicas contemporáneas, siempre tratando de trascender hacia un significado universal. Así define Shirin Neshat su propio trabajo, desarrollado a través de la fotografía, el vídeo y el cine desde la década de los noventa. La revolución islámica en Irán (1978-1979) le exilia a Estados Unidos, Nueva York, donde desarrolla su trayectoria profesional desde entonces, alejada por tanto de la cultura de su país de origen.

Su videoinstalación *Fervor* se expone por primera vez en las Illes Balears con una de las fotografías vinculadas a esta obra procedente de la colección Es Baluard. La atracción física y la sexualidad, temas tabú en la sociedad islámica, son planteados por Neshat en esta pieza, que revela cómo la represión afecta por igual a hombres y mujeres, aleccionando a no caer en el pecado, condenar el deseo y preservar la moralidad.

A visual discourse revolving around two complex issues – the roles of gender and contemporary Islamic societies – constantly aiming to reach universal signification. That is how Shirin Neshat defines her own work, developed through the use of photography, film and video since the 1990s. The Islamic revolution of Iran (1978–79) took her to the United States, and she has developed her professional career in New York ever since, distanced from the culture of her country of origin.

Her video installation Fervor *is exhibited for the first time in the Balearic Islands with one of the photographs connected to this work, from the Es Baluard collection. Sexuality and desire, taboo subjects in Islamic societies, are presented by Neshat in this piece which reveals how repression affects equally men and women, instructed to avoid sin, condemn desire and preserve morality.*

Organiza / *Organized by*
Es Baluard Museu d'Art
Modern i Contemporani
de Palma

eSBALUARD | **museu** d'art modern
i contemporani de **palma**

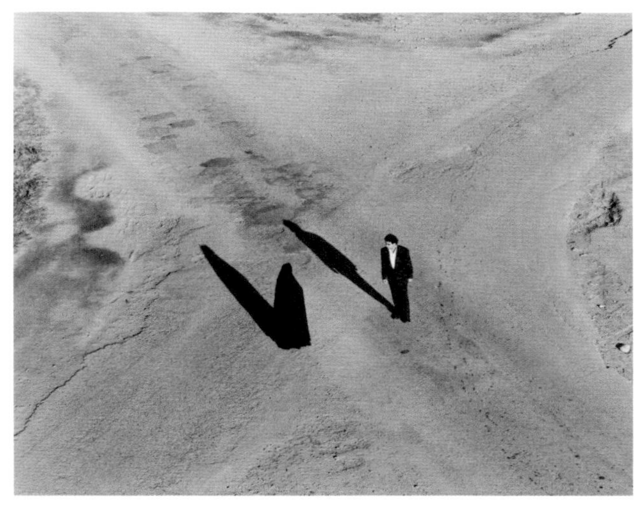

Shirin Neshat
Serie "Fervor" (Couple at Intersection), 2000

ES BALUARD MUSEU D'ART MODERN I CONTEMPORANI DE PALMA,
DEPÓSITO COLECCIÓN PARTICULAR / PRIVATE COLLECTION LONG-TERM LOAN
© SHIRIN NESHAT, 2017. COURTESY OF GLADSTONE GALLERY, NEW YORK & BRUSSELS

Fotonoviembre 2017
Exposiciones individuales y colectivas

09.11 2017– 04.03.2018

Centro de Fotografía Isla
de Tenerife – TEA Tenerife
Espacio de las Artes,
Cabildo Insular de Tenerife
Varias localizaciones en
toda la Isla de Tenerife /
*Several locations around
the island*
Ver en cada sala / *See
each venue*
Entrada: gratuita /
Admission: free

T. +34 922 849071
centrodefotografia.tea
@tenerife.es
www.fotonoviembre.org

Comisario / *Curator*
Gilberto González

El Festival Internacional de Fotografía de Tenerife es un evento de alcance internacional, que está organizado por el Cabildo Insular de Tenerife, a través del Centro de Fotografía *Isla de Tenerife*, TEA – Tenerife Espacio de las Artes. Fotonoviembre se celebra en la isla cada dos años desde 1991.

El evento trata de convocar y mostrar la producción fotográfica contemporánea mediante una serie de exposiciones en la mayor parte de los municipios de la isla. Promueve igualmente un foro de encuentro e intercambio por medio de la realización en paralelo de diferentes actividades: talleres, seminarios, proyecciones, recorridos fotográficos.

En su decimocuarta edición Fotonoviembre 2017 emprende una labor reflexiva sobre el sentido y significado de la imagen y el valor del archivo fotográfico como base de una memoria colectiva. Las más de 20 exposiciones repartidas por toda la isla de Tenerife, los talleres y seminarios permiten que Fotonoviembre sea una oportunidad para fotógrafos, artistas y ciudadanía general para participar en un debate que supere lo expositivo y nos permita posicionarnos frente a la ubicuidad de la imagen.

The International Photography Festival of Tenerife is a cultural event with international reach that is organised by the Island Council of Tenerife, through the Centro de Fotografía Isla de Tenerife and Tenerife Espacio de las Artes – TEA. Fotonoviembre has been held on the island every two years since 1991.

The event aims to present contemporary photographic through a series of exhibitions held in the majority of townships in the island. It also organises a forum to bring people together and share experiences in parallel activities that include: workshops, seminars, projections and photographic tours.

In its fourteenth edition, Fotonoviembre 2017 embarks on a contemplative journey around the meaning and sense of the image, and the value of the photographic archive as the cornerstone of collective memory. With more than twenty exhibitions spread around the island, workshops and seminars, Fotonoviembre constitutes a tremendous opportunity for photographers, artists and the general public to take part in a debate that goes beyond a simple exhibition, enabling us to take a position in the face of the ubiquitous nature of the image.

Organiza / *Organized by*
Centro de Fotografía Isla
de Tenerife – TEA Tenerife
Espacio de las Artes, Cabildo
Insular de Tenerife

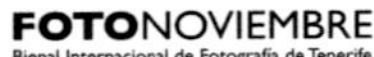

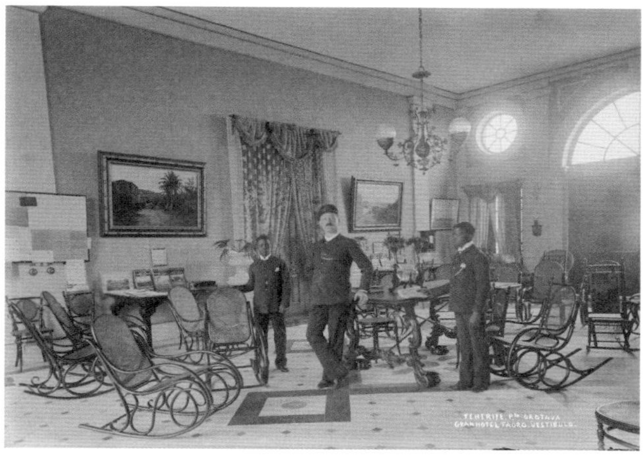

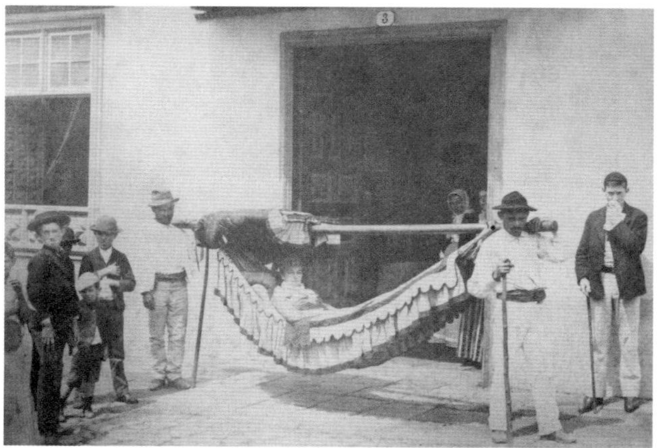

Rodrigo de la Puerta
Tenerife. Puerto de La Orotava. Gran Hotel Taoro, Vestíbulo /
Tenerife. La Orotava port. Gran Hotel Taoro, Lobby, 1890
© RODRIGO DE LA PUERTA

Autor desconocido / Unknown author
HOTEL MARQUESA. PUERTO DE LA CRUZ, 1900

Joana Hadjithomas / Khalil Joreige
Se Souvenir de la Lumière
Two Suns in a Sunset

06.04 – 27.08.2017

Guillem de Castro, 118
46003 Valencia

Mar-do / *Tue-Sun*:
11.00 – 19.30 h
Vie / *Fri*:
11.00 – 21.00 h
Precio entrada / *Fee*: 6 €
Gratis viernes de 19.30
a 21.00 h y domingo /
*Free Fri from 19.30
to 21.00 h and Sun*

T. +34 963 176 600
ivam@ivam.es
www.ivam.es

**Existe catálogo /
*Catalogue available***

Comisarios / *Curators*
Marta Gili, Anna Schneider,
Hoor Al-Qasimi, José
Miguel G. Cortés

Organizan / *Organized by*
Jeu de Paume, París; Sharjah
Art Foundation, Sharjah;
Haus der Kunst, Munich;
IVAM, Valencia

**Colabora /
*In collaboration with***
König Books

Esta exposición reúne una amplia selección de los trabajos de estos dos artistas libaneses (Beirut, 1969) desde finales de los años noventa hasta la actualidad: obras en papel, fotografías, esculturas, así como audio/video-instalaciones, incluyendo la pieza *The Rumour of the World* (2014) o proyectos como *Circle of Confusion* (1997–2014) o *Postcards from War* (1997–2006).

De formación autodidacta, estos dos artistas establecen lazos temáticos, conceptuales y formales entre fotografías, videoinstalaciones, películas de ficción o documentales. Convertidos en cineastas y artistas a raíz de las sucesivas guerras en su país, su búsqueda personal les lleva a explorar la esfera de lo visible y la ausencia, nutriéndola de un complejo ir y venir entre realidad y ficción. Sus películas –además de otros trabajos producidos a partir de documentos personales o políticos– nos cuentan sucesos ocultos que se enfrentan a los hechos históricos dominantes, y que son fruto de su interés por la individualidad de las personas y por las historias particulares.

This exhibition brings together a large selection works produced by these two Lebanese artists (Beirut, 1969) from the end of the 1990s to date: works on paper, photographs, sculptures, as well as audio- and video installations, including the piece The Rumour of the World *(2014) and projects such as* Circle of Confusion *(1997–2014) or* Postcards from War *(1997–2006).*

These two self-taught artists establish thematic, conceptual and formal bonds between photography, video installations, feature films and documentaries. Turning to art and film in response to the recurrent wars that have affected their country, these artists explore both the realm of the visible and of absence, enhancing them with a complex exchange between reality and fiction. Their films – as well as other works that use personal or political documents as their starting point – relate hidden events that stand in sharp contrast to the dominant discourse of history, and which emerge thanks to their interest in the individual and their particular stories.

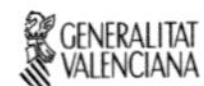
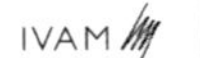

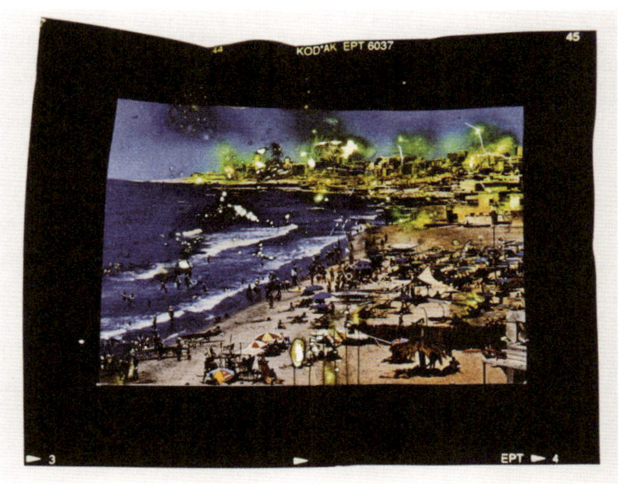

Joana Hadjithomas & Khalil Joreige
Extraña Beirut (Parte II) Cartes postales de la guerre /
Wonder Beirut (Part II) Postcards from War, 1997–2006

Alberto García-Alix

De donde no se vuelve
Place of No Return

23.08 – 12.11.2017

Godoy Cruz 2620 / 2626 –
Distrito Arcos (Palermo)
Buenos Aires, Argentina

Lun-dom (mié cerrado) /
Mon-Sun (Closed Wed):
12.00 - 20.00 h
Precio entrada / *Fee*: $80
Pesos Argentinos

T. +54 11 5789-2773
Gaston@fola.com.ar
www.fola.com.ar

Existe catálogo /
Catalogue available

Comisario / Curator
Nicolás Combarro

Organiza / *Organized by*
PHotoESPAÑA

Patrocina / *Sponsored by*
FoLa – Fototeca
Latinoamericana

Colabora /
In collaboration with
Embajada de España
en Argentina

La presente exposición es la materialización del proyecto *De donde no se vuelve*. Es una propuesta recientemente creada, en la cual García-Alix realiza un viaje entre el presente y el pasado de su obra, y por tanto de su propia biografía. Un viaje al recuerdo, un "monólogo infinito" mediante el cual nos muestra su lado más íntimo y poético. La esencia del proyecto se fundamenta en la obra audiovisual del mismo nombre. García-Alix reflexiona a través de su propia voz, desde un presente subjetivo acerca de su pasado y su fotografía.

"Hoy soy consciente de que una forma de ver es una forma de ser.
La fotografía es un poderoso médium.
Nos lleva al otro lado de la vida.
Y allí, atrapados en su mundo de luces y sombras.
Como una mera presencia, también vivimos.
Inmutables. Sin penas. Redimidos nuestros pecados.
Por fin domesticados... Congelados.
Al otro lado de la vida, desde donde no se vuelve".

Alberto García-Alix

This exhibition is the materialisation of the project Place of No Return. *It is a recently created proposal in which García-Alix presents a journey to the present and the past of his work, and thereby of his own biography. It is a voyage through memory, an "infinite monologue", by the means of which he reveals to us his most intimate and poetic side. The essence of this project is based on the his audiovisual piece with the same title, in which García-Alix uses is own voice to reflect upon the his past and his photography from the subjective present.*

"Today I am aware that a way of looking is a way of being.
Photography is a powerful medium.
It leads us to the other side of life.
And there, trapped in its world of lights and shadows.
As a mere presence, we also live.
Immutable. Without sorrows. Redeemed of our sins.
Finally tamed... frozen.
On the other side of life, from where there is no return."

Alberto García-Alix

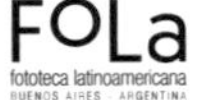
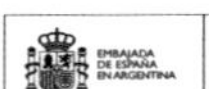
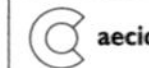
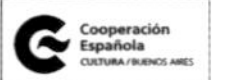

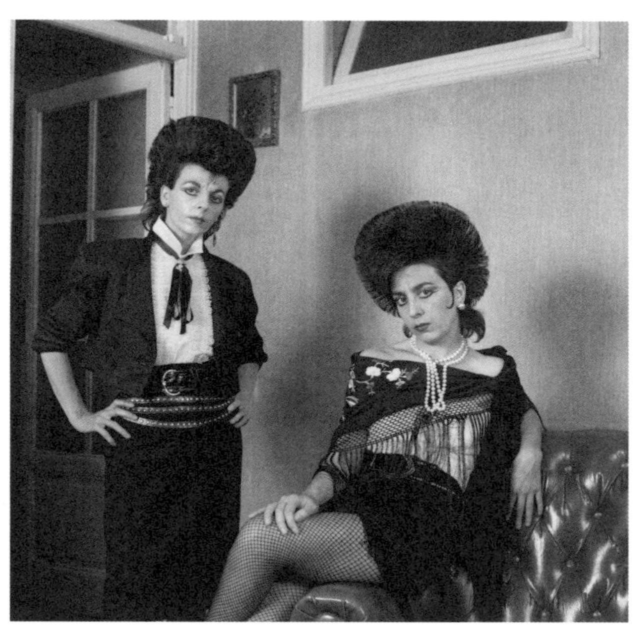

Alberto García-Alix
Dos ladies / Two Ladies, 1988

Photo Beijing 2017

Colectiva / *Group*

12.10-22.10.2017

9A Fuxing Road
Distrito de Haidian
1038 Pekín

Mar-Dom / *Tue-Sun*:
09.00 – 17.30 h

T. +86 10 – 8418 7988
photobeijing@gehua.com

Tras el éxito conseguido con los primeros cuatro festivales, y en vista de la gran cantidad de muestras de alta calidad que tienen cabida durante todo el año en la ciudad, Photo Beijing se ha constituido como una importante plataforma internacional para la fotografía y la cultura gracias al apoyo del gobierno y el público.

Photo Beijing se ha convertido en una actividad de referencia en el marco cultural nacional. La fotografía se ha puesto al alcance del público, mientra que el valor de las ideas e influencias culturales provenientes del mundo entero ha sido plenamente entendido e internalizado.

La V edición de Photo Beijing tendrá como tema central "La fotografía: orígenes y futuro" y pretende rendir tributo a la intención original del medio: entrar en contacto con el mundo y con el futuro. Así, esta forma de expresión cultural alcanzará nuevas fronteras y llevará el desarrollo artístico de la fotografía china a una plataforma internacional, poniéndola en contacto con especialistas y académicos.

Since the first four festivals successfully held in the city, numerous high-end and professional photography exhibitions have been continuously promoted, making Photo Beijing an important platform of international communication for photography and culture, made possible thanks to the support of the governments and the public.

Photo Beijing has become a landmark cultural activity on the national stage. The photography has been put within the reach of the audience, while the value of ideas and cultural initiatives from all parts of the world have been fully internalised and understood.

The 5th Photo Beijing will focus on the theme of 'Photography: Origin and Future', which seeks to highlight the original intention of the format as a means to face the world and the future. Thus, this visual form of cultural expression will reach a new stage and put China's photographic art into contact with international, specialised and academic contexts.

Organizan / *Organized by*
Photo Beijing

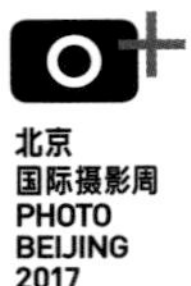

北京
国际摄影周
**PHOTO
BEIJING
2017**

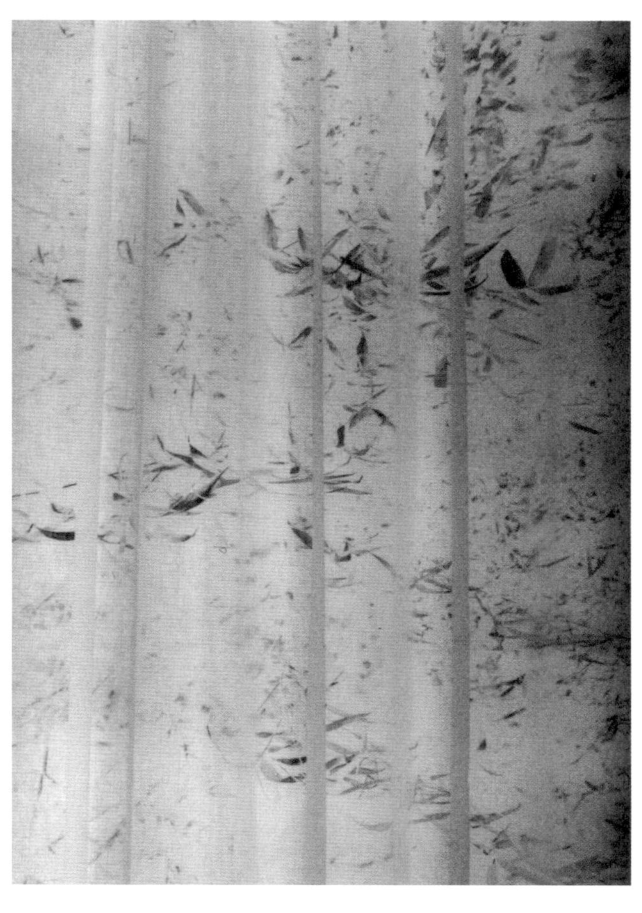

Chen Dazhi
De la ilusión a la percepción / From ilusion to perception, 2016

Mario Testino Desvestidos / *Undressed*
Helmut Newton Inéditos / *Unseen*
Jean Pigozzi Pool Party

03.06 –19.11.2017

Jebensstrasse, 2
10623 Berlin, Germany

Mar, mié, vie, sáb y dom /
Tue, Wed, Fri, Sat and Sun:
11.00-19.00 h
Jue /*Thur*:
11.00-20.00 h
Precio entrada / *Fee*: 10€
Reducida / *reduced*: 5€

T. +49 30 318 318 48 56
info@helmut-newton-
foundation.org
www.helmutnewton.com

Existe catálogo /
Catalogue available

Comisario / *Curator*
Matthias Harder

Al crear su fundación en Berlín en 2003, Helmut Newton expresó su intención de convertirla en una plataforma no solo para sus propias obras sino también para las de otros fotógrafos. Sus deseos siguen cumpliéndose póstumamente, en esta ocasión con proyectos únicos de dos de sus amigos y colegas: Mario Testino y Jean Pigozzi.

Desvestidos, de Mario Testino, es una instalación *site-specific* de cincuenta imágenes gigantes de moda, desnudos y un buen número de retratos inéditos concebidas exclusivamente para la Fundación Helmut Newton.

El propio Newton está presente con copias originales en diversos formatos que abarcan los tres grandes géneros exhibidos: moda, retrato y desnudo. La mayoría de estas imágenes, seleccionadas del archivo de la fundación, son inéditas.

En tanto, *Pool Party*, de Jean Pigozzi, reúne una serie de instantáneas tomadas alrededor de su piscina en Cap d'Antibes, donde Helmut y June Newton, entre otras celebridades como Mick Jagger, Bono, Liz Taylor o Naomi Campbell, solían relajarse o festejar por todo lo alto.

Upon establishing his foundation in Berlin in 2003, Helmut Newton expressed his wish to provide a forum not only for his own works, but for that of other photographers too. His wish continues to be fulfilled posthumously, now with unique projects by two of Helmut Newton's friends and colleagues: Mario Testino and Jean Pigozzi.

Testino's Undressed is a site-specific installation of fifty larger-than-life images comprising fashion and nude photos, with numerous unpublished studio portraits, conceived exclusively for the Helmut Newton Foundation.

Helmut Newton himself is represented with original prints in various formats from the three key genres: fashion, portraiture, and nudes. Selected from the foundation's archive, they have for the most part not been previously shown.

Meanwhile, Pool Party by Jean Pigozzi features snapshot-like images taken around Pigozzi's swimming pool in Cap d'Antibes, where Helmut and June Newton, among other A-listers such as Mick Jagger, Bono, Liz Taylor and Naomi Campbell, came to unwind or frolic in glamour.

Organiza / *Organized by*
Helmut Newton Foundation

HELMUT NEWTON FOUNDATION

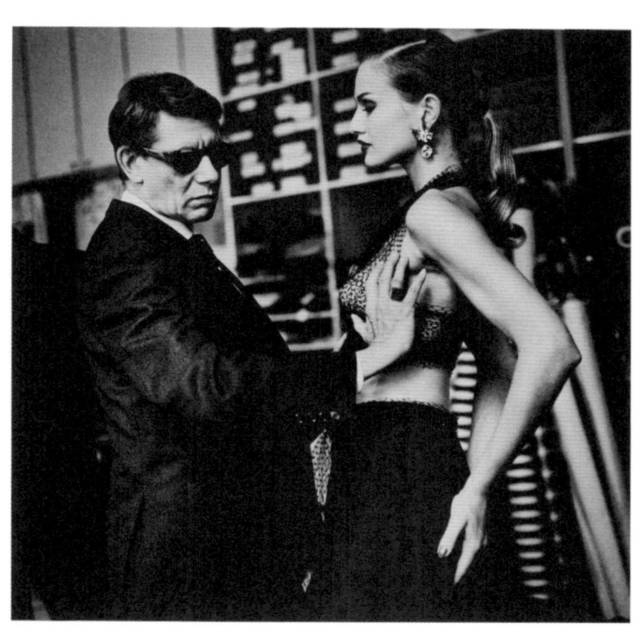

Helmut Newton
Yves Saint Laurent en su estudio / Yves Saint Laurent in his atelier, París, 1991

Eslovaquia a través de los ojos de los fotógrafos de la agencia Bilderberg

Slovakia through the eyes of the photographers from the Bilderberg agency

Colectiva / *Group*

04.07 –03.09.2017

Prepoštská, 4
814 99 Bratislava, Slovakia

Mar-dom / Tue-Sun:
13.00 – 18.00 h
Entrada General / Fee: 2 €

T. +42 1254 418 214
soltysova / at/ sedf.sk
www.sedfsk

Comisario / *Curator*
Andrej Reiser

La Eslovaquia desconocida es casi un gesto de agradecimiento especialmente hacia los fotógrafos de la agencia Bilderberg de Hamburgo. Desde sus inicios ha sido evidente que, con su visión estilos característicos, Bilderberg no es una agencia fotográfica cualquiera. Sus miembros han trabajado para las revistas más prestigiosas del mundo y muchos de ellos han sido galardonados con el premio World Press Photo.

Todos los fotógrafos de la agencia Bilderberg están dotados con una notable individualidad, rasgos definitorios y una mirada especial. Pero sobre todo están conectados por su apego a la tradición del más excelso reportaje clásico.

Testimonio de ello fue la presencia en Eslovaquia en 1992, tras una invitación del entonces Ministerio de Relaciones Exteriores, de veinte fotógrafos de la agencia Bilderberg. Nunca antes se habían agrupado tantos miembros de la agencia, ni siquiera durante sus asambleas generales. Y todos, sin excepción, hicieron su trabajo en Eslovaquia sin cobrar honorarios.

Unknown Slovakia – expressing sincere gratitude, especially to the photographers of the renowned Bilderberg agency from Hamburg. From its inception it has been obvious that with its distinctive conception and approach to photography Bilderberg is not a common photographic agency. Its members have worked for the world's most prestigious magazines and several of them have won prizes at the World Press Photo Award.

All members of the Bilderberg agency are photographers of remarkable individuality with their own, specific traits and photographic vision. Most of all, they are connected by their respect for the classical tradition of reportage at the highest level.

This was on display in 1992 when, upon an invitation by the then Ministry of International Relations, twenty photographers from the Bilderberg agency arrived in Slovakia. They had never before assembled in such numbers, not even during their own general assembly. Without exception, they all worked in Slovakia without any compensation.

Organiza / *Organized by*
Central European House of Photography, Bratislava, Slovakia

**Colabora /
*In collaboration with***
Gallery Zahradnik, Prague, Czech Republic

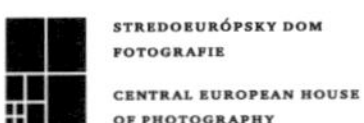

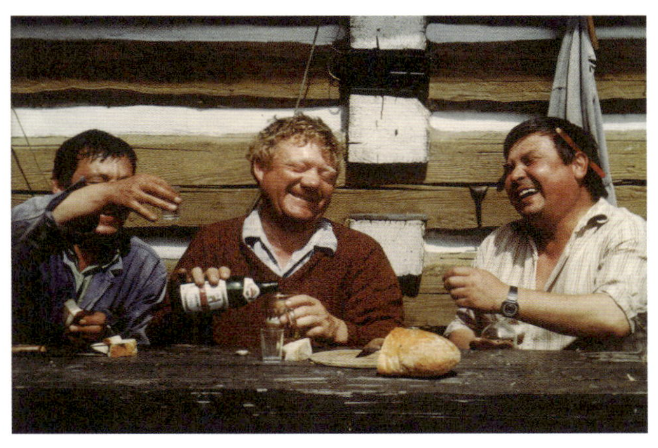

Till Leeser
Sin título / Untitled, 1992

Por encima de todo: el objeto fotográfico
Above All: The Photographic Object

17.06 –17.09.2017

28 quai des Messageries
71100 Chalon-sur-Saône,
France

Lun-dom (excepto mar y
vacaciones) / *Mon-Sun
(except Tue and holidays)*:
9.30 - 11.45 h
14.00 – 17.45 h
Jul y Ago / *Jul and Aug*:
10.00 – 18.00 h
Entrada: gratuita /
Admission: free

T. +33 [0]3 85 48 41 98
contact@museeniepce.com
www.museeniepce.com

Comisaria / *Curator*
Anne Céline Besson

En el mundo actual la imagen fotográfica es omnipresente. Desde su invención, la fotografía se ha infiltrado lentamente en todos los aspectos de nuestras vidas. Es nuestro principal medio de representación de nosotros mismos y del mundo a nuestro alrededor, y actúa como un espejo directo o indirecto de quienes somos.

El desarrollo de la fotografía ha venido acompañado por el triunfo de la sociedad de consumo, en la cual los objetos funcionales, bien de producción masiva o artesanal, ocupan un lugar preponderante. La presencia de fotografías en un sinnúmero de objetos cotidianos hace cuestionar nuestra relación con la imagen y el valor que le atribuimos.

In today's world, the photographic image is omnipresent. Since its invention, photography has slowly infiltrated every layer of our lives. It is our main means of representing ourselves and the world around us, and acts as a direct or indirect mirror to who we are.

The development of photography has gone hand-in-hand with the emergence of consumer society, in which the functional object, whether crafted or mass-produced, occupies a dominant place. The presence of photographs on countless everyday objects questions the relationship we maintain with the image, and the value we attribute to it.

Organiza / *Organized by*
Musée Nicéphore Niépce

musée Nicéphore Niépce

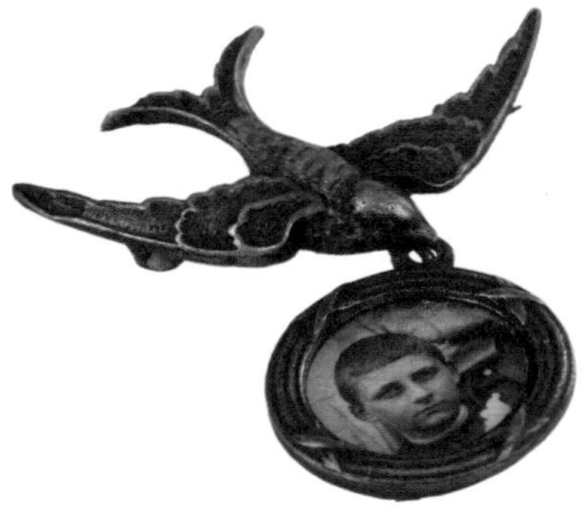

Anónimo
Broche con fotografía / Brooch containing a photograph, ca. 1910-1920

#AIWEIWEI
Ai Weiwei

13.04 –02.07.2017

Columbia College Chicago
600 South Michigan
Avenue
Chicago IL 60605

Lun-mié / *Mon-Wed*:
10.00 – 17.00 h
Jue / *Thu*:
10.00 – 20.00 h
Sáb / *Sat*:
10.00 – 17.00 h
Dom / *Sun*:
12.00 – 17.00 h
Entrada: gratuita /
Admission: free

T. +1 312-663-5554
mocp@colum.edu
www.mocp.org

**Existe catálogo /
*Catalogue available***

Comisario / *Curator*
Natasha Egan
y John Tancock

Ai Weiwei (China, 1957), activista de los derechos humanos, escritor, comisario, comentarista y sobre todo un gran provocador, es una artista que explora diferentes disciplinas como la escultura, vídeos, música, poesía, fotografía, redes sociales, obras públicas, etc. Sus obras hablan de los problemas sociales y políticos contemporáneos tanto de China como del extranjero.

La muestra combina fotografías de su primera etapa, que son como un diario de su paso por Nueva York y Pekín entre los años 80 y 90, y una serie de instalaciones recientes que toman las redes sociales como inspiración y se enfocan en lo que Ai denomina *foto activismo*.

La fama de Ai hace que sus cuentas de Twitter e Instagram tengan más de medio millón de seguidores, y él utiliza estas herramientas, desplegando ocasionalmente algo de humor e ironía (lo cual suele provocar un efecto desconcertante), para denunciar y criticar abiertamente injusticias, corrupciones y situaciones humanitarias de enorme gravedad.

Ai Weiwei (China, 1957), human rights activist, writer, curator and one of the world's most provocative artists, explores multiple disciplines in his work, encompassing sculpture, public works, film, music, poetry, photography and social media. His pieces tackle contemporary political and social issues, both in China and abroad.

The exhibition combines his early photographs, practically a diary of his time in New York and Beijing in the 1980s and '90s, along with a series of recent social media based installations that center on what Ai refers to as photo activism.

Ai's fame drives over half a million visitors to his twitter and Instagram pages and he uses these tools, sometimes leveraging irony and humor, with disorienting effect, to bring attention to serious humanitarian issues and the constellation of state forces around them.

Organiza / *Organized by*
Museum of Contemporary
Photography. Columbia
College Chicago

Patrocina / *Sponsored by*
The Efroymson Family Fund
and the Illinois Arts Council
Agency

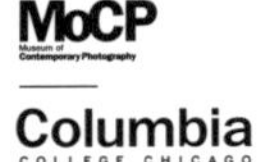

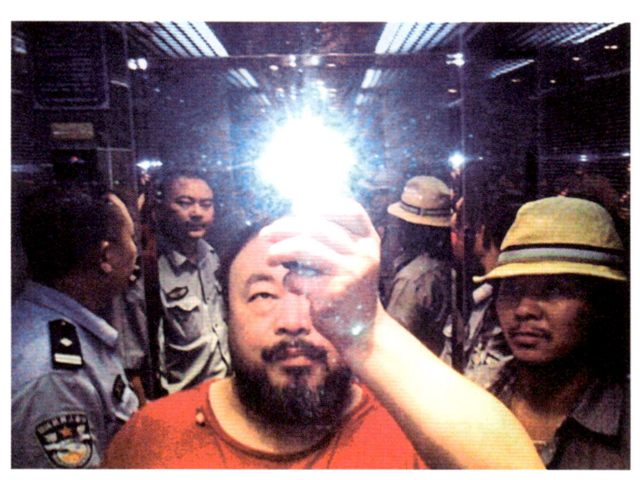

Ai Weiwei
Ilumination, 2009
©AI WEIWEI

Steven Nestor
Bellum et Pax

05.05 –31.05.2017

Tara Street Tara St, Dublín 2,
D02 F991, Irlanda

Lun-vie / *Mon-Fri*:
10.00-17.00 h
Sáb / Sat:
12.00-18.00 h
Entrada: gratuita /
Admission: free

T. +353876856169
info@photoireland.org
2017.photoireland.org

Comisario / *Curator*
Ángel Luis Gonzalez

Organiza / *Organized by*
PhotoIreland Festival Ltd.

Colabora /
In collaboration with
The Tara Building

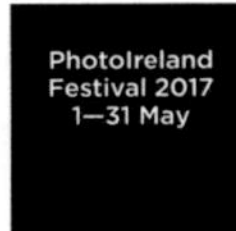

2017.photoireland.org

Tras estudiar Historia, Filología alemana y Fotografía, Nestor se topó con nuevas perspectivas sobre un período que consideraba exhausto. Imágenes en venta como "Nachlass", o herencia: literalmente aquello que se deja atrás con la muerte. Son la expresión de lo que alguien tuvo que decir, no lo que fue dicho en su lugar durante su vida, y se han convertido en su testimonio final. Nestor descubrió estas imágenes en medio de una investigación, y quedó sorprendido por la calidad y la cantidad de fotos en venta.

Estas imágenes ofrecen una mirada fugaz a los fragmentos de una vida bajo un régimen totalitario en medio de una guerra y de una nación sumida en la derrota y la amnesia. *Bellum et Pax* intenta universalizar estas experiencias, haciéndolas narrables y llenándolas de vida.

Este proyecto fue presentado en formato libro en el Fotobookfestival Dummy Award 2015 en Kassel, Alemania. La maqueta estará disponible y podrá ser ojeada durante la exhibición.

Having formally studied History, German and Photography, Nestor was discovering new visions of a time he thought had been fully debated and photographed. Yet here were images on sale as 'Nachlass', or estate: that what is literally left behind after death. They are what an individual had to say, and not what was said for them in their lifetime, and have in turn become a final testimony. Nestor first started to come across these images while researching and was struck by the amount and quality of images for sale.

What these images offer is a glimpse into fragments of life, under a totalitarian state at war and a nation under defeat and amnesia. Bellum et Pax is an attempt at universalising these recorded experiences, making them relatable and alive.

This project was presented in book format to the Fotobookfestival Dummy Award 2015 in Kassel, Germany. The dummy book will be available to browse during the exhibition.

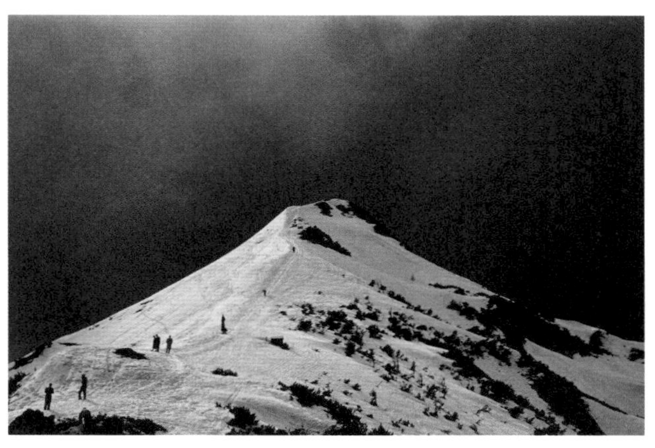

Steven Nestor
Mountain Jenner, April, 1955

Akihito Yoshida

Hojas cayendo
Falling Leaves

15.04 – 14.05.2017

Kyotographie Office
670-10 Shokokujimonzen-
cho, Kamigyo-ku,
Kyoto 602-0898 Japan

T. +81 (0) 75 708 7108
info@kyotographie.jp

Nacido en 1980, Yoshida Akihito abandonó su carrera como maestro para dedicarse a la fotografía y desde entonces produce obras que enfrentan las emociones e intenciones que se albergan en el interior de los seres humanos. Sus imágenes transmiten un sentido de dignidad humana que nunca desaparece del todo.

Falling Leaves [hojas cayendo] es un registro fotográfico de su primo menor y su abuela, quienes siempre vivieron juntos en su pueblo de origen, en la prefectura de Miyazaki. Estas fotografías, tomadas por Yoshida desde sus primeros inicios como fotógrafo, capturan una relación un tanto inusual, una que difiere con respecto a la mayoría de las relaciones entre nietos y abuelas y nos muestran sutilmente la irremplazable calidez de la vida cotidiana que, aunque ya no exista, definitivamente existió en algún momento.

En el verano de 2017 el fotolibro *Falling Leaves* será autopublicado en una edición limitada de 111 ejemplares, el número total de años vividos por su primo y su abuela.

Born in 1980, Yoshida Akihito resigned from his occupation as a primary school teacher to pursue a career in photography, and since then has continued to produce works that earnestly confront the intentions and emotions that lie within human beings. His work conveys a sense of human dignity that never ceases to prevail.

Falling Leaves *is a photographic record of his younger cousin and his grandmother, with whom the cousin lived with since birth, together in their homeland of Miyazaki prefecture. These photographs, taken by Yoshida from his early days as a photographer, capture a somewhat unusual relationship, one different from that of an ordinary grandmother and grandchild, and gently show us the irreplaceable warmth of everyday life that, although now gone, certainly existed.*

In the summer of 2017, Falling Leaves *will be released as a self-published photobook in a limited edition of 111, the total number of years that his cousin and grandmother lived.*

Organiza / *Organized by*
KYOTOGRAPHIE

Colabora /
In collaboration with
Miso, Graphic KK,
Awagami Factory

Apoya / *Support*
Seigensha Art Publishing,
Japan Taniguchi Construction
Co. Ltd, Kyoto– Culture City
of East Asia 2017

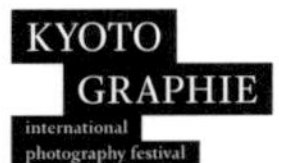

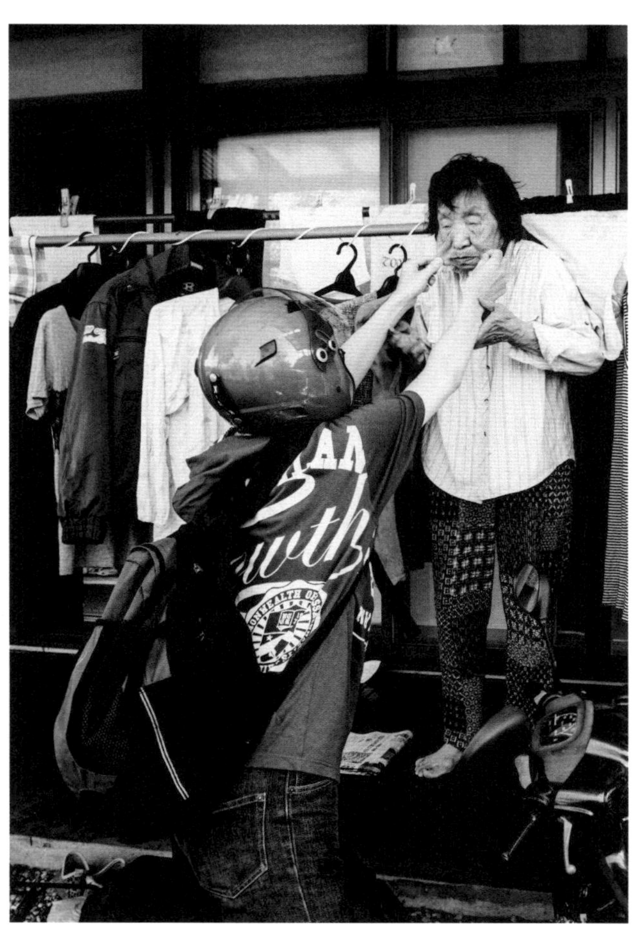

Akihito Yoshida
Hojas cayendo / Falling Leaves, 2017

Diapositivas. La historia de la fotografía proyectada

Slides. The History of Projected Photography

Colectiva / *Group*

01.06-24.09.2017

Avenue de l'Elysée, 18
1014 Lausanne, Vaud,
Switzerland

Mar-dom / *Tue-Sun*:
11.00 – 18.00 h
Entrada General / *Fee*:
8 CHF
Jubilados / *Retired*: 6 CHF
Reducida / *Concessions*:
4 CHF
Gratuita el primer sábado
de cada mes / *Free on first
Saturday of each month*

T. +41 21 316 99 11
info@elysee.ch
www.elysee.ch

Comisarios / *Curators*
Anne Lacoste, Carole
Sandrin, Nathalie
Boulouch, Olivier Lugon
y Emilie Delcambre Hirsch

Existe catálogo /
Catalogue available

Organiza / *Organized by*
The Musée de l'Elysée,
Lausanne

Musée de l'Elysée presenta la primera exhibición dedicada a la historia de la diapositiva, desde su invención en la segunda mitad del siglo XIX hasta nuestros días. Si bien la historia de la fotografía se ha desarrollado en torno a la impresión fotográfica, la proyección de fotogramas vivió un gran auge en el último tercio del siglo XIX, adoptando elementos de la tradición de espectáculos de linterna mágica.

Aunque su uso, relegado por muchos años a espacios pedagógicos, presentaciones públicas y eventos de entretenimiento popular, la proyección fotográfica también consiguió el favor de gran número de fotógrafos amateurs. Algunos fotógrafos profesionales, empezaron a utilizar diapositivas en la primera mitad del siglo XX, pero no sería hasta la década de los sesenta cuando caló verdaderamente en la comunidad artística, gracias al influjo de artistas conceptuales, quienes la adoptaron como una forma de expresión alternativa.

La muestra incluye más de 20 proyecciones y combina diferentes medios –diapositivas, reproducciones, proyectores, documentación original y videos (reconstituciones).

The Musée de l'Elysée presents the first exhibition devoted to the history of the slide, from its inception in the second half of the 19th century to this day. Whereas the history of photography was built around the photographic print, the photographic projection underwent a major development as of the last third of the 19th century, borrowing from the tradition of magic lantern shows.

For a long time confined to the realm of teaching, public lectures and popular entertainment, photographic projection also became increasingly popular among amateur photographers. Some well-known professional photographers already used the slide in the first half of the 20th century, but it wasn't until the 1960s that this type of presentation really took hold within the artistic community, when conceptual artists adopted it as an alternative means of expression.

The selection consists of more than 20 projections and brings together different media – slide objects, prints, projectors, original documentation and videos (reconstitutions).

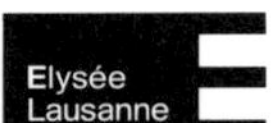

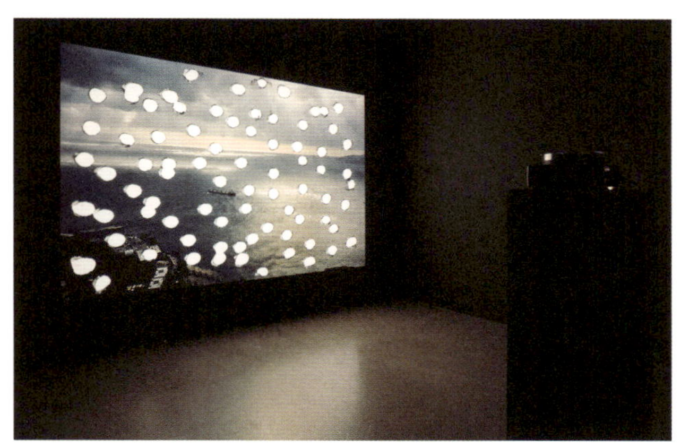

Runo Lagomarsino
Gramática del mar, vista de instalación / Sea grammar, vue d'installation, 2015
© AGOSTINO OSIO

Hoda Afshar

Mirad
Behold

03.08 –17.08.2017

404 George Street Fitzroy
Victoria
3065 Australia

Mié-vie / *Wed-Fri*:
11.00 – 17.00 h
Sáb-dom / *Sat-Sun*:
12.00 – 17.00 h
Entrada: gratuita /
Admission: free

www.ccp.org.au

Comisaria / *Curator*
Pippa Milne

En *Behold* Hoda Afshar (1983, Teherán) cuestiona la expresión cultural y visual de la sexualidad masculina. Su trabajo previo, basado en investigaciones propias, se ha enfocado en temas vinculados a las representaciones de personas marginadas no occidentales. La serie actual busca, en parte, examinar la imagen y la percepción dominante del sujeto masculino en la imaginación occidental/oriental(ista). *Behold* pone de relieve la diferencia y la problemática que surge entre la fotografía documental y la fotografía escenificada al presentar a un grupo de hombres reunidos bajo el anonimato parcial que les ofrecen las instalaciones de unos baños públicos (en una ubicación desconocida), y dotarlos con picardía con una serie de metáforas homoeróticas provenientes tanto de la tradición orientalistas como de fuentes originales de la cultura persa/árabe para así cuestionar el código visual de las categorías sexuales en diversos contextos culturales y estéticos.

In Behold, Hoda Afshar (Tehran, 1983) considers questions around visual and cultural expressions of male sexuality. Her earlier research-based practice has focused on issues that surround representations of non-Western marginal subjects. This current series seeks, in part, to examine the dominant representations and perceptions of the male subject in the Western / Oriental(ist) imagination. Blurring the boundaries between staged and documentary photography, Behold *documents a community of men who meet in the partial anonymity of a public bathhouse (in an undisclosed location), while playfully employing familiar homoerotic tropes drawn from both Orientalist and native Persian/Arabic literary sources in order to interrogate the visual coding of sexual categories in different cultural-aesthetic contexts.*

Organiza / *Organized by*
Centre for Contemporary
Photography

ccp.

centre for
contemporary
photography

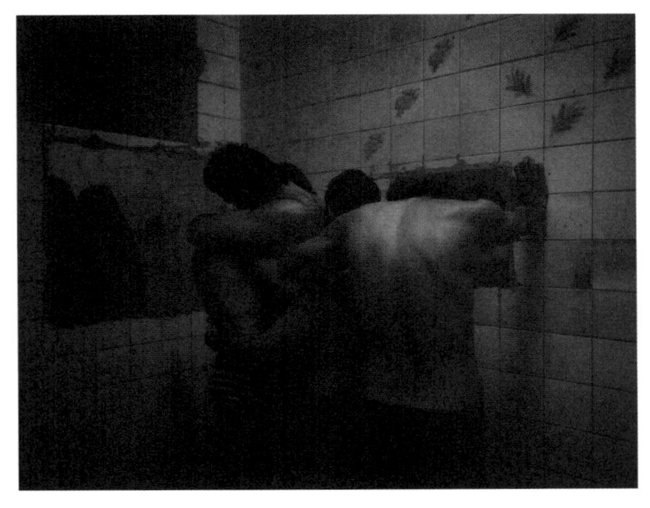

Hoda Afshar
De la serie "Behold" / *From the series Behold*, 2015
© HODA AFSHAR

Mérignac Photographic Festival 2017

Joshua Benoliel / Meyer Flou / Qian Haifeng / Anna Malagrida / Isabel Muñoz / Mark Neville / Eric Pickersgill / Andrea Santolaya / Madeleine De Sinéty / Jake Verzosa / Karlheinz Weinberger y otros

05.10 – 17.12.2017

60 Avenue du Maréchal de Lattre de Tassigny
33700 Mérignac

Entrada: gratuita /
Admission: free

T. 0033 (0)5 56 55 66 18 –
0033 (0)6 27 52 48 69
v.bougant@merignac.com
www.merignac-photo.com

Comisarios / *Curators*
François Cheval
y Audrey Hoareau

La Villa de Mérignac está ordenada por zonas y aunque la ciudad se reconoce como una sola, hay en ella sectores que se yuxtaponen. No son espacios que se enfrenten o se ignoren, simplemente son colindantes, o más bien yuxtapuestos. El festival aspira a que la ciudad sea objeto de una apropiación; aquello que la vida cotidiana disocia se convierta en objeto mismo de una confrontación con la fotografía.

Este festival de fotografía propone y manifiesta los intercambios y la integración. Mediante la organización de un recorrido sencillo y convergente se logra que unos espacios abiertos y cuidados y unas estructuras efímeras congreguen una serie de propuestas fotográficas imprevisibles y a la vez deliberadas. Será tras la contemplación y disfrute cuando los habitantes afirmarán o reafirmarán su pertenencia a una comunidad.

¿Qué significa vivir juntos y ser de algún sitio? Esta edición del festival expondrá las bases mismas de la vida en comunidad, de esa determinación gregaria que pone de manifiesto nuestra imposibilidad de vivir solos.

The city of Mérignac is split into sectors, and though it recognises itself as a single unit certain areas overlap with others. These aren't areas of conflict or exclusion, they are simply adjacent, or rather juxtaposed, spaces. The festival aims to subject the city to an appropriation, to turn that which ends up dissociated in everyday life into the very object of a confrontation with photography.

This photography festival promotes and reveals exchanges and integration. A simple and converging itinerary makes use of neat open spaces and ephemeral structures to house photographic projects that are at once unpredictable and deliberate. Only once they have contemplated and enjoyed them, will the residents of the city claim or reclaim their affiliation to a given community.

What does it mean to live together, to be from some place? This edition of the festival will reveal the very foundations of what it is to live in community, of that gregarious determination that evidences the impossibility of living alone.

Organiza / *Organized by*
Ville de Mérignac

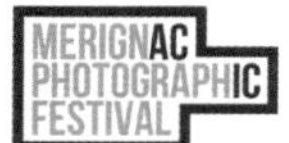

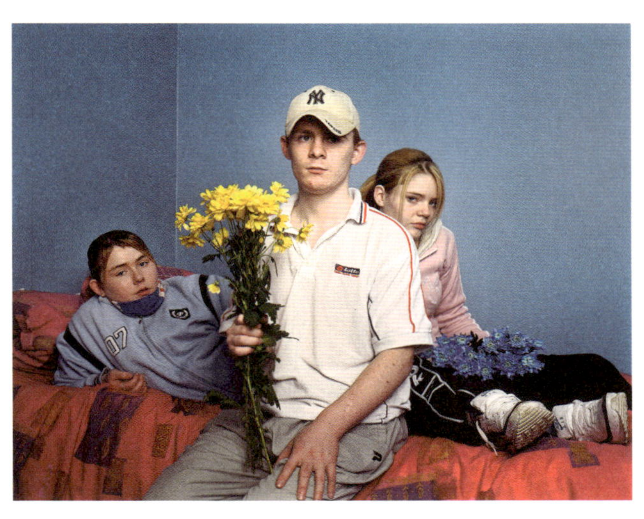

Mark Neville
El nuevo apartamento de Mark / Mark's New Flat, 2003

Diana Lelonek

Mi Rośnie
Growing On Me

06.07 –31.08.2017

Fundacja Bęc Zmiana, ul.
Mokotowska 56/7
00-533 Warszawa
Lun-vie / Mon-Fri:
10.00 – 19.00 h

Lokal_30, ul. Wilcza 29ª/12
00-544 Warszawa
Mar-sáb / Tue-Sat:
12.00 – 18.00 h

Entrada: gratuita /
Admission: free

T. +48 22 629 21 85
(Fundacja Bęc Zmiana)
T. +48 608 290 996
(Lokal_30)
bec@beczmiana.pl
lokal30@gmail.com
http://www.beczmiana.pl/
http://lokal30.pl/

Comisario / *Curator*
Marta Królak

La práctica artística de Diana Lelonek (Polonia, 1988) gira en torno a la relación entre la naturaleza y los humanos. El cuidadoso estudio de intervenciones humanas sobre el medio ambiente y las respuestas suscitadas por ellas en la naturaleza expanden el campo artístico de sus obras y lo emparentan con el proceso de investigación científica. El trabajo de la artista, anclado en la fotografía, amplía las virtudes del formato reproduciendo los métodos de expansión de la naturaleza. Al cubrir sus retratos con musgo, liquen y hongos, Lelonek crea objetos a caballo entre la fotografía y el bioarte. Esta muestra conjunta de la Fundación Bęc Zmiana y la galería lokal_30 reúne trabajos de proyectos recientes de la artista –metáforas que representan al medio ambiente como un campo de batalla.

Diana Lelonek actualmente imparte clases en 7th Studio of Intermedia Photography. Ha sido ganadora de concursos internacionales en Polonia y Suiza, y sus obras forman parte de la colección del Museo de Fotografía de Lausanne.

Diana Lelonek's (Poland, 1988) artistic practice revolves around the relationship between humans and nature. Carefully studied signs of human intervention in the environment and nature's response to them expand the visual arts field in Lelonek's pieces, bringing them closer to the process of scientific examination. Based on photography, the artist's work broadens the medium by means that mirror those used by nature to spread. Covering her portraits with moss, lichen, and fungus, Lelonek creates objects on the edge of photography and BioArt. This joint presentation at Fundacja Bęc Zmiana and lokal_30 gallery brings together works from Lelonek's recent projects – metaphors that picture the environment as a battlefield.

Diana Lelonek currently is assistant professor in the 7th Studio of Intermedia Photography. She has won international competitions in Poland and Switzerland, and her work is included in the collection of the Museum of Photography in Lausanne.

Organiza / *Organized by*
Fundacja Bęc Zmiana
y Local_30

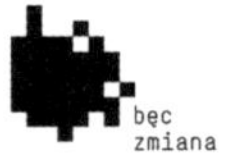

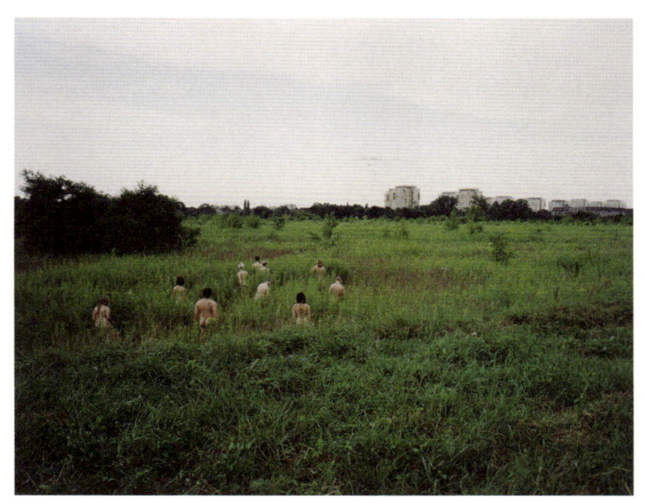

Diana Lelonek
Sin título. De la serie "Ayer me encontré con un hombre realmente salvaje", /
Untitled. *From the series Yesterday I met a really wild man*, 2015

Professional Programmes

Parallel to the exhibition programme, each year PHotoESPAÑA holds programmes for professionals, of note among which are Trasatlántica PHE and other initiatives that promote interchange among professionals and photographers. In PIC.A the Festival organises the Discoveries PHE Week, in which there is a place for viewing portfolios and Campus PHE. PIC.A is, indeed, the international centre for photography training in which PHotoESPAÑA, along with the Alcobendas Municipal Council, provides its great experience in order to propose an educational programme that goes from the most basic level to the professional. For the second year, the Festival is presenting a viewing of portfolios in Murcia.

Programas profesionales

Paralelamente a la programación expositiva, PHotoESPAÑA desarrolla cada año programas para profesionales, entre los que destacan Trasatlántica PHE y otras iniciativas que promueven el intercambio de conocimiento entre profesionales y fotógrafos. El Festival organiza en PIC.A la Semana Descubrimientos PHE, en la que tienen cabida los visionados de porfolios y Campus PHE. PIC.A es, además, el centro internacional de formación en fotografía en el que PHotoESPAÑA, junto con el Ayuntamiento de Alcobendas, ofrece su amplia experiencia para proponer un programa educativo que va desde el nivel más básico hasta el profesional. Por segundo año el Festival presenta en Murcia un visionado de porfolios.

Semana Descubrimientos PHE / Visionado de porfolios
Discoveries PHE Week / Portfolio Reviews

29.05 – 02.06.2017

Sede / *Venue*
PIC.A Escuela Internacional
Alcobendas PHotoESPAÑA

Espacio Miguel Delibes
Avda. de la Magia, 4
28100 Alcobendas

❂ Valdelasfuentes
T. +34 913 601 326 /
+34 912 985 525
www.alcobendas.org
www.phe.es

**Actividades previa
inscripción en /
*Enrolment for
activities on:***
www.phe.es

Organiza / *Organized by*
PHotoESPAÑA

**Colaboran /
*In collaboration with***
Ayuntamiento de Alcobendas
y Acción Cultural Española

**Apoyan /
*With the support of***
Instituto de Industrias
Culturales y Artes
de la Región de Murcia,
ILLENC – Institut
de la Llengua i Cultura de les
Illes Balears, Cátedra Autric
Tamayo, Facultad de
Bellas Artes, Universidad
Complutense de Madrid,
Fundación Ankaria
y Embajada de EE.UU.

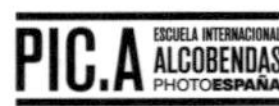

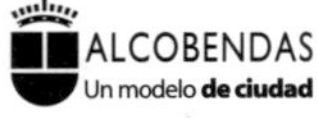

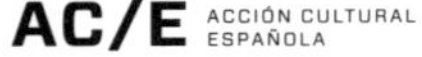

Por tercer año, Descubrimientos PHE amplía su convocatoria y extiende su programación en cuatro sesiones para reunir a cerca de 150 fotógrafos y más de cuarenta expertos nacionales e internacionales, ofreciendo un grupo de visionado más amplio y heterogéneo y presentando, durante cuatro jornadas, un programa de actividades que incluye seminarios y talleres.

La Semana Descubrimientos PHE ofrece a los participantes, a través de los visionados, un espacio para mostrar su trabajo a comisarios y editores en el que pueden conectar con destacados profesionales del sector, explorar nuevas posibilidades profesionales, mejorar la presentación de proyectos, descubrir tendencias actuales, entrar en contacto con otros fotógrafos para conocer sus procesos y métodos de trabajo y ampliar su red profesional.

Además de los visionados, la Semana Descubrimientos PHE organiza talleres profesionales. Así la programación ofrece encuentros con algunos expertos como Peter Fraser y Antoine d'Agata con el fin de explorar temas de actualidad en el sector fotográfico.

For the third year, Discoveries PHE is widening its call and extending its programming into four sessions in order to bring together about 150 photographers and over forty Spanish and international experts, providing a viewing group that is broader and more heterogeneous, and presenting a four-day programme of activities including seminars and workshops.

Through its viewing team, the Discoveries PHE Week provides its participants with a space to show their work to curators and publishers and in which they may contact renowned professionals in the sector, explore new professional possibilities, improve the presentation of their projects, discover current tendencies, make contact with other photographers in order to get to know their working processes and methods and broaden their professional networks.

Besides the portfolio viewings, the Discoveries PHE Week professional workshops. To do this, the programme provides seminars with experts such as Peter Fraser y Antoine d'Agata with the aim of exploring current issues in the photography sector.

Escapar de la Biblioteca. Con Peter Fraser

Escaping the Library. With Peter Fraser

Semana Descubrimientos PHE / Campus PHE /
Descubrimientos PHE Week / PHE Campus

01.06 – 02.06.2017

Sede / *Venue*
PIC.A Escuela Internacional
Alcobendas PHotoESPAÑA
Espacio Miguel Delibes
Avda. de la Magia, 4
28100 Alcobendas

◉ Valdelasfuentes
T. +34 913 601 326 /
+34 912 985 525
www.alcobendas.org
www.phe.es

**Actividades previa
inscripción en /**
*Enrolment for
activities on:*
www.phe.es

La Semana Descubrimientos PHE pretende crear un espacio donde los fotógrafos puedan mostrar su trabajo, recibir asesoramiento y ampliar su conocimiento. Para ello tendrán lugar los Talleres Campus PHE, que ayudarán a los participantes a fomentar su proceso creativo.

El taller *Escapar de la Biblioteca* abordará uno de los principales problemas que enfrentan los fotógrafos hoy en día, que todos llevamos en nuestras mentes una enorme biblioteca de imágenes de otros fotógrafos, incluso sin ser conscientes de esto, y de hecho interfieren con nuestro propio y único potencial. Este taller se concentrará en dar a los estudiantes la oportunidad de escuchar su propia voz, la voz de un ser humano único, y en consecuencia hacer fotografías.

Peter Fraser (Cardiff, 1953) es un fotógrafo de gran prestigio y con una larga trayectoria profesional como comisario de exposiciones, editor de fotografía y sin duda, como fotógrafo. Han sido múltiples las exposiciones y retrospectivas que se han realizado de su trabajo.

The Descubrimientos PHE Week aims to create a space in which photographers can show their work, receive feedback, and enhance their knowledge. That is the purpose of the PHE Campus workshops, which will help participants nourish their creative process.

The workshop 'Escaping the Library' will touch upon one of the primary problems affecting photographers today: the fact that we all carry in our heads an enormous library of images by other photographers, even if we aren't even of it, and these images stand between us and our own and unique potential. This workshop will focus on enabling students to listen to their own voice, the voice of a unique human being, and to act upon it in photographic terms.

Peter Fraser (Cardiff, 1953) is a renowned photographer with a long professional career as an exhibition curator, photography publisher and, undoubtedly, as a photographer. Many are the exhibitions and retrospectives that have focused on his work.

Organiza / *Organized by*
PHotoESPAÑA

Colabora /
In collaboration with
Ayuntamiento de Alcobendas

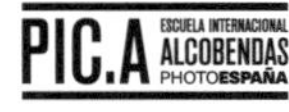

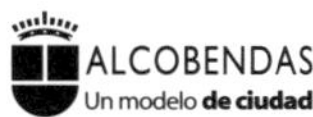

Al límite del acto fotográfico.
Con Antoine d'Agata
On the Threshold of Photographing. With Antoine d'Agata

Semana Descubrimientos PHE / Campus PHE /
Descubrimientos PHE Week / PHE Campus

01.06 – 02.06.2017

Sede / *Venue*
PIC.A Escuela Internacional
Alcobendas PHotoESPAÑA
Espacio Miguel Delibes
Avda. de la Magia, 4
28100 Alcobendas

Ⓜ Valdelasfuentes
T. +34 913 601 326 /
+34 912 985 525
www.alcobendas.org
www.phe.es

**Actividades previa
inscripción en /
*Enrolment for
activities on:***
www.phe.es

Organiza / *Organized by*
PHotoESPAÑA

**Colabora /
*In collaboration with***
Ayuntamiento de Alcobendas

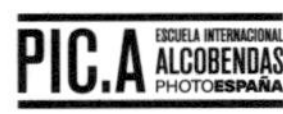

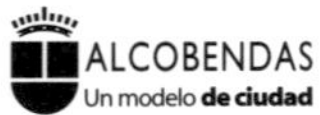

Este taller consiste en una sesión grupal en la cual se discutirá la perspectiva de cada participante en cuanto a su relación y posición con la fotografía. Se realizará una revisión y análisis del trabajo previo de cada participante y luego se asignará un ejercicio fotográfico que será analizado posteriormente en clase. Cada participante llevará su porfolio (libros, fotografías, etc.), cámara digital y cuaderno de notas.

"No es como un fotógrafo mira al mundo, lo que es importante es su relación íntima con él." (Antoine d'Agata)

La reputación de Antoine D'Agata (fotógrafo y cineasta) como maestro es extraordinaria. Algunos participantes han citado: "un taller con d'Agata es una experiencia que cambia tu vida". Tiene una habilidad única para guiar al individuo a profundizar en su interior, tanto emocional como creativamente. Su fotografía es puramente subjetiva y el eco del famoso mantra de Robert Capa está presente en su obra: "si tus fotografías no son lo suficientemente buenas, es que no estás lo suficientemente cerca."

This workshop consists in a group session where each of the participants' point of view concerning their position in relation to photography is discussed. There will be a review and analysis of each of the participants' previous work and a photography exercise will be assigned which will then be analysed in class. Each of the participants will bring their portfolio (books, photographs, etc), digital camera and a notebook.

'It isn't about how a photographer looks at the world, the important thing is his/her intimate relationship with it.' (Antoine d'Agata)

D'Agata (photographer and cineaste) has an extraordinary reputation as an instructor. Previous participants have said: 'a workshop with d'Agata is a life-changing experience'. He has a singular ability to guide individuals deep into their inner selves, both emotionally and creatively. His photography is purely subjective and the echo of Robert Capa's famous mantra can be sensed in his work: 'if your pictures aren't good enough, you're not close enough.'

Visionado de porfolios en la Región de Murcia

Portfolio Review in the Region of Murcia

12.05 – 13.05.2017

Sede / *Venue*
Centro Párraga

Madre Elisa Oliver Molina, s/n
30002 Murcia

T. +34 968 351 410
info@centroparraga.com
Información / Information
www.phe.es

PHotoESPAÑA organiza por segundo año, en colaboración con el Instituto de las Industrias Culturales y las Artes de la Región de Murcia y el Centro Párraga, un programa de visionados de porfolios con el fin de impulsar y difundir la fotografía en la región. Tras la celebración de los visionados que tuvieron lugar en el Centro Párraga los días 12 y 13 de mayo, cinco finalistas (de los veinte que han mostrado su trabajo) han sido seleccionados por los expertos Chema Conesa (Comisario, fotógrafo y editor de fotografía), Sema D'Acosta (Crítico de arte y comisario de exposiciones, especializado en fotografía), Paco Salinas (Comisario de exposiciones [NA VE KA], crítico y editor [Mestizo]. Director de fotoencuentros [2001-2011]) y Mª Ángeles Sánchez Rigal (Directora Galería ArtNueve, Murcia). Estos fotógrafos han sido becados por el Instituto de las Industrias Culturales y las Artes de la Región de Murcia para participar en la Semana Descubrimientos PHE, que se celebrá en Madrid entre los días 29 de mayo al 2 de junio, coincidiendo con la inauguración oficial de PHotoESPAÑA.

In collaboration with the Institute for Cultural Industries and the Arts of Murcia and Párraga Centre, PHotoESPAÑA, with the aim of further promoting photography in the region, has organized for the second year a programme consisting in the viewing of portfolios. As a result of the viewings that took place in Párraga Centre last 12th and 13th May, five finalists were selected by a number of expert professionals: Chema Conesa (exhibition curator, photographer and photo editor), Sema D'Acosta (Art Critic and exhibition curator, specializing in photography), Paco Salinas (exhibition curator [NAVE KA], critic and publisher [Mestizo], director of Photoencounters [2001-2011]), and Mª Ángeles Sánchez Rigal (director of the Galería ArtNueve, Murcia). The winning photographers have been awarded a grant from the Murcia Institute for Cultural Industries and the Arts, which allows them to participate in the Discoveries PHE Week, held in Madrid between from 29 May to 2 June, marking the official opening of PHotoESPAÑA.

Organizan / *Organized by*
Instituto de las Industrias Culturales y las Artes de la Región de Murcia, Centro Párraga y PHotoESPAÑA

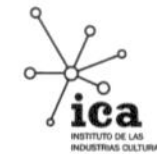
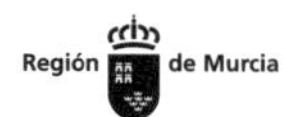

CENTRO PÁRRAGA

Trasatlántica

En 2008, PHotoESPAÑA creó Trasatlántica, un foro de fotografía y artes visuales que ha convocado a fotógrafos, investigadores, críticos y comisarios de arte iberoamericanos para participar en una amplia oferta de actividades como encuentros, talleres de edición, visionados de porfolios, exposiciones y concursos.

Hasta el momento, ha organizado actividades en Argentina, Bolivia, Brasil, Chile, Colombia, Costa Rica, España, Estados Unidos, Guatemala, Honduras, México, Nicaragua, Panamá, Perú, República Dominicana, Uruguay y Venezuela y en 2016 tuvo su primera edición en el continente Africano organizando la actividad en Senegal.

Trasatlántica PHE celebra su X Aniversario en 2017 y continúa gracias al apoyo de la Agencia Española de Cooperación Internacional al Desarrollo – AECID y su Red de Centros Culturales junto a la colaboración de organizaciones locales y organiza visionados de porfolios y talleres en Marruecos y Filipinas.

In 2008, PHotoESPAÑA created Trasatlántica, a photography and visual arts forum which has called upon Iberian-American photographers, researchers, critics and art curators to participate in a broad range of activities such as encounters, publishing workshops, portfolios reviews, exhibitions, and competitions. So far it has organised activities in Argentina, Bolivia, Brazil, Chile, Colombia, Costa Rica, Spain, the United States, Guatemala, Honduras, Mexico, Nicaragua, Panama, Peru, the Dominican Republic, Uruguay and Venezuela, and in 2016 it held its first event in Africa when it organised an activity in Senegal.

Trasatlántica PHE celebrates its tenth anniversary in 2017 and keeps on growing thanks to the support of the Spanish Agency of International Cooperation and Development (AECID) and its network of cultural centres, which together with local institutions have made it possible to organise portfolio reviews and workshops in Morocco and the Philippines.

Organizan / *Organized by*
Trasatlántica PHE, Agencia Española de Cooperación Internacional al Desarrollo – AECID

Colabora /
In collaboration with
Embajada de España en Filipinas, Pioneer Studios, Embajada de España en Marruecos y L'Uzine

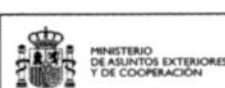 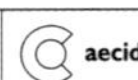 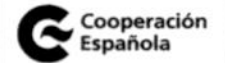

PIC.A Escuela Internacional Alcobendas PHotoESPAÑA

PIC.A PHotoESPAÑA International Centre Alcobendas

Sede / *Venue*
PIC.A Escuela Internacional
Alcobendas PHotoESPAÑA

Espacio Miguel Delibes
Avda. de la Magia, 4
28100 Alcobendas

◉ Valdelasfuentes
T. +34 916 626 062 /
+ 34 913 601 327
www.alcobendas.org
www.phe.es

La Escuela Internacional Alcobendas PHoto-ESPAÑA (PIC.A) es un centro de formación en fotografía que cuenta con un amplio programa formativo y cubre el espectro que va desde el nivel básico o amateur hasta el profesional. La Escuela PIC.A, impulsada por el Ayuntamiento de Alcobendas, tiene su sede en el Espacio Miguel Delibes, donde anualmente reciben formación más de quinientos alumnos.

PIC.A ofrece la oportunidad de desarrollar estudios básicos y superiores de fotografía, culminando la formación con la realización del Máster PHotoESPAÑA en Fotografía, Teoría y proyectos artísticos. El Máster es un programa que ofrece a los alumnos preparación teórica y herramientas para emprender una carrera profesional en esta disciplina.

Durante todo el curso escolar, PIC.A organiza diversas actividades: clases magistrales abiertas al público, talleres monográficos impartidos por artistas y especialistas en fotografía con una reconocida trayectoria, seminarios profesionales en los que se profundiza en campos como la edición y la gestión y cursos online.

PIC.A PHotoESPAÑA International Centre Alcobendas is a centre for training in photography that has a broad teaching programme, covering the spectrum going from the basic or amateur level to profesional standard. PIC.A's main premises is at the Espacio Miguel Delibes in Alcobendas, where over five hundred students graduate in photography each year.

PIC.A provides an opportunity to develop basic and higher studies in photography, culminating the formation with the realization of PHotoESPAÑA Master in Photography, Theory and Artistic Projects. The Master is a programme that grants the students theoretical preparation and the tools for undertaking a professional career in this discipline.

Throughout the whole course, PIC.A organices several different activities: masters classes open to the public, monographic workshops given by artists and specialists in photography with an internationally-recognised career, profesional seminars which go in depth into fields such as publishing and management, as well as online courses.

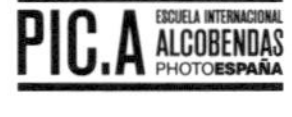

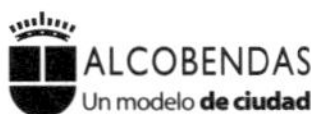

Máster PHotoESPAÑA:
Teorías y proyectos artísticos
PHotoESPAÑA Master. Theory and Artistic Projects

Sede / *Venue*
PIC.A Escuela Internacional
Alcobendas PHotoESPAÑA

Espacio Miguel Delibes
Avda. de la Magia, 4
28100 Alcobendas

◉ Valdelasfuentes
T. +34 913 601 327
www.alcobendas.org
www.phe.es

Información / *Information*
master@phe.es
www.phe.es

Matrícula / *Enrolments*
Abierta a partir del
4 de mayo / *Open from
May, 4th*

El Máster PHotoESPAÑA. Teorías y Proyectos Artísticos recoge toda la experiencia del Festival para ofrecer un programa completo de formación en fotografía. Está especialmente diseñado para aquellas personas que buscan encaminar su obra de autor y consolidar su actividad en el sector.

Sirve como marco para la producción de nuevos trabajos y para la creación de una red internacional de destacados profesionales. Los alumnos exploran los aspectos teóricos de la imagen a través de diferentes prácticas y cada uno de ellos ha de realizar un porfolio, un libro de autor, un proyecto expositivo y una pieza audiovisual.

El programa de estudios se articula en módulos impartidos por profesionales en activo de destacada trayectoria como Alberto García-Alix, Javier Riera, Horacio Fernández, Gerardo Mosquera, Sérgio Mah, Michael Atavar o Noe Sendas, entre otros muchos. Completan el programa visitas profesionales a estudios de artistas, galerías de arte, imprentas y centros de arte. El curso ofrece las herramientas necesarias para que los alumnos desarrollen sus proyectos en todas sus fases y también la promoción de los mismos.

The PHotoESPAÑA Master: Theory and artistic projects draws from the experience of its Festival to provide a complete training programme, designed particularly for those people seeking to develop their personal artwork and to consolidate their activity in this sector.

It serves as a framework for the production of new works and for the creation of an international network of outstanding professionals. Students explore the theoretical aspects of the image, and each of them produces a portfolio, an author's book, an exhibition project and an audiovisual work.

The programme of studies is articulated around modules given by renowned professionals, such as Alberto Alberto García-Alix, Javier Riera, Horacio Fernández, Gerardo Mosquera, Sérgio Mah, Michael Atavar o Noe Sendas, among others. The visits to artists' studios, as well as to art galleries, printers and art centres, complete the programme. The course provides the necessary tools for the students to carry out their activity from the creation to the promoting of their projects.

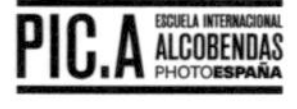

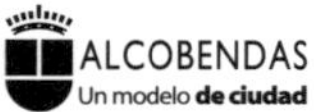

Public Activities

PHotoESPAÑA is an event that is born out of an intention to involve society as a whole. Thus it organises activities and programmes that embrace a very broad public through workshops, competitions and public actions that intend to bring many people to the world of photography: PHotoESPAÑA – Community of Madrid Forum; competitions like those Organized by the Fundación Canal, el Ayuntamiento de Madrid, Samsung, D.O. Ribera del Duero and Solán de Cabras; the Saturdays Workshops; Lanzarote PHotoWalk; programmes of projections and cinema cycles and the PHotoBook Week are some of the initiatives on offer at this edition of the Festival.

Actividades para públicos

PHotoESPAÑA es un acontecimiento que nace con el propósito de implicar a la sociedad en su totalidad. Por ello, organiza actividades y programas que abarcan un público muy amplio a través de talleres, concursos y acciones públicas que pretenden acercar a todos al mundo de la fotografía. Foro PHotoESPAÑA – Comunidad de Madrid; concursos como los organizados por la Fundación Canal, el Ayuntamiento de Madrid, Samsung, D.O. Ribera del Duero y Solán de Cabras; Los talleres de los sábados; PHotoWalk en Lanzarote; mesas redondas; programas de proyecciones y ciclos de cine o la PHotoBook Week son algunas de las iniciativas que ofrece esta edición del Festival.

Foro PHotoESPAÑA – Comunidad de Madrid

05.06 – 27.08.2017

Sedes / *Venues*

Hacer / *Making*:
Sala El Águila
Mar-sáb / *Tue-Sat*:
11.00 – 20.30 h
Dom / *Sun*:
11.00 – 14.00 h
Archivo Regional de la
Comunidad de Madrid
Ramírez de Prado, 3
28045 Madrid
Ⓜ Delicias

Hablar / *Speaking*:
Jardines de la Sala
Canal de Isabel II
06.06, 08.06, 13.06, 15.06:
18.30 – 20.00 h
Santa Engracia, 125
28003 Madrid
Ⓜ Ríos Rosas /
Alonso Cano

Escuchar / *Listening*:
Jardines de la Sala
Canal de Isabel II
07.06, 09.06, 14.06, 16.06:
18.30 – 20.00 h

Estar / *Being*:
Twitter: @photoespana /
Facebook: PhotoEspaña /
Instagram @photoespana

**Más información /
*For further information***
www.phe.es

Organizan / *Organized by*
Comunidad de Madrid
y PHotoESPAÑA

Colabora / *In collaboration*
Canon

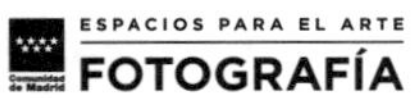

La Comunidad de Madrid y PHotoESPAÑA organizan por segundo año consecutivo un espacio, físico y virtual, en el que los fotógrafos y el público establecerán una relación directa, a través de exposiciones, encuentros, sesiones de aprendizaje o comunicación en redes sociales. Este Foro es un espacio en el que se puede "Hacer", "Hablar", "Escuchar" y "Estar" con la fotografía.

HACER invita a los creadores a enviar sus proyectos fotográficos y/o de artes visuales a través de una convocatoria abierta. El trabajo de los seleccionados será mostrado al público en formato de exposición "exprés".

De entre todas las propuestas recibidas, la Comunidad de Madrid y PHE elegirán cuatro proyectos, que se mostrarán en la Sala de Exposiciones El Águila

HABLAR pretende hacer disfrutar a la audiencia de la fotografía desde diferentes ángulos. Generar un diálogo con los actores de la fotografía, extendiendo la presencia a Internet y en redes sociales.

En este espacio, los fotógrafos podrán dialogar directamente con el público, con el objetivo de potenciar el intercambio de experiencias cara a cara.

Las citas se celebrarán en cuatro sesiones: En torno a la *post-fotografía, En torno a la fotografía documental vs la fotografía artística, En torno al retrato y En torno a la exposición Un cierto panorama –reciente fotografía de autor en España–* en la Sala Canal de Isabel II.

Con **ESCUCHAR** se propone a las escuelas de fotografía más destacadas de Madrid y otras comunidades autónomas a programar actividades para el público (serán cuatro sesiones), con el objetivo de extender los conocimientos fotográficos a sectores no especializados pero sí interesados en el medio. Las escuelas seleccionadas prepararán una sesión, de carácter gratuito y abierto a todo tipo de público.

ESTAR invitada a doce fotógrafos españoles e internacionales a adueñarse de las redes sociales del Festival: Instagram, Twitter y Facebook. De esta manera las 3 redes sociales se convertirán en plataforma de difusión, intercambio y comunicación entre fotógrafos y público.

PHotoESPAÑA – Community of Madrid Forum

The Community of Madrid and PHotoESPAÑA are organising for the second year in a row a physical and virtual space in which photographers and the general public will establish a direct contact through exhibitions, gatherings, learning sessions and communication on social networks, that favours the "Making", "Speaking", "Listening" and "Being" with photography.

MAKING invites artists to summit their photography or visual arts proposals to an open call for entries. A selection of works will be chosen to present to the public the format of an "express" presentation. Among the proposals submitted, the Community of Madrid and PHE will select four projects to be exhibited at El Águila exhibition hall.

SPEAKING aims to please the photographic audience from different perspectives by generating a dialog with diverse players in photography, extending their participation to the Internet and social networks.

The photographers in this space will be able to dialogue directly with the public wit the objective of strengthening an exchange of experiences face to face.

The meetings will be held in four sessions: On Post-Photography, On Documentary Photography Versus Artistic Photography, On Portraiture, and On the Exhibition A Certain Panoramic – Recent Artistic Photography in Spain – at the Canal de Isabel II exhibition hall.

With **LISTENING** the most significant photography schools in Madrid and other anonymous communities are invited to program activities for the public (there will be four sessions), with the objective of extending photographic knowledge to the non-specialised sectors interested in the medium. The selected schools will prepare a session, free of admission and open to the general public.

BEING invites twelve Spanish and international photographers to take over the festival's social networks: Instagram, Twitter and Facebook. The three social networks will serve as a platform for the promotion, exchange and communication between photographers and the public.

B

Los talleres de los sábados. PHotoESPAÑA y Fundación Canal
The Saturdays Workshops. PHotoESPAÑA and Fundación Canal

Sede / *Venue*
Fundación Canal
Mateo Inurria, 2
28036 Madrid

Ⓜ Plaza de Castilla

Para niños y jóvenes de 5
a 15 años, agrupados por
edades /
*For children and young
adults ages 5 to 15,
grouped by age*
Consultar disponibilidad
por edades / *Check
availability by age*

Inscripción / *Register*
Previa y limitada en /
In advance and limited
www.phe.es
Precio / Price: 5 €

Calendario / *Calendar*
Sáb / *Sat*:
3, 10, 17 y 24

Horario / *Hours*:
11.00-13.00 h /
17.00-19.00 h

**Más información /
*For further information***
talleres@phe.es

Por noveno año consecutivo, la Fundación Canal y PHotoESPAÑA presentan los talleres de los sábados "Abtracciones", que se desarrollarán durante cuatro sábados en los jardines de la Fundación y permitirán a niños y jóvenes familiarizarse y profundizar en la práctica de la fotografía.

En el programa de este año, los participantes apréderán a construir y trabajar con imágenes subjetivas y abstractas.

Los más pequeños (5-8 años) aprenderán a diferenciar lo abstracto de lo figurativo a través de recursos visuales como el plano detalle, el barrido en el movimiento y la manipulación de la luz.

Los medianos (9-12 años) utilizarán objetos cotidianos para formar composiciones geométricas poco comunes que muestren estos objetos de manera única.

Los mayores (13-15 años) experimentarán con la combinación de imágenes, el negativo y los altos contrastes manipulando las fotografías después de la toma.

For the ninth consecutive year, the Fundación Canal and PHotoESPAÑA organise The Saturday Workshops, "Abstractions". Children and young adults can broaden their understanding of photographic practices in these workshops that will be carried out during four Saturdays in the gardens of the Fundación.

In this year's program, participants will learn to construct and work with subjective and abstract photographs.

The youngest group (5-8 years) will learn to create abstract and figurative elements through visual resources including detail plane, motion blur and the manipulation of light.

The middle group (9-12 years) will utilise everyday objects to create singular geometric compositions that present these objects in unique ways.

The older group (13-15 years) will experiment with the combination of images, the negative and high contrasts achieved after the photograph has been taken.

Organizan / *Organized by*
Fundación Canal
y PHotoESPAÑA

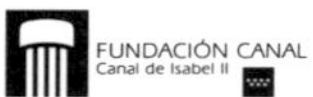

Concurso Fotográfico
#Abstracciones
#Abstracciones Photography Competition

Participación /
Participation
Instragram:
#Abstracciones

La Fundación Canal y PHotoESPAÑA convocan un concurso calidoscópico inspirado en la exposición *Picasso y el Mediterráneo* que se celebrará en la sala de exposiciones de la Fundación hasta el 16 de agosto.

#Abstracciones propone la realización de imágenes abstractas a través de recursos visuales como el plano detalle, el barrido en el movimiento y la manipulación de la luz, siendo el tema menos importante que su tratamiento. Objetos cotidianos que formen composiciones geométricas poco comunes, que muestren estos objetos de manera única. En torno al Mediterráneo que tanto inspiró a Picasso, el concurso está también abierto a la naturaleza, a las figuras humanas, a los rostros y a las naturalezas muertas. También a figuras cotidianas, trenes, automóviles, mobiliario urbano, escenas interiores, etc. Se valorará el uso del plano; figuras, objetos o paisajes reducidos a volúmenes geométricos o a sus formas primitivas así como la alteración de los espacios.

The Fundación Canal and PHotoESPAÑA organise a kaleidoscopic competition inspired by the exhibition Picasso and Mediterranean *that will be on view in the gallery of the Fundación Canal until August 16, 2017.*

#Abstractions *encourage the creation of abstract images through the use of visual resources such as detail planes, soft focus motion blur and the use of light, the theme is less important than the treatment given to the images. Everyday objects that form unusual geometric compositions, showing these objects in a unique way. Inspired by the Mediterranean that was such an inspiration to Picasso, the contest is also open to nature, human figures, faces and still lives. Also to everyday objects, trains, cars, urban amenities, interior scenes, etc. special regard will be given to the use of the planes; Figures, objects or landscapes reduced to geometric volumes or their primitive forms as well as the alteration of spaces.*

Organizan / *Organized by*
Fundación Canal
y PHotoESPAÑA

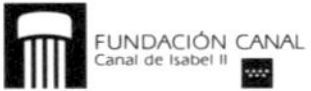

¡Retrátate!
IV Centenario Plaza Mayor

16.06 – 18.06.2017

Plaza Mayor

Ⓜ Sol

Viernes 16
19.00 – 21.30 h
22.00 – 24.00 h

Sábado 17
11.00 – 13.30 h
19.00 – 21.30 h
22.00 – 24.00 h

Domingo 18
11.00 – 13.30 h
19.00 – 21.30 h

Exposición
29.06 – 22.08.2017

Fachada de la Casa de la
Panadería, Plaza Mayor

Coincidiendo con la celebración del IV centenario de la Plaza Mayor y los 20 años de PHotoESPAÑA, el Festival junto con el Ayuntamiento de Madrid y Samsung invitan a los ciudadanos a ser modelos fotográficos. Contaremos con 5 fotógrafos de reconocido prestigio que retratarán a aquellos ciudadanos que se acerquen a la Plaza Mayor.

En la misma plaza serán instalados dos estudios fotográficos en el interior de contenedores marítimos. En este set y durante tres jornadas, se retratará a todos los ciudadanos que lo deseen. Además, otros dos fotógrafos irán a la búsqueda de todo aquel que se quiera fotografiar en la Plaza Mayor de manera espontánea con móviles Samsung Galaxy S8.

Estos sets fotográficos convivirán con un tercer contenedor en el que se podrá disfrutar de una exposición en televisores que irá mostrando las fotografías que se realicen durante las tres jornadas de la actividad, además de una de pieza audiovisual de realidad virtual realizada por Miguel Ángel Tornero. "Suite Selfie" es una pieza inmersiva 360º donde se ilustra y se reflexiona sobre el uso cotidiano de la imagen como lenguaje y de la fotografía democratizada hasta el punto de convertirse en una prolongación de nuestro cuerpo. Casi como un pequeño estudio sociológico desde el lugar dado, La Plaza Mayor, nuestro punto de vista será el de un *voyeur* privilegiado enfundado en gafas Samsung Gear VR.

Una selección de 16 retratos serán elegidos posteriormente para formar una impactante exposición popular y colectiva que será instalada en los balcones de la fachada de la Casa de la Panadería en la Plaza Mayor.

Organizan / *Organized by*
Ayuntamiento de Madrid,
IV Centenario Plaza Mayor,
Samsung y PHotoESPAÑA

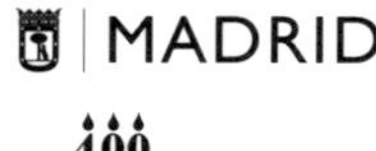

Take Your Picture!
4th Centenary Plaza Mayor

16.06 – 18.06.2017

Plaza Mayor

Ⓜ *Sol*

Friday 16
19.00 – 21.30 h
22.00 – 24.00 h

Saturday 17
11.00 – 13.30 h
19.00 – 21.30 h
22.00 – 24.00 h

Sunday 18
11.00 – 13.30 h
19.00 – 21.30 h

Exhibition
29.06 – 22.08.2017

Facade of Casa de la
Panadería, Plaza Mayor

Coinciding with the celebration of the 4th centenary of the Plaza Mayor and the 20 years of PHotoESPAÑA, the Festival together with the City Hall of Madrid and Samsung invite all citizens to model for photographers. We will count on the participation of five renowned photographers who will take portraits of those who drop by the Plaza Mayor. In the plaza two studios will be installed inside of sea containers. In these sets and over the course of three days, any person who so desires may have their portrait taken. Additionally, there will be two photographers that will seek out in the Plaza Mayor individuals who wish to have their pictures taken spontaneously with Samsung Galaxy S8 mobiles.

These two photographic studios will be accompanied by a third container where visitors can enjoy an exhibition of televisions that will display photographs being taken during the activity, as well as a virtual reality audiovisual piece created by Miguel Ángel Tornero. "Suite Selfie" is an immersive 360° audiovisual experience that illustrates and reflects upon the everyday use of images as a language and the democratisation of photography to the point of becoming a prolongation of our body. Almost like a small sociological study from an elect place, the Plaza Mayor, our point of view is that of a privileged voyeur observing from Samsung Gear VR headsets.

A selection of 16 portraits will be chosen fallowing the photo shoots to form part of an extraordinary, popular and collective exhibition that will be shown along the balconies on the façade of the Casa de la Panadería in the Plaza Mayor.

En la noche. Proyecciones al aire libre PHotoESPAÑA – Fundación Banco Sabadell

Programa / *Programme*
10.06.2017
22.00-00.30 horas / *hours*
(2 - 3 h aprox.)

Real Jardín Botánico
de Madrid
Puerta del Rey
28014 Madrid

Ⓜ Atocha

Jon Cazenave (País Vasco /
Basque Country, 1978)
Fílira (proyección /
projection)

José Bautista
(Barcelona, 1975)
BIG DATA (multi-instalación
sonora / *multi-channel
sound and video
installation*)

Blanca Regina
(Madrid, 1980)
Amazon Blueprint (trabajo
audiovisual site-specific
de carácter efímero /
*site-specific ephemeral
audiovisual work*)

Eva Davidova
(Bulgaria, 1969)
Birds Birth, 2017
Animación basada en
fotografía y 3D. 01.57
(color, sonido). Sonido Hans
Tammen

La Fundación Banco Sabadell y PHotoESPAÑA han invitado en esta vigésima edición del Festival a cuatro autores a intervenir a través de la luz, o de su ausencia, con proyecciones lumínicas y visuales y *mapeos fotográficos*, en un lugar tan enigmático como el Real Jardín Botánico de Madrid, centro neurálgico del Festival.

Jon Cazenave. Desde 2007 trabaja en un proyecto fotográfico de investigación llamado *Galerna*. Este trabajo se centra en la idiosincrasia y estética del pueblo vasco con una perspectiva antropológica, utilizando signo y símbolo en un sentido próximo a la creación contemporánea. Participa en esta actividad con *Fílira*, proyección que narra la vida de esta deidad.

José Bautista. *BIG DATA* es una multi-instalación sonora adaptada a un espacio público y acompañado de una proyección visual. El proyecto hace referencia a la etimología de la palabra que le da título (del inglés, "Macrodatos"), en relación a una cantidad inmensa de información que un sistema estructurado no sería capaz de procesar y se ve obligado a encontrar patrones repetitivos en los mismos para poder analizarlos.

Blanca Regina. *Amazon Blueprint* es un trabajo audiovisual *site-specific* de carácter efímero en el área donde se encuentra el banco del escultor Frederic Marès en el Real Jardín Botánico de Madrid. Investiga la escultura y el espacio a través de la luz y del sonido. Se inspira en el mito clásico de la amazona, la naturaleza y de las formas modernistas desde el gesto multimedia.

Eva Davidova. *Birds Birth* es una imagen visceral de la posición del hombre en el espacio del desastre ecológico, la crueldad y la extinción. Davidova arrastra esta posición hacia el útero para establecer la conexión carnal entre nosotros mismos y los horrores que estamos pariendo, colapsando la distancia entre nuestras acciones y su resultado.

Organizan /
Organized by
Fundación Banco Sabadell
y PHotoESPAÑA

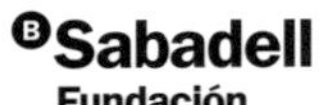

In the Evening. Open-Air Projections
PHotoESPAÑA – Fundación Banco Sabadell

Programme
10.06.2017
22.00-00.30 *hours*
(2 - 3 h aprox.)

Real Jardín Botánico
de Madrid
Puerta del Rey
28014 Madrid

Ⓜ Atocha

Jon Cazenave
(*Basque Country*, 1978)
Fílira (*projection*)

José Bautista
(Barcelona, 1975)
BIG DATA
(*multi-channel sound
and video installation*)

Blanca Regina
(Madrid, 1980)
Amazon Blueprint
(*site-specific ephemeral
audiovisual work*)

Eva Davidova
(Bulgaria, 1969)
Birds Birth, 2017
(*Animation based on
photography and 3D.
01.57 (colour, sound).
Sound Hans Tammen*

The Fundación Banco Sabadell and PHotoESPAÑA have invited four artists to participate in the twentieth edition of the Festival with the presentation of illuminated projections and photographic surveys in a place as enigmatic as the Real Jardín Botánico de Madrid, at the heart of the festival.

Jon Cazenave. Since 2007 he has worked on an investigative photographic project called Galerna, which explores the idiosyncrasies and aesthetics of a Basque Country village from an anthropological perspective, using signs and symbols in a manner close to contemporary production. He participates in this activity with Philyra, a projection that narrates the life of this deity.

José Bautista. BIG DATA is a multi-channel sound installation accompanied by a visual projection and adapted for a public space. The project references the etymology of the word that gives it its name, macro data, to address the immense quantity of information that structured systems are not capable of processing, and therefore must identify repetitive patterns in order to be able to analyse them.

Blanca Regina. Amazon Blueprint is a ephemeral site-specific audiovisual piece to be presented near the bench of the sculptor Frederic Marès in the Real Jardín Botánico. It explores sculpture and space through light and sound, inspired by the classic myth of the Amazon, nature and the modernist forms articulated through the multimedia show.

Eva Davidova. Birds Birth is a visceral portrayal of the position of man in a space of ecological disaster, cruelty and extinction. Davidova draws this stance towards the uterus to establish a carnal conexión between ourselves and the atrocities that we are creating, subsiding the distance between our actions and its results.

La Tricontinental.
Cine, utopía e internacionalismo

19.04 – 10.06.2017
19:00* h
(*Comprobar horarios
para los segundos pases)

Santa Isabel, 52
28012 Madrid
Edificio Sabatini, Auditorio

Entrada: gratuita /
Admission: free

Ⓜ Atocha / Lavapiés
🚆 Atocha Renfe
T. +34 917 741 000
info@museoreinasofia.es
www.museoreinasofia.es

Comisario / *Curator*
Olivier Hadouchi

**Ver programación en /
*See programme in:***
http://www.museo
reinasofia.es/

Organiza / *Organized by*
Museo Nacional Centro de
Arte Reina Sofía

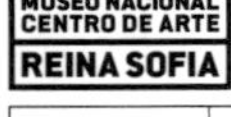

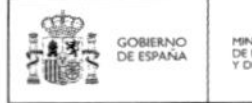

Este ciclo presenta las acciones, imaginarios y producciones fílmicas de la Tricontinental, una experiencia de colaboración entre los países del sur global durante el periodo de descolonización y emancipación de las décadas de 1960 y 1970. La Primera Conferencia Tricontinental se realizó en La Habana en enero de 1966: una nueva organización llamada la OSPAAAL (Organización de Solidaridad de los Pueblos de África, Asia y América Latina) nació allí para establecer relaciones de solidaridad entre los países y los movimientos revolucionarios de los tres continentes del Tercer Mundo bajo la bandera del internacionalismo. Se trataba de reunir "las dos grandes corrientes contemporáneas de la Revolución Mundial: la socialista y la de liberación nacional", en palabras de Mehdi Ben Barka, presidente de la comisión preparadora de la Tricontinental.

Inspirada también por las ideas de Frantz Fanon, Amílcar Cabral, Ho Chi Minh y Ernesto Che Guevara, la Tricontinental será la tendencia revolucionaria de un mundo subalterno en busca de un habla e identidad propias.

Todo esta actividad frenética, cosmopolita y transversal de pocos años comunica entre sí los debates hasta entonces nacionales y fragmentarios del llamado Tercer Cine y de los Nuevos Cines Europeos. Movimientos como el Cinema Novo brasileño, el Nuevo Cine argentino, el movimiento documental cubano o el cine africano de la liberación se van a desintegrar y mutar en una red de colaboración internacionalista y altermundista. De fondo, una nueva imaginación política va a guiar los trabajos de cineastas como Glauber Rocha, Ruy Guerra, Leon Hirszman, Humberto Solás, Santiago Álvarez, Ousmane Sembène, José Massip, Ugo Ulive, Sarah Maldoror, Masao Adachi, Chris Marker, Jean-Luc Godard o Fernando Solanas, quienes trabajarán según los objetivos y aspiraciones establecidos por la novedosa Internacional Tricontinental. Este programa audiovisual muestra las articulaciones e intercambios fílmicos de esta constelación, proponiendo una genealogía de las contestaciones a la globalización contemporánea, concebida como predominio del régimen neoliberal. La Tricontinental, más allá de su intensa pero acotada experiencia política, será la búsqueda de un imaginario de la igualdad en la diferencia, cuya fascinación persistirá hasta día de hoy.

The Tricontinental.
Film, Utopia and Internationalism

This cycle presents the actions, imagery, and film productions of the Tricontinental, a collaborative experience between the countries of the global South during a period of decolonisation and emancipation in the 1960s and 1970s. The first Tricontinental Conference took place in Havana in 1966: a new organisation dubbed OSPAAAL (Organisation of Solidarity with the People of Africa, Asia and Latin America) was created to establish solidarity between revolutionary countries and movements of the Third World across the three continents under the umbrella of internationalism. The aim, in the words of Mehdi Ben Barka, president of the Tricontinental's preparatory committee, was to bring together 'the two major contemporary strands of global revolution: socialism and national liberation.'

Equally inspired by the ideas of Frantz Fanon, Amílcar Cabral, Ho Chi Minh and Ernesto 'Che' Guevara, the Tricontinental would become the most prominent revolutionary tendency in a subordinate world in search of a discourse and an identity of its own.

All this frantic, cosmopolitan, and oblique activity of a few years would connect the debates that up to that point had been national and fragmentary about the so-called Third Cinema and the new tendencies in European cinema. Movements such as Brazil's Cine Novo, Argentina's Nuevo Cine, Cuban documentary cinema or African cinema of liberation would disintegrate and mutate into an internationalist and alter-globalist network of collaboration. A new political imagination would thus shape the work of cineastes such as Glauber Rocha, Ruy Guerra, Leon Hirszman, Humberto Solás, Santiago Álvarez, Ousmane Sembène, José Massip, Ugo Ulive, Sarah Maldoror, Masao Adachi, Chris Marker, Jean-Luc Godard and Fernando Solanas, who would from now on create their work in accordance with the goals and objectives established by the novel International Tricontinental.

This audiovisual programme showcases the filmic exchanges and articulations of this setup, suggesting a genealogy of responses to contemporary globalisation, conceived of as the prevalence of neoliberalism. Beyond its intense but shortened political experience, the Tricontinental signalled a quest for an imagery of equality in diversity, the fascinating nature of which persists to this day.

Desiertos de lo real.
El cine en la era digital
Deserts of the Real. Motion Pictures in the Digital Age

Cine Doré
Sta. Isabel, 3
28012 Madrid

T. +34 913 693 225
filmoteca@mecd.es
http://www.mecd.gob.
es/cultura-mecd/areas-
cultura/cine/mc/fe/
portada.html

**Programación
y coordinación /
*Coordination and
Programming office***
Filmoteca Española

Ⓜ Atocha / Lavapiés

En la era de las imágenes desmaterializadas, en la era de la post-fotografía, y casi disueltos los conceptos de verdad, autoría, originalidad y propiedad por las nuevas tecnologías y la circulación frenética y fugaz de las imágenes, ¿qué queda de la antigua idea del cine, ese arte tradicionalmente vinculado a lo real, y que basó gran parte de su desarrollo teórico en la idea de huella, de momento congelado, de vida arrancada al tiempo?

La irrupción de las tecnologías digitales ha supuesto mucho más que un cambio en los procesos de producción, distribución y consumo de imágenes en movimiento, revolucionando, como lo ha hecho con la fotografía y el cine. De hecho el cine refleja esos cambios abismales, esos nuevos retos en un mundo en el que, como señala Joan Fontcuberta: "No es descabellado pensar que en el futuro las imágenes no van a necesitar la realidad en absoluto". A través de seis sesiones, *Desiertos de lo real. El cine en la era digital* se acerca a diversos modos en los que el cine ha tratado de pensar y enfrentar su nueva identidad digital, cambiando sus formas, dialogando con lo efímero y tomando conciencia de que el final de una es siempre el comienzo de otra, quizás, más fascinante.

In the age of dematerialised images, in the age of post-photogaphy, at a time when concepts of truth, authorship, originality have almost been dissolved, combined with the possession of new technologies and the frenetic and fleeting circulation of images, what is left of the old idea of film, of this this art traditionally connected to reality, that had based so much of its theoretical development on the ideas of the record, frozen moment and of life detached from time? The interruption of digital technologies has involved much more than changes in the processes of production, distribution and consumption of motion pictures, it has revolutionised it, as it did with photography and cinema. Motion pictures also reflect these abysmal changes, these new challenges in a world in which, as Joan Fontcuberta observed: "It is not absurd to think that in the future images are not going to need reality at all." In six sessions Deserts of the Real. Motion Pictures in the Digital Age will explore different ways in which motion pictures have tried to think and confront their new digital identity, changing forms, dialoging with the ephemeral and becoming conscience that every end is always a beginning, perhaps, even more fascinating.

**Organizan /
*Organized by***
Filmoteca Española

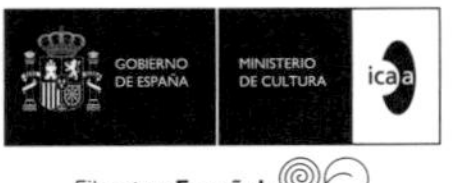

PHotoESPAÑA en MINI:
Masterclass de fotografía urbana
PHotoESPAÑA in MINI: Masterclass in Urban Photography

24.06.2017
Gianfranco Tripodo

01.07.2017
Luis de las Alas

08.07.2017
Carma Casulá

15.07.2017
Cristina de Middel

MINI Hub
La Palma, 10
(garaje de elParacaidista.
es)
28004 Madrid

A partir de las 10.30 h /
Beginning at 10.30 h
Entrada: gratuita /
Admission: free

Ⓜ Tribunal / Noviciado

**Más información /
*For Further information***
www.minihub.es

El objetivo de esta actividad, PHotoESPA-
ÑA en MINI, es crear un retrato fotográfico
urbano y colectivo de lo que acontece en la
ciudad de Madrid. Durante cuatro sábados
los participantes podrán asistir a cuatro talleres independientes en los que recorrerán
la ciudad aprendiendo y trabajando con los
fotógrafos Gianfranco Tripodo, Luis de las
Alas, Cristina de Middel y Carma Casulá.

Recorrer Madrid de la mano de MINI y
de estos cuatro profesionales permitirá obtener múltiples visiones de cómo viven, se
desplazan y se relacionan sus habitantes.
Un retrato global de una urbe en constante
trasformación.

Cada actividad finalizará con el diseño de
un panel fotográfico que será expuesto en
MINI Hub.

*The objective of this activity, PHotoESPAÑA
in MINI, is to create an urban and collective
photographic portrait of what goes on in the
city of Madrid. During four Saturday sessions
participants may attend four independent
workshops in which they tour through the the
city while learning and working with the photographers Gianfranco Tripodo, Luis de las
Alas, Cristina de Middel and Carma Casulá.*

*Experiencing Madrid hand and hand with
MINI and these four professionals will offer
multiple perspectives on how the people in
this city live, move and relate to one another.
A global portrait of a city in constant transformation.*

*This activity will conclude with the design
of a photographic panel that will be exhibited
in MINI Hub.*

Organizan / *Organized by*
MINI Hub y PHotoESPAÑA

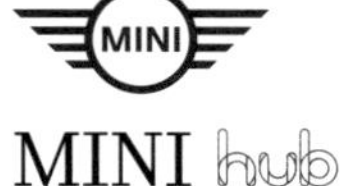

D.O. Ribera del Duero

#EspirituRibera

01.06 – 15.06.2017

Más información /
For further information
www.phe.es

La Denominación de Origen Ribera del Duero y PHotoESPAÑA convocan por segundo año consecutivo el concurso *online* #EspirituRibera.

Quienes quieran participar deberán preinscribirse en la página web de PHotoESPAÑA y subir sus fotografías a su cuenta de Instagram bajo el hashtag #EspirituRibera. Deberán seguir a la cuenta oficial de Ribera del Duero (@riberadelduero) y PHotoESPAÑA (@photoespana_).

Este concurso promueve la creación de imágenes que difundan la filosofía del #EspirituRibera. La fotografía es, al igual que los vinos de la DO Ribera del Duero, creatividad, innovación, esfuerzo y calidad.

Un jurado formado por Ribera del Duero, un fotógrafo profesional y PHotoESPAÑA, seleccionará las imágenes ganadoras para una exposición de calle.

Los seleccionados, recibirán además un premio de bonos dobles para Sonorama Ribera 2017 y, el ganador, nombrado también por el mismo jurado, recibirá 1.000€.

Denominación de Origen Ribera de Duero and Photoespaña announce the second edition of their online contest #EspirituRibera.

Participants should fill in the form in PHotoESPAÑA's official website and upload their photographs to their Instagram account with the hashtag #EspirituRibera. Besides that they should also follow Ribera del Duero (@riberadelduero) y PHotoEspaña (@photoespana_) official accounts.

This contest aims to promote the creation of images that would convey #EspirituRibera's philosophy. Photography, as well as DO Ribera del Duero's wines, is all about creativity, innovation, hard work and high-quality.

A jury integrated by Ribera del Duero, a professional photographer and PHotoESPAÑA will make a selection of images that will be part of a street exhibition.

In addition, the selected participants will receive double tickets to attend Sonorama Ribera 2017. The winner, selected by the same jury, will also get a money prize of 1.000.

Organizan / *Organized by*
D.O. Ribera del Duero
y PHotoESPAÑA

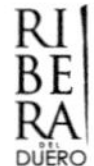

Solán de Cabras

25.05 – 09.07.2017

Más información /
For further information
www.phe.es
www.solandecabras.es

Solán de Cabras se suma al XX Aniversario del Festival PHotoESPAÑA invitando a todo el que lo desee a participar en un concurso online a través de Instagram.

La temática gira en torno a la lluvia, el agua y la naturaleza. Solán de Cabras desea conocer tu visión de la Naturaleza a través de tus fotografías.

Los participantes deberán subir sus imágenes a Instagram con el hashtag del concurso #FábricaNatural y mencionando en ellas @solandecabras.

El ganador conseguirá una beca para cursar el Máster PHotoESPAÑA en PIC.A (Escuela Internacional Alcobendas PhotoESPAÑA).

Solán de Cabras joins the 20th anniversary of the Festival PHotoESPAÑA by inviting all who are interested to participate in a online competition through Instagram.

The theme revolves around the rain, water and nature. Solán de Cabras would like to see your vision of nature through your photographs.

The participants should upload their images to Instagram with the competition #FábricaNatural and mention in them @solandecabras.

The winner will be awarded a scholarship to study the Master in Photography at PIC.A PHotoESPAÑA International Centre Alcobendas.

Organizan / *Organized by*
D.O. Ribera del Duero
y PHotoESPAÑA

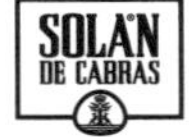

PHotoBook Week

02.06 – 09.06.2017

La Fábrica
Alameda, 9
28014 Madrid

Lun-sáb / *Mon-Sat*:
11.00 – 22.00 h
Dom / *Sun*: 11.00 – 17.00 h

Ⓜ Atocha
T. +34 912 985 546
galeria@lafabrica.com
www.lafabrica.com/es/
galeria

Librería oficial PHE /
Official Bookshop PHE

Más información /
For further information
www.lafabrica.com

La Fábrica presenta la III edición de la PHoto-Book Week, un programa de actividades enfocado en el fotolibro que reunirá durante una semana a autores, críticos y editores nacionales e internacionales del sector en presentaciones de proyectos editoriales, talleres y firmas de libros para poner en común y discutir las ideas y tendencias del momento.

Del 2 al 9 de junio PHotoBook Week ofrecerá más de 20 actividades, convirtiéndose en el centro de atención de todos los interesados en la fotografía y en el mundo editorial. Este año contaremos con la colaboración de Antoine d'Agata, Horacio Fernández, Alberto García-Alix, Stephen Gil, Gonzalo Golpe, Elisa González, Miguel Trillo, Jesús Mico, Eduardo Nave, Miren Pastor, Anders Petersen, entre otros.

Como cada año la PHotoBook Week incluye una feria donde se pondrán a la venta fotolibros autoeditados, así como las novedades editoriales de Mack, Xavier Barral, Pierre Von Kleist, Steidl, Aperture, Thames & Hudson, Hatje Cantz, Damiani, Tate, Nazareli o Phaidon.

La Fábrica presents the III edition of PHoto-Book Week, a program of activities dedicated to photography books that will bring together during the week artists, critics, national and international editors in the sector, who will be participating in the presentations of editorial projects, workshops and book signings to share and discuss current ideas and tendencies.

From June 2nd to June 10th PHotoBook Week will offer more than 20 activities, becoming the main attraction for everyone interested in photography and in the publishing world. This year the program features the collaboration of Antoine d'Agata, Horacio Fernández, Alberto García-Alix, Stephen Gil, Gonzalo Golpe, Elisa González, Miguel Trillo, Jesús Mico, Eduardo Nave, Miren Pastor, Anders Petersen, among others.

Each year PHotoBook Week hosts a fair for self-published photography books, as well new releases from publishers including Aperture, Damiani, Hatje Cantz, Mack, Nazareli, Phaidon, Pierre Von Kleist, Steidl, Tate, Thames & Hudson and Xavier Barral.

Organiza /
Organized by
La Fábrica

PHotoWalk Lanzarote
Octubre 2017
October 2017

PHotoESPAÑA y el Cabildo de Lanzarote organizan la quinta edición del PHotoWalk PHE Lanzarote, una actividad orientada a fotógrafos de toda condición y experiencia en la que se les propondrá realizar un proyecto fotográfico documentando el entorno privilegiado de la isla.

La actividad estará guiada por un fotógrafo de destacada trayectoria que planteará un taller teórico-práctico y acompañará a los participantes durante dos días. El taller arrancará con un encuentro para presentar los proyectos, continuará con un desarrollo práctico del trabajo de cada participante y una posterior valoración de los resultados obtenidos.

PHotoESPAÑA and the Lanzarote Town Council are organising the fifth edition of PHotoWalk PHE Lanzarote, an activity aimed at photographers of all kinds and experiences in which what is proposed is to create a photographic project documenting the privileged surroundings of the island.

The activity will be guided by a photographer with a distinguished career, who will set up a theoretical- practical workshop and will accompany the participants for two days. The workshop will start with a meeting in order to present the projects, will continue with an accompaniment and practical development of each participant's work and a later assessment of the results obtained.

Organizan /
Organized by
Centro de Arte, Cultura y Turismo de Lanzarote, Cabildo de Lanzarote y PHotoESPAÑA

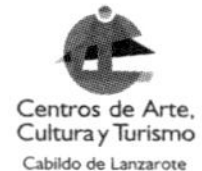

CONVENTO DE SANTA MARÍA LA RICA

Taller de fotografía con móviles
Workshop with mobile

01.07.2017

Antiguo Hospital de Santa
María la Rica
Santa María la Rica, 3
28801 Alcalá de Henares

Mar-sab / *Tue-Sat*:
11.00 – 14.00 h /
18.00 – 21.00 h
Dom / *Sun*: 11.00 – 14.00 h
Cerrado del 7 al 20 de
agosto / *Closed from 7 to
20 August*

T. +34 918 771 930
ccultura@
aytoalcaladehenares.es

Comisarios / *Curators*
Daniel Mayrit
y Laura Tabarés

**Más información /
*For further information***
www.phe.es

Daniel Mayrit y Laura Tabarés ofrecerán un taller de fotografía móvil para niños y jóvenes. Durante la práctica, se verán algunos conceptos básicos sobre cómo hacer fotografías con los dispositivos móviles, deteniéndonos en consejos prácticos que se irán utilizando durante el taller. Se pondrán en común trucos y procedimientos para conseguir que nuestras fotografías sean más originales y diferentes, a través de las múltiples funciones y posibilidades que nos ofrecen nuestros propios dispositivos. Se examinarán y se verán algunos ejemplos de aplicaciones móviles esenciales de fotografía con el fin de enriquecer y abrir las posibilidades creativas de sus imágenes. A su vez, se verá cómo sacar el máximo partido a la fotografía en las redes sociales.

Un requisito indispensable para participar del taller será asistir con un teléfono móvil con cámara, conexión a internet y carga completa. Los asistentes podrán llevar accesorios o *gadgets* tales como *selfie-sticks*, objetivos externos etc.

Daniel Mayrit and Laura Tabarés offer a photography workshop with mobile phones for children and young adults. Through different exercises, the participants will explore basic concepts on how to create photographs with cellulars, highlighting practical advise that will be put into practice during the workshop. The instructors will share tips and techniques to obtain more original and distinctive photographs through the multiple functions and possibilities that phones have to offer. The participants will review some examples of mobile applications essential to photography to enrich and expand the creative possibilities of the images. At the same time, they will learn how to get the most out of photography in social media.

To order to participate in the workshop, it is necessary to attend with a fully charged cellular phone that has a camera and internet connection. The participants may take accessories or gadgets such as selfie-sticks, or other external objects, etc.

**Organizan /
*Organized by***
Ayuntamiento de Alcalá
de Henares y PHotoESPAÑA

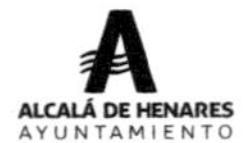

Subasta Fundación Balia.
Fotógrafos con la infancia
Foundation Balia Auction. Photographers with Children

02.10.2017

Paseo del Prado, 8
28014 Madrid

Subasta benéfica /
Charity Auction

Exposición / *Exhibition*
Entradas / *Admission*
35 €. A la venta en /
On sale on
www.ticketea.com

Según el último informe de UNICEF la "pobreza anclada" en España ha alcanzado al 40% de la población infantil. La Fundación Balia intenta mitigar estas desigualdades mediante proyectos sociales y educativos dirigidos a menores. De esta manera, cada año miles de personas se benefician de sus actuaciones y programas, actividades requieren de una importante dosis de financiación.

La Fundación Balia celebra la tercera edición de su subasta "Fotógrafos con la infancia" con la colaboración de PHotoESPAÑA, Betty Guereta, Juan Varez , Christie's y el Museo Thyssen-Bornemisza.

Los asistentes podrán pujar por obras de fotógrafos como Sally Man, Boris Savalev, Leopoldo Pomes, Alberto Garcia-Alix, Gonzalo Lebrija, José Dávila, Chema Madoz, Isabel Muñoz, Miguel Rothcchild, Goiris, Jack Pierson, Joan Fontcuberta, Jordi Bernadó, Joana Biarnes, Anna Malagrida, Dionisio Gonzalez, Cristina Iglesias y Cesar Galicia entre otros. La recaudación se destinará al desarrollo de programas para niños en situación de desventaja social, académica y económica.

According to UNICEF's last report, 'anchored poverty' has reached 40% of child population in Spain. Fundación Balia aims to relieve these inequalities through social and educational projects directed towards minors. This way, thousands of people every year benefit from their interventions and programmes – activities which demand major funds.

Fundación Balia is holding the third edition of the auction 'Fotógrafos con la infancia' (Photographers with the children), in collaboration with PHotoESPAÑA, Betty Guereta, Juan Varez, Christie's and Museo Thyssen-Bornemisza and.

Atendees will have the opportunity to bid for works by photographers such as Sally Man, Boris Savalev, Leopoldo Pomés, Alberto García-Alix, Gonzalo Lebrija, José Dávila, Chema Madoz, Isabel Muñoz, Miguel Rothcchild, Goiris, Jack Pierson, Joan Fontcuberta, Jordi Bernadó, Joana Biarnés, Anna Malagrida, Dionisio González, Cristina Iglesias and César Galicia among others. All funds raised will be donated to development programmes aimed to children at risk of social, educational and economical exclusion.

Organiza / *Organized by*
Fundación Balia

Colaboran /
In collaboration with
PHotoESPAÑA, Galería Betty Guereta, Christie's y Museo Thyssen-Bornemisza

Conversaciones en torno a la Leica: Alberto García-Alix y Paulo Nozolino

Conversations about the Leica: Alberto García-Alix and Paulo Nozolino

Modera: Alejandro Castellote / *Moderated by: Alejandro Castellote*

01.06.2017

Fuencarral, 3
28004 Madrid

18.30 h
Acceso gratuito, reserva
de entradas en: / *Free
admission, book your entry
in:* www.espacio.fundacion
telefonica.com

Ⓜ Gran Vía / Sol / Callao
Ⓢ Sol
T. +34 915 807 700
espacio@fundacion
telefonica.com
www.espacio.fundacion
telefonica.com

**Más información /
*For further information***
www.phe.es

Organizan / *Organized by*
Fundación Telefónica
y PHotoESPAÑA

**Colabora /
*In collaboration with***
Embajada de Portugal
y Camões Instituto de
Cooperação e da Lingua

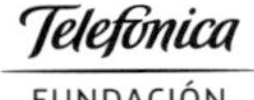

FUNDACIÓN

Ligera, pequeña, fácil de manejar y sencilla de transportar, la cámara Leica posibilitó tomas de una espontaneidad y un dinamismo hasta ese momento imposibles. Celebramos, así, cien años de fotografía Leica, cien años de historia.

La Leica democratizó el acceso a la fotografía. No solo facilitó el acceso a este arte (ejercido también de manera profesional), sino que gracias a la nueva cámara con un objetivo retráctil que se podía llevar cómodamente, la fotografía se convirtió en un componente natural de la vida cotidiana. Una nueva generación de fotógrafos de prensa apostó así por la Leica, en particular por su versatilidad para hacer realidad el principio fundamental del reportaje: narrar un acontecimiento mediante imágenes individuales que se complementan.

De todo esto, de sus bondades y posibilidades, de su historia, de cómo ellos la utilizan y de mucho más, conversarán los fotógrafos Alberto García-Alix y Paulo Nozolino moderados por el también fotógrafo y comisario Alejandro Castellote.

Light, small, easy to work and simple to move, the Leica camera enabled shots with a spontaneity and dynamism never before possible. We therefore celebrate the one hundred years of Leica photography, one hundred years of history.

The Leica democratised the access to photography. And not only did it facilitate the access of this art (also used professionally), but due to this new camera with the retractable lens that could be carried comfortably, photography become a natural component of the everyday. A new generation of press photographs opted for the Leica, in particular for its versatility in making reality the fundamental principal of the reportage, in narrating events through individual images that complement each other.

About all of this, about its advantages and possibilities, its history, and how they use them and so much more, the photographers Alberto García-Alix and Paulo Nozolino will have a conversation, moderated by, also a photographer and curator, Alejandro Castellote.

PHotoESPAÑA
Official Awards

At each edition PHotoESPAÑA awards different prizes that acknowl-
edge the best exhibitions in the Festival, the most outstanding publications of the year and the profesional career of consecrated and
emerging Spanish and international photographers. The prizes are
awarded by juries made up of national and international specialists of
renown. The PHotoESPAÑA Award acknowledges the professional
career of a major figure in the field of Spanish or international photography; Bartolome Ros Award for the best Spanish profesional career;
Discoveries PHE Award, to the best projected presented during the
viewing of portfolios Organized by PHotoESPAÑA; Best Photography
Book of the Year Award; Revelation PHE Award, which rewards the
oeuvre of a photographer under age 35; Off Festival Award, which
recognises one of the galleries at the Off Festival; and People's
Choice Award.

Premios oficiales PHotoESPAÑA

En cada edición, PHotoESPAÑA entrega diferentes premios que reconocen las mejores exposiciones del Festival, las publicaciones más destacadas del año y la trayectoria profesional de fotógrafos nacionales e internacionales, consagrados y emergentes. Los premios están otorgados por jurados compuestos por destacados especialistas nacionales e internacionales. El Premio PHotoESPAÑA reconoce la trayectoria profesional de una personalidad en el ámbito de la fotografía nacional o internacional; el Premio Bartolomé Ros a la mejor trayectoria profesional española; el Premio Descubrimientos PHE al mejor proyecto presentado en los visionados de porfolios organizados por PHotoESPAÑA; el Premio PHE al Mejor Libro de Fotografía del Año; el Premio Revelación PHE, que galardona el trabajo de un fotógrafo menor de 35 años; el Premio Festival Off, el cual reconoce a una de las galerías del Festival Off; y el Premio del Público.

Premio PHotoESPAÑA
PHotoESPAÑA Award

Anteriores Premiados
Previous Awarded

PHE 16
Harry Gruyaert

PHE 15
Paz Errázuriz

PHE 14
Ramón Masats

PHE 13
Bernard Plossu

PHE 12
Alberto García-Alix

PHE 11
Thomas Ruff

PHE 10
Graciela Iturbide

PHE 09
Malick Sidibé

PHE 08
Martin Parr

PHE 07
Robert Frank

PHE 06
Hiroshi Sugimoto

PHE 05
William Klein

PHE 04
William Eggleston

PHE 03
Helena Almeida

PHE 02
Nan Goldin

PHE 01
Duane Michals

PHE 00
Chema Madoz

PHE 99
Luis G.Palma

PHE 98
Josef Koudelka

Reconoce la trayectoria profesional de una personalidad en el ámbito de la fotografía nacional o internacional. El último premio otorgado por el festival fue para el belga Harry Gruyaert (Amberes, 1941), precursor de un estilo inconfundible que marcó tendencia en las décadas de los años 70 y 80. Su obra se caracteriza por un particular y extraordinario uso de la luz y del color.

This award pays tribute to the professional career of a major figure in the national or international photography world. The previous award was granted by the festival to the Belgian artist Harry Gruyaert (Ambers, 1941), pioneer of the distinctive style that marked the tendency in the 70s and 80s. His work is characterised by a unique and extraordinary use of light and colour.

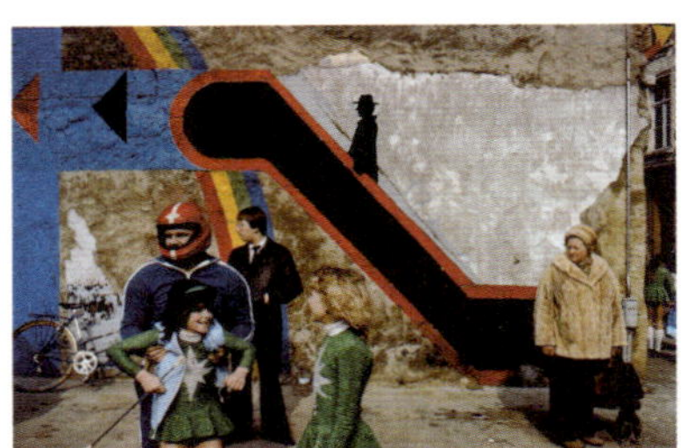

Harry Gruyaert
Amberes. Carnaval / Antwerp. Carnival, 1992
© HARRY GRUYAERT / MAGNUM PHOTOS

Premio Bartolomé Ros a la mejor trayectoria profesional española en fotografía

Bartolomé Ros Award for the best Spanish profesional career in photography

El galardón, otorgado por el legado de Bartolomé Ros, reconoce la aportación de una personalidad española al desarrollo de la fotografía en cualquiera de sus campos, ya sea como comisario, autor, historiador, crítico o a través de cualquier otro vínculo directo con el medio. El último premiado de esta categoría ha sido Cristóbal Hara por la originalidad de su obra, su mirada singular y la profundidad de su trabajo a lo largo de las últimas décadas.

This award, granted by the legacy of Bartolomé Ros, acknowledges the contribution of a Spanish figure to the development of photography in any of its fields, whether as a curator, author, historian, critic or through any other direct link to the medium. The previous winner of this category was Cristóbal Hara for the originality of his photography, his singular gaze, and the depth of this work throughout recent decades.

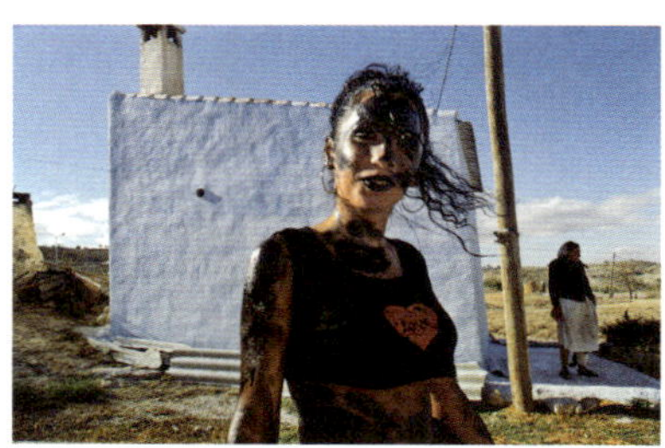

Cristóbal Hara
Baza, 1995

Premio Descubrimientos PHE
Discoveries PHE Award

Premio Descubrimientos cuenta con un jurado internacional compuesto por especialistas en fotografía que escoge el mejor de los trabajos presentados al visionado de porfolios de Descubrimientos PHE.

Este premio supone la producción de una exposición en la siguiente edición de PHotoESPAÑA.

The Discoveries Award has a jury comprised of specialists in photography that select the most remarkable work presented in the Discoveries PHE portfolio review.

This award consists of the production of an exhibition in the upcoming edition of PHotoESPAÑA.

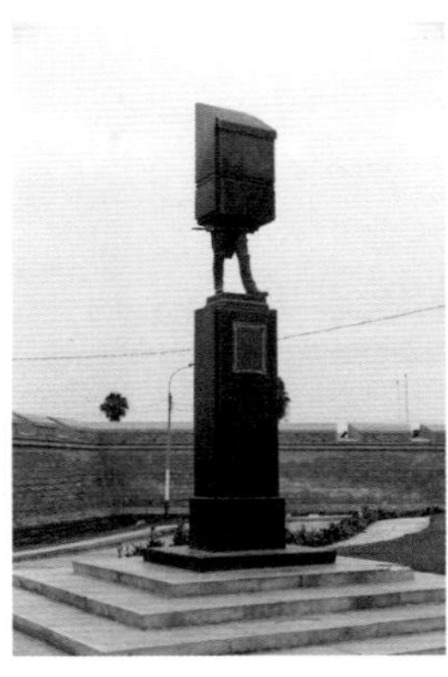

Andrés Durán
Serie "Monumento Editado" / *Altered Monument series*, 2014–2017
© ANDRÉS DURÁN

Premio Festival Off
Off Festival Award

Anteriores Premiados
Previous Awarded

PHE 16
Ogami Press:
Jesús Labandeira,
Cuando aún nevaba

PHE 15
Ponce + Robles: Irene Grau,
*Lo que importaba estaba
en la línea, no en el extremo*

PHE 14
Galería Paula Alonso:
Manolo Bautista,
*Images of an
Endless Journey
(A HumanDocument)*

PHE 13
Max Estrella:
Angélica Dass, Humanae

PHE 12
Galería Blanca Berlín:
Toni Catany,
Archivo de sombras

PHE 11
Helga de Alvear:
Isaac Julien,
Ten Thousand Waves

PHE 10
Galería Casado Santapau:
Boris Mikhailov,
*Yesterday's Sandwich
1969-1970*

PHE 09
Magee Art Gallery:
Accidentes de Jin Shi

PHE 08
Galería Moriarty:
Nicolás Combarro,
Línea de Sombra

PHE 07
Galería Magda Belloti:
Juan Fernando Herrán

PHE 06
Egam: Fran Mohino

PHE 05
Distrito Cu4tro:
Naia del Castillo

PHE 04
Galería Guereta:
El jardín de las delicias

PHE 03
Galería Oliva Arauna:
Alfredo Jaar

PHE 02
Galería Elba Benitez:
Imágenes nórdicas

PHE 01
Galería Oliva Arauna:
Gabriele Basilico

Cada año, PHotoESPAÑA reconoce a una de las galerías del Festival Off tras valorar el planteamiento de la exposición, el valor artístico de los autores y las obras expuestas, así como el esfuerzo de la galería por presentar un proyecto específico para PHotoESPAÑA. Un jurado de expertos elige la galería que haya mostrado la mejor exposición de esta sección.

Each year PHotoESPAÑA acknowledges one of the galleries at the Off Festival after assessing the layout of the exhibitions, the artistic value of the authors and the Works exhibited, as well as the effort made by the gallery in putting on a specific project for PHotoESPAÑA. A jury of experts chooses the gallery that has shown the best exhibition in this section

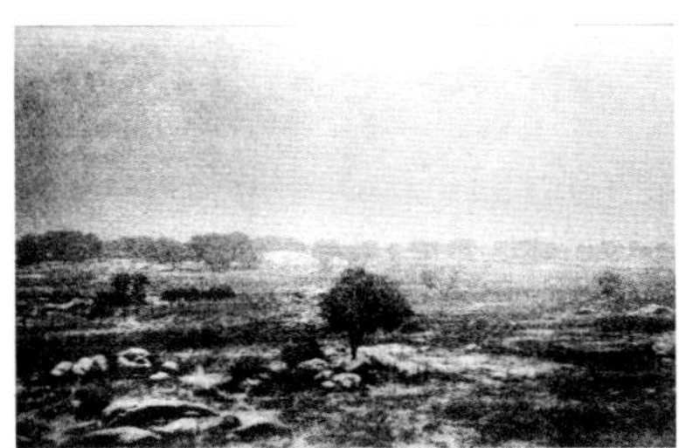

Jesús Labandeira
Cuando aún nevaba / When it still used to snow,
2015
© JESÚS LABANDEIRA

Premio del Público
People's Choice Award

PHotoESPAÑA y EL PAÍS convocan una nueva edición del Premio del Público en la que los visitantes del Festival escogerán su exposición preferida de la Sección Oficial. La votación se realizará a través de la página web de EL PAÍS.

PHotoESPAÑA and EL PAÍS are calling a new edition of the People's Choice Award, in which festival visitors will choose their favourite exhibition in the Official Section. The vote will take place via EL PAÍS website.

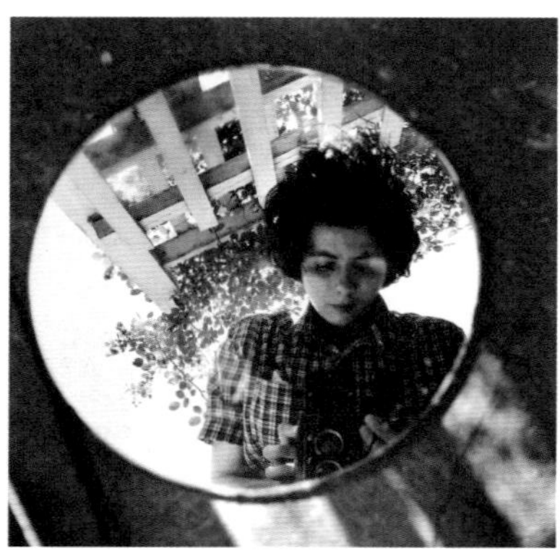

Vivian Maier
Autorretrato / Self-Portrait
© VIVIAN MAIER / MALOOF COLLECTION.
COURTESY OF HOWARD GREENBERG GALLERY

Colabora / *In collaboration with*

El País

EL PAÍS

Premio Revelación PHE
Revelation PHE Award

Anteriores Premiados
Previous Awarded

PHE 16
Laia Abril

PHE 15
Aleix Plademunt

PHE 10
Carlos Irijalba

PHE 09
Carlos Sanva

PHE 08
Germán Gómez

PHE 06
NOPHOTO

PHE 05
Bleda y Rosa

PHE 04
Joan Morey

PHE 03
Lucía Arjona

PHE 02
Paco Gómez

PHE 01
Carmela García

PHE 00
Isabel Flores

PHE 99
David Jiménez

PHE 98
Xavier Ribas

El Corte Inglés y PHotoESPAÑA reconocen el trabajo de un fotógrafo menor de 35 años cuya obra haya destacado en el año anterior.

A través de un proceso de nominación por parte de una veintena de especialistas en fotografía y artes visuales, cada año se selecciona un nuevo ganador.

El Corte Inglés and PHotoESPAÑA recognize the oeuvre of a photographer under age 35 whose work or publication has stood out during the previous year.

Each year, a new award winner is chosen through a process of nomination by over twenty distinguished specialists in photography and the visual arts.

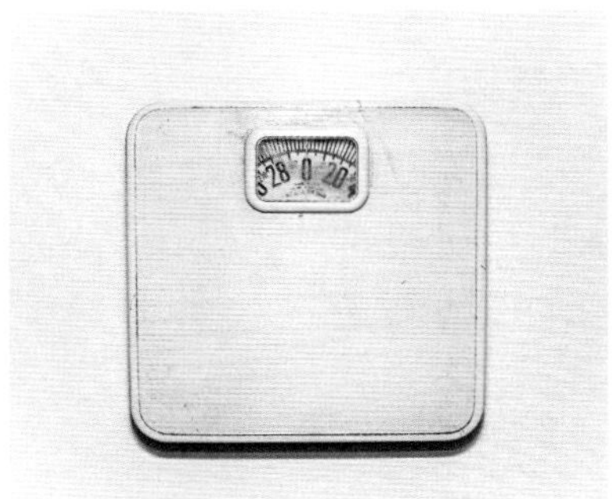

Laia Abril
A Bad Day, 2013
© LAIA ABRIL

Colabora / *In collaboration with*

El Corte Inglés

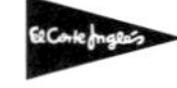

Premio al Mejor Libro de Fotografía del Año
Best Photography Book of the Year Award

Anteriores Premiados
Previous Awarded

PHE 16

CATEGORÍA NACIONAL
NATIONAL CATEGORY
Die Traumadeutung
de Joan Fontcuberta

CATEGORÍA INTERNACIONAL
INTERNATIONAL CATEGORY
*The walls don't speak /
Les Murs ne parlent pas*
de Jean-Robert Dantou
y Florence Weber Kehrer

EDITORIAL DESTACADA DEL AÑO
OUTSTANDING PUBLISHER
Radius Books

AUTOEDITADO / SELFPUBLISHED
Kleine Fotoenzyklopädie
de Guadalupe Ruiz

PHE 15

CATEGORÍA NACIONAL
NATIONAL CATEGORY
RM y La Caixa, por
*Everybody Needs Good
Neighbours* de Arnau
Blanch

CATEGORÍA INTERNACIONAL
INTERNATIONAL CATEGORY
Illustrated People
RVB Books y Archive
of Modern Conflict,
por *Illustrated People*
de Thomas Mailaender

EDITORIAL DESTACADA DEL AÑO
OUTSTANDING PUBLISHER
AMC – Archive of
Modern Conflict

AUTOEDITADO / SELFPUBLISHED
PAIN de Toni Amengual

PHE 14

CATEGORÍA NACIONAL
NATIONAL CATEGORY
Fabulario y los
Cuadernos de la Kursala,
por *Ostalgia* de Simona
Rota

CATEGORÍA INTERNACIONAL
INTERNATIONAL CATEGORY
RM y Archive of
Modern Conflict, por
*Party Quotations from
Chairman Mao Tse-Tung*
de Cristina de Middel

EDITORIAL DESTACADA DEL AÑO
OUTSTANDING PUBLISHER
Dewi Lewis

PHE 13

CATEGORÍA NACIONAL
NATIONAL CATEGORY
RM/Toluca Éditions,
por *Urbes Mutantes
1941-2012. Latin American
Photography*

CATEGORÍA INTERNACIONAL
INTERNATIONAL CATEGORY
Steidl, por *The Little Black
Jacket*

EDITORIAL DESTACADA DEL AÑO
OUTSTANDING PUBLISHER
Hatje Cantz

PHE 12

CATEGORÍA NACIONAL
NATIONAL CATEGORY
Fundación Telefónica,
por *Máquinas* de Marín

CATEGORÍA INTERNACIONAL
INTERNATIONAL CATEGORY
Lars Müller Publishers,
por *Swarm* de Lukas
Feldmann

EDITORIAL DESTACADA DEL AÑO
OUTSTANDING PUBLISHER
Kehrer

PHE 11

CATEGORÍA NACIONAL
NATIONAL CATEGORY
Fundación Santander
2016 y La Fábrica, por
Europa de Bernard Plossu

CATEGORÍA INTERNACIONAL
INTERNATIONAL CATEGORY
Aperture Foundation,
por *Destroy this Memory*
de Richard Misrach

EDITORIAL DESTACADA DEL AÑO
OUTSTANDING PUBLISHER
Nobody

PHE 10

CATEGORÍA NACIONAL
NATIONAL CATEGORY
Editorial Lampreave,
por *Soviet Aviation* de
Alexander Ródchenko
y Varva Stepánova

CATEGORÍA INTERNACIONAL
INTERNATIONAL CATEGORY
T&G Publishing, Australia,
por *Atlas Monographs:
Max Pam*

EDITORIAL DESTACADA DEL AÑO
OUTSTANDING PUBLISHER
Aperture Foundation

PHE 09

CATEGORÍA NACIONAL
NATIONAL CATEGORY
Fundación Barrié de la
Maza, por *Paul Strand, en
el principio fue Manhattan*

CATEGORÍA INTERNACIONAL
INTERNATIONAL CATEGORY
M+M Auer, por *Wegee
the famous*

EDITORIAL DESTACADA DEL AÑO
OUTSTANDING PUBLISHER
Errata Editions

PHE 08

CATEGORÍA NACIONAL
NATIONAL CATEGORY
Marín de Fundación
Telefónica

CATEGORÍA INTERNACIONAL
INTERNATIONAL CATEGORY
Steidl/Steven Kasher
Gallery por *Albert
Maysles, A Maysles
Scrapbook Photographs/
Cinemagraphs/
Documents*

EDITORIAL DESTACADA DEL AÑO
OUTSTANDING PUBLISHER
Twin Palms

PHE 07

CATEGORÍA NACIONAL
NATIONAL CATEGORY
Museo del Prado/Turner
por, *Making Time* de
Thomas Struth

CATEGORÍA INTERNACIONAL
INTERNATIONAL CATEGORY
Edições Tinta-da-china,
por *Lda Sob Céus
Estranhos. Uma história
de exilio* de Daniel
Blaufuks

EDITORIAL DESTACADA DEL AÑO
OUTSTANDING PUBLISHER
Steidl Publishers

PHE 06

CATEGORÍA NACIONAL
NATIONAL CATEGORY
FotoEditor/Photovision,
por *Historia del grupo
fotográfico Afal 1956/1963*

CATEGORÍA INTERNACIONAL
INTERNATIONAL CATEGORY
Steidl Publishers,
por *Audiovisual Snap
Jdgments: New Positions
in Contemporary African
Photography*

PHE 05

CATEGORÍA NACIONAL
NATIONAL CATEGORY
Editorial Gran Sol –
Comuniad de Madrid,
por *Manila* de Ricky
Dávila y *Nice to meet you*
de Txema Salvans

CATEGORÍA INTERNACIONAL
INTERNATIONAL CATEGORY
Artimo NL, por *Why,
Mr. Why?* de Geert van
Kesteren

PHE 04

TF Editores, por *Mujeres, amor y mentiras* de Carmela García

Twim Palm Publishers, por *A Story Book Life* de Philip-Lorca diCorcia

PHE 03

Steidl, por *Home* de Lars TunjOrk

Peliti Asociati, por Quelli di Bagueria de Ferdinando Scianna

PHE 02

Actar, por *Very, Very Bad News* de Jordi Bernardó

Phaidon Press London, por *Martin Parr*
Berlin. Gabriel Basilico *(ex aequo)* Actes Sud, por *Berlin* de Gabriel Basilico

PHE 01

Logos PHE 24-04

PHE 00

Vanitas de Cristobal Hara

PHE 99

Inferno de James Nachtwey

PHE 98

Outland de Roger Ballen

El Festival quiere reconocer la importante función que la industria editorial tiene como medio para la difusión de la fotografía. Desde 1998, PHotoESPAÑA distingue el libro de fotografía más destacado del año. A partir del año 2007 se incluyeron tres categorías nuevas: Mejor Libro del Año en categoría nacional e internacional y Editorial Destacada del Año. Y en el año 2015 se añadió una nueva: Premio al Mejor Libro de Fotografía Autoeditado.

The festival would like to pay tribute the important role of the publishing industry as a means of promoting photography. Since 1998, PHotoESPAÑA has reconized the best photography book of the year. Beginning in 2007 three categories were introduced: Best Photography Book of the Year in national and international categories, and Outstanding Publisher of the Year. In 2015 a new category was included: Best Self-Published Book of the Year.

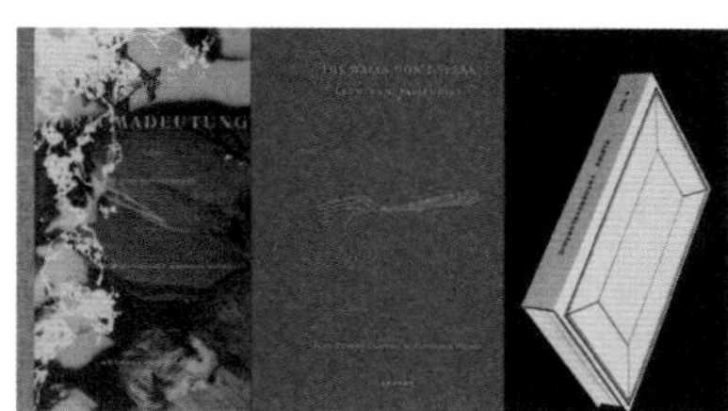

PHotoESPAÑA Exhibition Books

Each year for three months PHotoESPAÑA offers the best of contemporary photography to the public. The guides and catalogs bring together all of the important information and images, serving as an extraordinary means to recall the Exhibitions, activities and projects from previous years. A good number of the exhibitions in the Official Section of the Festival are accompanied by a catalog that includes the most remarkable images, along with relevant texts about them.

PHotoESPAÑA
Libros de las exposiciones

Cada año, a lo largo de tres meses, PHotoESPAÑA ofrece al público lo mejor de la fotografía contemporánea. Sus guías y catálogos recogen toda la información y las imágenes más importantes. Las publicaciones son una memoria extraordinaria para conocer las exposiciones, actividades y proyectos de años anteriores. Un buen número de las exposiciones de la Sección Oficial del Festival van acompañadas de un catálogo que incluye las mejores imágenes junto con textos referentes a las mismas.

Libros de las exposiciones
Exhibitions Books

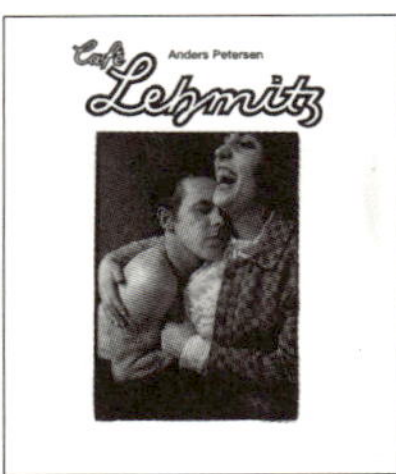

ANDERS PETERSEN
Café Lehmitz
LA FÁBRICA
978-84-17048-03-7 (esp. / ing.)
320 páginas / pages (14 x 22 cm)
35 €

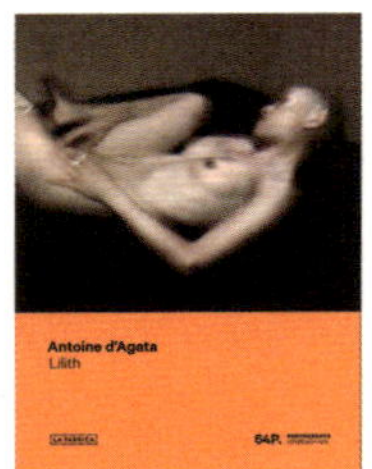

ANTOINE D'AGATA
Lilith
LA FÁBRICA
978-84-17048-04-4 (esp. / ing.)
64 páginas / pages (16 x 22 cm)
19 €

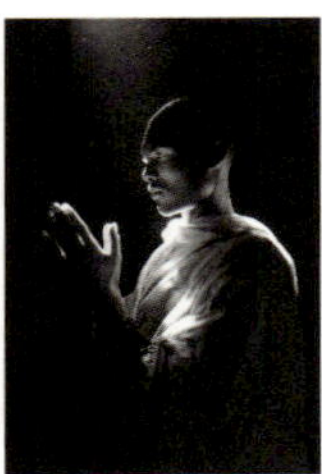

CRISTINA GARCÍA RODERO
Lalibela
LA FÁBRICA
978-84-17048-19-87 (esp. / ing.)
128 páginas / pages (22 x 28 cm)
45 €

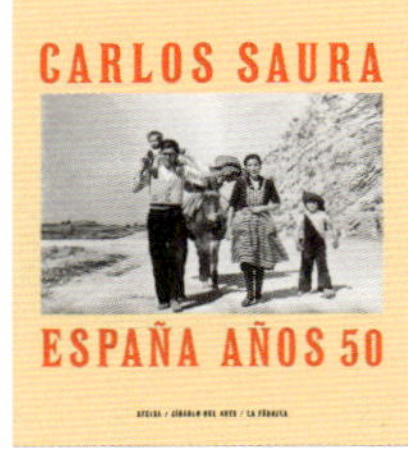

CARLOS SAURA
España. Años 50 /
Spain. Nineteen Fifties
MUSEO CERRALBO
978-84-16248-49-0 (esp.)
256 páginas / pages (25 x 29 cm)
35 €

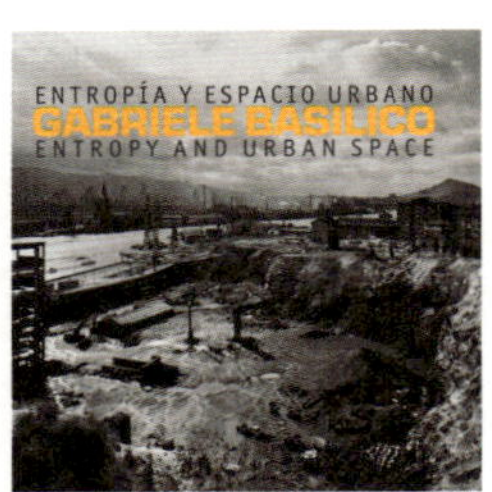

GABRIELE BASILICO
Entropia
LA FÁBRICA
978-84-17048-06-08 (esp. / ing.)
208 páginas / pages (31,5 x 25,5 cm)
40 €

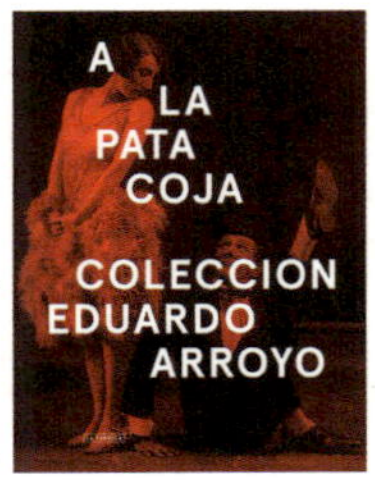

EDUARDO ARROYO
A la pata coja / Hop-hopping
LA FÁBRICA
978-84-17048-07-5 (esp.)
978-84-17048-16-7 (ing.)
978-84-17048-15-0 (fra.)
128 páginas / pages (20,5 x 27,5 cm)
40 €

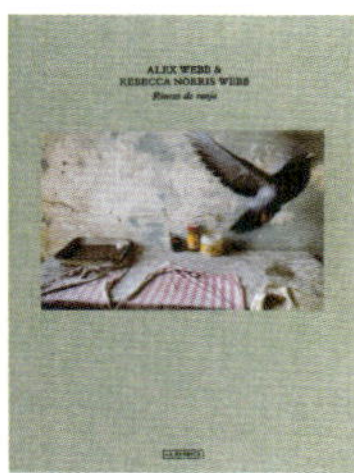

ALEX WEBB & REBECCA NORRIS WEBB
Rimas de reojo / Slant Rhymes
LA FÁBRICA
978-84-16248-94-0 (esp.)
978-84-16248-86-5 (eng.)
104 páginas / pages (20x24 cm)
42 €

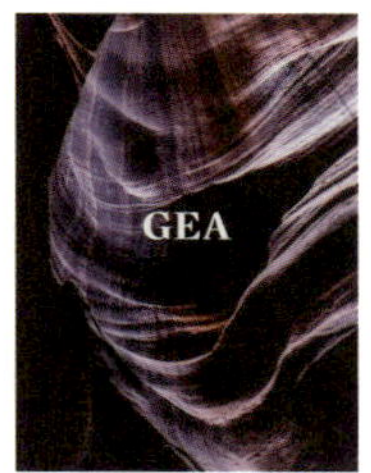

PÍO CABANILLAS
Gea / Gaia
LA FÁBRICA
978-84-16248-93-3 (esp.)
978-84-16248-82-7 (eng.)
256 páginas / pages (24 x 32 cm)
45 €

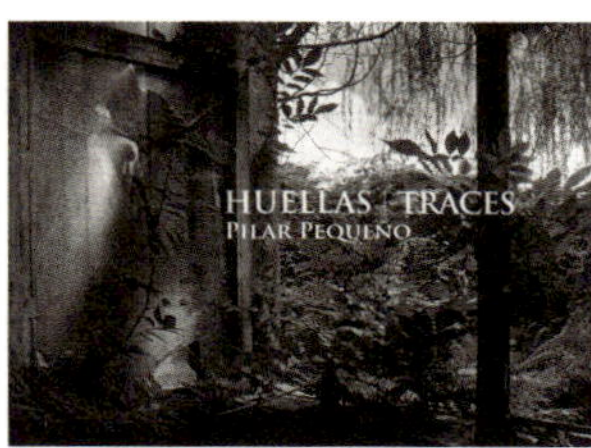

PILAR PEQUEÑO
Huellas / Traces
LA FÁBRICA
978-84-17048-02-0 (esp. / ing.)
96 páginas / pages (29,5 x 19 cm)
35 €

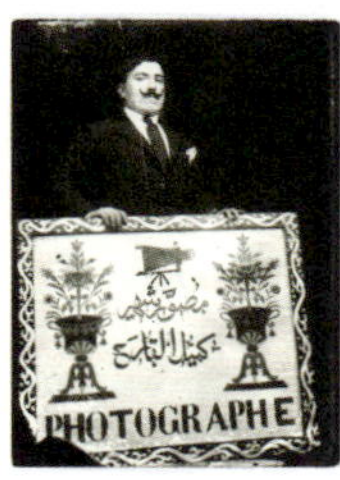

ARAB IMAGE FOUNDATION
Un impulso extraño / An Uncanny Impulse
LA FÁBRICA
978-84-17048-20-4 (esp. / ing.)
112 páginas / pages (16 x 22 cm)
25 €

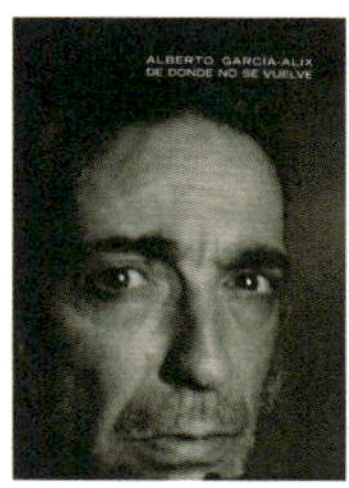

ALBERTO GARCÍA-ALIX
De donde no se vuelve / From where there is no coming back
LA FÁBRICA
978-84-92841-66-0 (esp. / ing.)
320 páginas / pages (24 x 28 cm)
55 €

Índice de participantes
Participants Index

Edición
Publisher

LA FABRICA

Álvaro Matías
Director General /
Managing Director

Camino Brasa
Directora Editorial /
Editorial Content Manager

César Martínez
Director de Desarrollo Editorial /
Publishing Development Manager

Doménico Chiappe
Coordinación / *Coordinator*

Rufino Díaz
Director de Producción /
Production Manager

Raúl Muñoz
Director de Distribución /
Distribution Manager

La Fábrica
Verónica, 13
28014 Madrid
T. + 34 91 360 13 20
info@lafabrica.com
www.lafabrica.com

Studio Fernando Gutiérrez
Diseño gráfico / *Graphic Designer*

gráfica futura
Diseño y maquetación /
Design and Layout

Carmen Hevia
Coordinación, redacción
y edición / *Coordination, Editing
and Proofreading*

Emily Adams
Montague Kobbe Alfaro
Traducción / *Translations*

Brizzolis
Impresión / *Printing*

Ramos
Encuadernación / *Binding*

La tipografía utilizada en este libro
es Neue Haas Unica y ha sido
impreso en papel Munken Lynx
de 120 gr. en el interior y cartulina
estucada de 250 gr. en cubierta /
*The typeface used in this book
is Neue Haas Unica and it has been
printed on 120-gram Munken Lynx
paper for inside and 250-gram
coated cardboard for the cover.*

© de esta edición / *this edition:*
La Fábrica, 2017
© de los textos: sus autores /
texts: their authors
© de las imágenes: sus autores /
images: their authors

ISBN
978-84-17048-08-2
Depósito Legal / *Legal Deposit*
M-15296-2017